顺"时"而为
礼赞生命

华东师范大学附属小学
"二十四节气"综合实践活动课程

蒋惠敏　侯雅芳◎著

华东师范大学出版社
·上海·

图书在版编目(CIP)数据

顺"时"而为 礼赞生命:华东师范大学附属小学
"二十四节气"综合实践活动课程/蒋惠敏,侯雅芳著.
—上海:华东师范大学出版社,2024
 ISBN 978-7-5760-4771-4

Ⅰ.①顺… Ⅱ.①蒋…②侯… Ⅲ.①活动课程—教学研究—小学 Ⅳ.①G622.3

中国国家版本馆 CIP 数据核字(2024)第 054383 号

顺"时"而为 礼赞生命
——华东师范大学附属小学"二十四节气"综合实践活动课程

著　　者	蒋惠敏　侯雅芳
责任编辑	刘　佳
特约审读	余林晓　古小磊
责任校对	王丽平
装帧设计	卢晓红

出版发行	华东师范大学出版社
社　　址	上海市中山北路 3663 号　邮编 200062
网　　址	www.ecnupress.com.cn
电　　话	021-60821666　行政传真 021-62572105
客服电话	021-62865537　门市(邮购)电话 021-62869887
地　　址	上海市中山北路 3663 号华东师范大学校内先锋路口
网　　店	http://hdsdcbs.tmall.com

印 刷 者	常熟高专印刷有限公司
开　　本	787 毫米×1092 毫米　1/16
印　　张	16.25
字　　数	244 千字
版　　次	2024 年 4 月第 1 版
印　　次	2024 年 4 月第 1 次
书　　号	ISBN 978-7-5760-4771-4
定　　价	68.00 元

出版人　王　焰

(如发现本版图书有印订质量问题,请寄回本社客服中心调换或电话 021-62865537 联系)

目 录

前言 … 1

第一章 "二十四节气"综合实践活动课程建设背景及育人价值 … 1
    第一节 基础教育改革对人才培养的新要求 … 2
    第二节 "二十四节气"综合实践活动课程特征 … 10
    第三节 "二十四节气"综合实践活动课程育人价值 … 15

第二章 "二十四节气"综合实践活动课程的校本探索 … 23
    第一节 综合实践活动课程在我校的已有探索 … 24
    第二节 "二十四节气"综合实践活动课程的理论追寻 … 35
    第三节 "二十四节气"综合实践活动课程发展历程 … 39
    第四节 "二十四节气"综合实践活动课程特点 … 48

第三章 "二十四节气"综合实践活动课程顶层设计 … 55
    第一节 学生培养的核心素养 … 56
    第二节 "二十四节气"综合实践活动课程目标 … 67
    第三节 "二十四节气"综合实践活动课程演进 … 71

第四章 "二十四节气"综合实践活动课程实施框架 … 78
    第一节 "二十四节气"综合实践活动课程目标具体且明确 … 78

第二节 "二十四节气"综合实践活动课程内容综合且多样 84
第三节 "二十四节气"综合实践活动课程实施注重探究与体验 90
第四节 "二十四节气"综合实践活动课程评价灵活且有效 93

第五章 "二十四节气"综合实践活动课程案例精选 102
第一节 低年级综合活动体验课程案例 102
第二节 中高年级超学科深化课程案例 132
第三节 节气游园会综合活动 200

第六章 "二十四节气"综合实践活动课程迭代改进 211
第一节 "二十四节气"综合实践活动课程师生跨学科素养发展评估 211
第二节 "二十四节气"综合实践活动课程建设思考 232

后记 247

前　言

　　华东师范大学附属小学(以下简称"华东师大附小")始建于1952年,至今已有70余载的办学历史。在长期的教育实践中,华东师大附小始终坚守教育初心,凝心聚力,奋楫笃行,秉承"求实、求精、求活、求新"的校训,在一代代附小师生共同努力下,合力打造共营成长的乐园。学校先后荣获上海市行为规范示范校、上海市教育科研先进集体、上海市教育系统先进单位、上海市安全文明校园、上海市教师专业发展示范校暨见习教师规范化培训学校、联合国教科文组织教师教育联席学校等称号;学校教工团支部获"上海市新长征突击队"称号;学校少先队获"全国少先队优秀雏鹰大队"称号。

　　作为学校的核心竞争力,课程建设一直以来是华东师大附小提升育人品质的最重要载体。早在20世纪80年代华东师大附小就成为中小学教育体系整体改革的实验基地学校。1981年9月,一年级的一个班开始了为期五年的小学教育综合整体改革实验,1983年开始了第二轮实验。首轮实验结果表明实验班儿童用五年时间基本达到六年级儿童文化学习水平。与同龄儿童相比,他们的学业发展水平有明显提高,德智体美劳发展较平衡。学校持续不断地在课程内容整体性设计、个性化、差异化教学以及弹性化的管理等方面进行着探索。进入21世纪,华东师大附小又先后开展了上海市一期、二期课程改革和面向21世纪新基础教育探索性研究等,取得了显著的改革成效,促进了学生全面而个性化的发展。学校在课程建设方面的不断努力体现了以学生终身发展为本的理念,是学校起点高、师资强、科研先、质量优的具体体现。

　　为真正培养德智体美劳全面发展的社会主义建设者和接班人,学校在关注学科课程的同时，也充分重视综合实践活动课程建设。在《基础教育课程改革纲要（试行）》中，综合实践活动课被定为必修课，受到了教育工作者的持续关注。2017年，教育部印发《中小学综合实践活动课程指导纲要》（以下简称"指导纲要"），要求充分认识综合实践活动课程的意义，立足学生真实的个体生活和社会生活，从生活情境中发现问题，转化为活动主题，通过探究、服务、制作、体验等创新性的活动方式，实现以学生综合素质提升为目标的课程导向。在指导纲要的引领下，我校以激发童趣为出发点，构建了以丰富选择、开拓视野、深化体验为目标的校本课程实践研究，鼓励学生在探索质疑中"发现"问题，在共同探究中"分享"知识，在思维碰撞中"飞翔"成长。

随着《上海市小学低年级主题式综合活动课程指导纲要（征求意见稿）》的推行，我校的综合实践活动课迎来了新一轮的发展机遇。早在2015年初，学校就参加了上海市提升中小学课程领导力行动研究项目第二轮研究，当时就将目光聚焦于"二十四节气"这一主题。二十四节气是中国古人通过观察太阳周年运动，认知一年中时节、气候、物候的规律和变化所形成的知识体系，它与学生日常生活息息相关，又融入了数学、英语、语文、历史、地理、美术、音乐等学科知识。以特定节气为学习主题，有助于学生提升对自然、社会和自我内在联系的整体认识，了解中国传统文化，建立文化认同感、归属感和文化自信。学校在持续研究实践了三年后，完成了项目成果的梳理，明确了在二十四节气课程学习中，引导学生综合运用不同学科知识分析、解决实际问题，有助于帮助学生深入理解与综合运用知识；设计基于不同学科知识的活动情境和学习任务，强调学生做中学、用中学、创中学，有助于培育学生创新性问题解决能力等。

此后，我校开始开发基于"二十四节气"主题的深化课程——跨学科综合实践活动课程，希望打破学科边界，以学生兴趣、需求和能力为基础，以主题活动为载体，统整学生的知识、经验，引导学生在合作中解决生活的具体问题，进而更好地认识自己、发展能力、探索未知、走向社会，绽放多样的生命色彩。

经过多年持续探索，华东师大附小从课程目标、课程内容、课程实施和课程评价等多个维度深入基于"二十四节气"主题的跨学科综合实践活动课程建设。课程目标方面,基于学校"生活有心、交往有信、举止有型、求知有兴、健身有行"的育人目标,结合不同学段学生身心发展特点,差异化地从"我与自己""我与社会""我与自然"三个维度进一步细化。课程内容方面,基于二十四节气的具体主题,整合不同学科,考虑不同学段间的递进关系,初步形成了较为完整的内容体系。课程实践方面,注重趣味引领,倡导通过问题探究、经典诵读、戏剧表演、艺术手作、游戏体验、情境模拟等方式丰富学生的学习体验。课程评价方面,注重多元评价,强调"证据"导向,营造多主体交互评价的氛围,凸显评价的育人价值和可持续改进的功能等。

  总体而言,本书详细介绍了华东师大附小基于"二十四节气"主题的跨学科综合实践活动课程开发、实施过程中的经验,囊括了深入的理论思考、生动的课程案例、精彩的师生故事,既有理论之思辨,又含实践之智慧,对学校学生成长、教师发展、课程改革等均具有一定的借鉴价值。该课程成果的形成离不开华东师大附小全体师生对教育事业矢志不渝的梦想与追求、严谨务实的精神与态度以及脚踏实地的探索和实践。愿此书能够为广大基础教育研究者、一线教师等提供有关课程改革、教育教学、学生培养等方面的有益思考,推动基础教育高质量发展,为办好人民满意的教育贡献力量!

《基于二十四节气的小学主题式综合课程深化研究》课题组

2024 年 2 月

第一章 "二十四节气"综合实践活动课程建设背景及育人价值

随着全球化、数字化和知识经济时代的到来,培养学生的核心素养,提升学生问题解决和终身发展的能力,已经成为国际基础教育改革的共识①。跨学科学习基于其面向深度学习、解决复杂问题、实践应用灵活等特征,较好地满足了新时代教育改革的需求,逐渐成为各国教育研究与实践的热点,如芬兰的现象式教学(Phenomenon-Based Learning)、美国的 STEAM 教育、日本的综合学习(Integrated Learning)等,都是跨学科学习的探索与尝试。我国发布《义务教育课程方案(2022 年版)》及相应的各学科课程标准,指出"义务教育课程必须与时俱进",并提出"坚持全面发展,育人为本""面向全体学生,因材施教""聚焦核心素养,面向未来""加强课程综合,注重关联""变革育人方式,突出实践"五项基本原则,由此引领了新一轮的课程变革②。

在此基础上,我校聚焦课程改革精神的新要求,结合既有的"二十四节气"小学主题式综合课程实践经验,逐步构建了系统的"二十四节气"综合实践活动课程,在实践层面对党和国家的教育方针进行了细化探索。本章首先梳理了基础教育改革对人才培养的新要求、"二十四节气"综合实践活动课程特征及其对基础教育改革的回应,论述了"二十四节气"综合实践活动课程的育人价值。

---

① 左璜.基础教育课程改革的国际趋势:走向核心素养为本[J].课程·教材·教法,2016,36(2):39—46.
② 中华人民共和国教育部.义务教育课程方案(2022 年版)[S].北京:北京师范大学出版社,2022.

第一节 ‖ 基础教育改革对人才培养的新要求

2019年6月23日,中共中央、国务院发布《关于深化教育教学改革全面提高义务教育质量的意见》,着力优化基础教育顶层设计①。2021年7月,"双减"时代正式到来,表明了我国对基础教育育人质量的进一步重视②。2022年,教育部发布新一轮的义务教育课程方案及课程标准,为课程改革提供了理论指引和实践向导③。一系列基础教育改革的推行顺应了教育发展的时代诉求,体现出我国在人才培养问题上新的期待。

一、坚持立德树人,培养时代新人

"培养什么人、怎样培养人、为谁培养人"④是教育的根本问题。党的十八大报告指出,"坚持教育为社会主义现代化建设服务、为人民服务,把立德树人作为教育的根本任务,培养德智体美劳全面发展的社会主义建设者和接班人",将立德树人提到了新的战略高度,明确了我国教育的本质功能和真正价值,并指明了我国教育改革发展的目标和方向⑤。此后,教育部逐步启动了"立德树人"工程,于2014年发布《关于全面深化课程改革落实立德树人根本任务的意见》,对落实该工程的关键领域进行了界定⑥。党的二十大进一步指出,"要办好人民满意的教育,

---

① 中共中央国务院关于深化教育教学改革全面提高义务教育质量的意见[J]. 人民教育,2019(Z3): 7—11.
② 中共中央办公厅、国务院办公厅印发《关于进一步减轻义务教育阶段学生作业负担和校外培训负担的意见》[J]. 中华人民共和国教育部公报,2021(10):2—7.
③ 中华人民共和国教育部. 义务教育课程方案(2022年版)[S]. 北京:北京师范大学出版社,2022.
④ 中共中国人民大学委员会. 培养什么人 怎样培养人 为谁培养人[J/OL]. (2020-09-01)[2024-01-02]. http://www.qstheory.cn/dukan/qs/2020-09/01/c_1126430105.htm.
⑤ 胡锦涛. 坚定不移沿着中国特色社会主义道路前进 为全面建成小康社会而奋斗——在中国共产党第十八次全国代表大会上的报告[J]. 求是,2012(22):3—25.
⑥ 中华人民共和国教育部. 教育部关于全面深化课程改革落实立德树人根本任务的意见[EB/OL]. (2014-04-08)[2023-08-01]. http://www.moe.gov.cn/srcsite/A26/jcj_kcjcgh/201404/t20140408_167226.html.

全面贯彻党的教育方针,落实立德树人的根本任务"①。可见,立德树人已成为我国基础教育改革的重要依据,是基础教育阶段人才培养的根本指向。

为了进一步落实立德树人的培养要求,新的课程方案和课程标准结合义务教育的阶段特征及课程定位,在指导思想、课程理念、课程目标、课程内容等方面均做了相应修订,对党和国家新的教育方针进行了积极回应。其中,尤其强调将社会主义先进文化、中华优秀传统文化等有机融入课程,提升学生对国家和民族的认同感,使其成长为有理想、有本领、有担当的时代新人。

例如,道德与法治的课程标准要求发挥课程的思想引领作用,引导学生"增进对伟大祖国、中华民族、中华文化、中国共产党、中国特色社会主义的高度认同"②;语文课程标准指出要"积淀丰厚的文化底蕴,继承和弘扬中华优秀传统文化、革命文化、社会主义先进文化"③;历史课程标准则强调"使学生树立正确的历史观、民族观、国家观、文化观","要求学生形成对家乡、国家和中华民族的认同",注重培养学生的家国情怀等④。

基础教育对应青少年成长成才的奠基阶段,应注重文化对人的浸润作用,使学生从小就养成民族自豪感和认同感,培养文化自觉和文化自信。在这一过程中,要充分挖掘中华民族历史文化底蕴,推动其在新时代教育改革中的转化与创新,真正唤醒学生的文化主体意识和责任意识,激发他们成长的内驱动力,使其逐步成长为德智体美劳全面发展的社会主义建设者和接班人。

二、深化素质教育,回归育人本位

素质教育重点在于改变教育的目标指向,从以往过于强调应试逐步转变为

---

① 习近平.高举中国特色社会主义伟大旗帜　为全面建设社会主义现代化国家而团结奋斗——在中国共产党第二十次全国代表大会上的报告[J].党建,2022(11):4—28.
② 中华人民共和国教育部.义务教育道德与法治课程标准(2022年版)[S].北京:北京师范大学出版社,2022.
③ 中华人民共和国教育部.义务教育语文课程标准(2022年版)[S].北京:北京师范大学出版社,2022.
④ 中华人民共和国教育部.义务教育历史课程标准(2022年版)[S].北京:北京师范大学出版社,2022.

培养全面发展的具有综合素质的人①。自"跨世纪素质教育工程"以来,素质教育一直是我国基础教育改革所关注的重点和行动指南。1999年,中共中央、国务院颁布《关于深化教育改革全面推进素质教育的决定》,提出要全面推进素质教育②。2001年,国务院《关于基础教育改革与发展的决定》进一步提出"加快构建符合素质教育要求的基础教育课程体系"的任务③。2016年,习近平总书记在北京市八一学校考察过程中讲道:"素质教育是教育的核心,教育要注重以人为本、因材施教,注重学用相长、知行合一,着力培养学生的创新精神和实践能力,促进学生德智体美全面发展。"④2019年,中共中央、国务院《关于深化教育教学改革全面提高义务教育质量的意见》,再次对素质教育进行了强调⑤。

对素质教育重视的背后,体现了我国教育由知识本位向育人本位的转变。教育作为一项培养人的实践活动,理应将育人价值作为起点与旨归,然而,在长期的教育实践中,受制于优质教育资源不足、结构失衡、分配不合理等各种现实因素,育人本位长期被侵占,教育的功能也随之被窄化为简单的知识传授。基础教育之于个体的未来发展具有基础性地位,尤其应当回归育人本位,为学生参与社会生活、迈向终身学习夯实基础。

随着我国新一轮的基础教育改革,育人本位愈发得到凸显,也有了更多的实践可能性。《关于全面深化课程改革落实立德树人根本任务的意见》明确指出"统筹协调各方力量,实现全科育人、全程育人、全员育人",强调了知识的育人价值,

---

① 林崇德.构建中国化的学生发展核心素养[J].北京师范大学学报(社会科学版),2017(1):66—73.
② 中共中央国务院关于深化教育改革全面推进素质教育的决定[J].人民教育,1999(7):4—7,12—13.
③ 国务院关于基础教育改革与发展的决定[J].人民教育,2001(7):4—9.
④ 霍小光,张晓松.习近平在北京市八一学校考察时强调 全面贯彻落实党的教育方针 努力把我国基础教育越办越好[J].人民教育,2016(18):6—9.
⑤ 中共中央国务院关于深化教育教学改革全面提高义务教育质量的意见[J].人民教育,2019(Z3):7—11.

明确了教育的重点在于提升育人水平[①]；在课程改革的主要任务上，提出要"统筹各学科"，既发挥人文学科的育人优势，又注重数学、科学、技术等课程的育人价值，发挥综合育人的功能，提升学生综合运用各学科内容解决实际问题的能力，从而为素质教育的发展提供了新的指引。

2021年7月，中共中央办公厅、国务院办公厅印发《关于进一步减轻义务教育阶段学生作业负担和校外培训负担的意见》，坚持学生为本、回应关切，致力于减轻学生过重的作业负担，构建良好的教育生态，促进学生的健康成长[②]。其意味着教育观念的转向，即将学生从沉重的书本负担中解放出来，真正成为一个全面发展的人。《义务教育课程方案（2022年版）》更是将"坚持全面发展，育人为本"作为五项基本原则之一，并将其渗透在课程设置和课程实施的方方面面[③]。这些转变都呼唤人才培养更加尊重教育发展规律，着眼学生的身心健康成长，关注完整的人的价值。

三、聚焦核心素养，面向教育未来

核心素养是学生在接受相应学段的教育过程中，逐步形成的适应个人终身发展和社会发展需要的必备品格与关键能力[④]。《关于全面深化课程改革落实立德树人根本任务的意见》提出，要研究制订学生发展的核心素养体系，并将其作为研究学业质量标准、修订课程方案和课程标准的依据，用于统领课程改革的相关环节[⑤]。由

[①] 中华人民共和国教育部.教育部关于全面深化课程改革落实立德树人根本任务的意见[EB/OL].(2014-04-08)[2023-08-01].http://www.moe.gov.cn/srcsite/A26/jcj_kcjcgh/201404/t20140408_167226.html.
[②] 中共中央办公厅、国务院办公厅印发《关于进一步减轻义务教育阶段学生作业负担和校外培训负担的意见》[J].中华人民共和国教育部公报,2021(10):2—7.
[③] 中华人民共和国教育部.义务教育课程方案(2022年版)[S].北京:北京师范大学出版社,2022.
[④] 林崇德.21世纪学生发展核心素养研究(修订版)[M].北京:北京师范大学出版社,2021:26.
[⑤] 中华人民共和国教育部.教育部关于全面深化课程改革落实立德树人根本任务的意见[EB/OL].(2014-04-08)[2023-08-01].http://www.moe.gov.cn/srcsite/A26/jcj_kcjcgh/201404/t20140408_167226.html.

此,"核心素养"这一概念首次出现在了国家重要政策文件当中,并延展出以学生核心素养发展为本的教育改革。

纵观我国人才培养目标的变迁过程,从强调培养"双基"(基础知识和基本技能),到提出"三维目标"(知识与技能,过程与方法,情感、态度与价值观)体系①,再到提炼出必备的价值观以及关键能力,聚焦学生的核心素养,体现出学科知识、学生发展的逐渐统一。从根本上来说,核心素养关注的是"教育培养什么人"这一本质问题,它的提出顺应了党和国家的教育方针,满足了素质教育改革的需要。

培育具有核心素养的人才已经成为国际上的普遍共识。21世纪以来,经济合作与发展组织、联合国教科文组织,以及美国、澳大利亚、芬兰、英国等都相继启动了基于核心素养的研究②。根据中国现实需要,提出具有中国特色的核心素养体系,是顺应国际教育发展趋势,提升我国教育竞争力的必然要求。

为使核心素养真正落地,我国于2016年发布了中国21世纪学生发展核心素养体系,涵盖文化基础、自主发展和社会参与三个方面,涉及人文底蕴、科学精神、学会学习、健康生活、责任担当、实践创新六个素养,并可进一步细化为18个要点③。这一核心素养体系的生成综合考量了国际经验、传统文化、现实需求以及当时的课程标准,与我国的育人目标具有内在连贯性,是对全面育人要求的进一步细化,体现了当代人才培养的价值诉求。

在此基础上,《义务教育课程方案(2022年版)》明确指出聚焦核心素养,主张"依据学生终身发展和社会发展需要,明确育人主线,加强正确价值观引导,重视必备品格和关键能力培育",对义务教育课程的基本原则进行了规定④。而新的课程标准更是将各个学科的核心素养进行了凝练,并围绕核心素养构建了各自的课程目标体系,将党和国家的教育方针以及全面发展、五育并举等要求细化到具体的教育教学实践当中。如数学学科的核心素养包括"会用数学的眼光观察现实世

---

① 基础教育课程改革纲要(试行)[J]. 人民教育,2001(9):6—8.
② 林崇德. 21世纪学生发展核心素养研究(修订版)[M]. 北京:北京师范大学出版社,2021:3.
③ 林崇德. 21世纪学生发展核心素养研究(修订版)[M]. 北京:北京师范大学出版社,2021:273—277.
④ 中华人民共和国教育部. 义务教育课程方案(2022年版)[S]. 北京:北京师范大学出版社,2022.

界""会用数学的思维思考现实世界""会用数学的语言表达现实世界"①;地理学科的课程标准将核心素养归纳为人地协调观、综合思维、区域认知和地理实践力②;艺术学科的核心素养为审美感知、艺术表现、创意实践、文化理解等③。

核心素养作为学生培养的关键性目标,有利于明确课程与教学改革的基本理念和价值追求,加强不同学段课程目标之间的垂直衔接,促进不同学科课程目标之间的横向整合,推进素质教育在一线的落实。随着各学段、各学科学生核心素养的明确,现实的课程教学过程也更能够有的放矢,从而转变教学方式、优化内容结构,落实党和国家对人才培养的新要求,更好地培育全面发展的人才。

四、注重关联整合,培养综合思维

步入智能化、信息化时代,产业、社会结构变化的速度不断加快,人们日益需要面对更为复杂和多样化的问题与情境,单一的思维模式难以满足现实需要,因此,聚焦问题解决、注重关联整合的综合思维逐渐受到了社会的关注④。

综合思维强调面向真实的教学情境,综合运用各方面知识解决现实问题,要求打破学科知识的壁垒和局限,将不同学科的内容进行整合与重构。所以,它的培养难以通过单个学科的教学实现,往往要基于多个学科门类相互交叉的综合性课程。

我国的综合性课程具有较长的历史,早在1992年的《九年义务教育全日制小学、初级中学课程计划(试行)》当中,就已经提出了小学和初中要"适当设置综合课"⑤。《基础教育课程改革纲要(试行)》也指出,要改变"过于强调学科本位、科目过多和缺乏整合的现状",并进一步明确了要设置综合课程⑥。《关于全面深化课程

---

① 中华人民共和国教育部. 义务教育数学课程标准(2022年版)[S]. 北京:北京师范大学出版社,2022.
② 中华人民共和国教育部. 义务教育地理课程标准(2022年版)[S]. 北京:北京师范大学出版社,2022.
③ 中华人民共和国教育部. 义务教育艺术课程标准(2022年版)[S]. 北京:北京师范大学出版社,2022.
④ 付宜红. 重新认识综合课程的价值[J]. 基础教育课程,2019(2):14—22.
⑤ 九年义务教育全日制小学、初级中学课程计划(试行)[J]. 人民教育,1992(9):2—8.
⑥ 基础教育课程改革纲要(试行)[J]. 人民教育,2001(9):6—8.

改革落实立德树人根本任务的意见》指出,"要在发挥各学科独特育人功能的基础上,充分发挥学科间综合育人功能"①。2019年,中共中央、国务院印发《关于深化教育教学改革全面提高义务教育质量的意见》,倡导"探索基于学科的课程综合化教学"②。

在这一系列政策文件的指导与推动之下,课程整合的理念不断得到深化与落实,综合性课程也逐渐朝纵深发展。过去二十年间,基础教育课程不仅设置了学科类综合课程以及综合实践活动课程,还倡导以研究性学习等方式增加课程的综合性与整合性。而在新的课程方案当中,课程综合化被提升至新的高度,标志着其在新一轮教育改革当中的深化与创新,同时也对人才培养提出了相对应的要求③。

在新方案当中,"加强课程综合,注重关联"成为了基本原则,这意味着课程综合化已经不仅仅局限于科目设置,而是扩散在整个方案以及各课标当中。在培养目标上,提出要在"增强综合素质上下功夫";在科目设置上,注重强化各类课程的整合性,对综合学科、活动课程、跨学科主题学习等均进行了规定;在课程实施上,强调整合实施以及综合性教学,推进主题化、项目式学习等;在课程评价上,也强调开展综合素质评价,考查学生的多方面表现。

培养学生的综合思维,加强课程的综合性,要求"加强课程内容与学生经验、社会生活的联系,强化学科内知识整合,统筹设计综合课程与跨学科主题学习"等。相比传统意义上的将课程整合视为学科之间的黏合剂,把课程整合的价值局限于弥补分科课程知识割裂的弊端,如今的学者们更加强调以主题和问题为中心进行课程的组织,通过问题情境的引入,促使学生提升解决复杂、高阶问题的能

---

① 中华人民共和国教育部.教育部关于全面深化课程改革落实立德树人根本任务的意见[EB/OL].(2014-04-08)[2023-08-01].http://www.moe.gov.cn/srcsite/A26/jcj_kcjcgh/201404/t20140408_167226.html.
② 中共中央国务院关于深化教育教学改革全面提高义务教育质量的意见[J].人民教育,2019(Z3):7—11.
③ 中华人民共和国教育部.义务教育课程方案(2022年版)[S].北京:北京师范大学出版社,2022.

力①。另外,素养时代下的课程整合还强调价值关切,致力于促进人的价值观、道德感等完整人格的发展,因此,综合思维的培养涉及知识整合、问题解决、价值关切等多个角度的内涵,这对基础教育阶段的教育教学是新的机遇和挑战。

五、融入实际生活,突出实践能力

新一轮的基础教育改革还充分强调实践的重要性,注重将教学过程与学生的实际生活、社会实践相联系。在以往的政策文件当中,课程的实践性常常与综合性共同出现,如在《基础教育课程改革纲要(试行)》中,要求开展综合实践活动课程②;在2017年颁布的《中小学综合实践活动课程指导纲要》又对这一内容进行了延续③。

而在《义务教育课程方案(2022年版)》当中,课程的实践性受到了进一步重视,方案将"变革育人方式,突出实践"提升为五项基本原则之一④。与课程的综合性类似,"实践"不再是传统教学方式的补充,而成为育人的重要抓手,在课程整体建设的各个方面进行了渗透,表现为:在课程目标上,注重学生实践能力的培养,并突出了与热爱劳动相关的实践品质;在课程设置上,增加了实践类课程比重,强化课程的体验性;在课程实施上,注重知行合一、学思结合,倡导学科实践等;在课程评价上,注重动手操作、作品展示等多元方式的应用⑤。

长期以来我国基础教育持续存在着实践缺失的问题。这种知行分离的局面,割裂了学生与社会、与自然的联系,不利于其在创新精神、实践能力等方面的培养。虽然自2001年起,我国就已经要求在中小学设置综合实践活动,通过研究性

---

① 安桂清.论义务教育课程的综合性与实践性[J].全球教育展望,2022,51(5):14—26.
② 基础教育课程改革纲要(试行)[J].人民教育,2001(9):6—8.
③ 柳夕浪.综合实践活动课程呼唤新型课程形态——《中小学综合实践活动课程指导纲要》政策要点[J].人民教育,2017(22):44—47.
④ 中华人民共和国教育部.义务教育课程方案(2022年版)[S].北京:北京师范大学出版社,2022.
⑤ 中华人民共和国教育部.义务教育课程方案(2022年版)[S].北京:北京师范大学出版社,2022.

学习、社区服务与社会实践,以及劳动与技术教育等方式发展综合运用知识的能力[1]。但是,由于激烈的学业竞争,综合实践活动常常走向形式化,且未与学科课程达到有机结合,难以真正起到实践育人的效果。而随着"双减"政策的推行以及核心素养的提出,学生实践能力的培育迎来了新一轮的发展机遇。

相比之前在课程结构层面的调整,新的教育改革尝试从更多的角度丰富课程的实践样态,如强化了综合实践活动中的工程与技术实践,将劳动课程从原有的综合实践活动中独立出来,并强化了学科实践等。新的课程方案倡导"做中学""用中学""创中学",积极探索实践育人的新的理路,有利于超越单纯的心智发展,帮助学生建构完整的主体性。此外,学生通过一系列的实践活动获得对于真实世界的体认与感知,获得直接性的经验,有利于真正实现直接与间接经验的结合,恢复人的直觉、体验等在探寻世界中的价值。由此看来,课程的实践性实际上蕴含了教育教学的深层次变革,呼唤相关教育主体转变教育观念,改良教育过程,充分重视基础教育阶段学生实践能力的培养,并对相应的各层次教育教学提出了新的要求。

第二节 ‖ "二十四节气"综合实践活动课程特征

为适应新时代发展对于人才的需求,契合课程改革的新趋势,《义务教育课程方案(2022年版)》指出,"校本课程由学校组织开发,立足学校办学传统和目标,发挥特色教育教学资源优势,以多种课程形态服务学生个性化学习需求","综合实践活动侧重跨学科研究性学习、社会实践"[2]。基于主题的跨学科综合实践活动课程要求坚持素养导向、推进综合学习、落实因材施教,促进学生的全面发展。我校"二十四节气"综合实践活动课程体现了综合性的课程内容,协同性的学习方式,

---

[1] 基础教育课程改革纲要(试行)[J].人民教育,2001(9):6—8.
[2] 中华人民共和国教育部.义务教育课程方案(2022年版)[S].北京:北京师范大学出版社,2022.

灵活性的课程设计，高阶性的思维导向。本节将重点解读本系列综合实践活动课程的特点，并介绍我校课程实施经验。

一、综合性的课程内容

我校"二十四节气"综合实践活动课程呈现出跨学科的特点，具有较强的综合性。跨学科学习强调学科之间的关联性和交互性，倡导综合运用多学科知识以发挥综合育人功能，是一种将各种学科领域的知识和技能融合在一起的教学方法。这里的综合表现为整合的双向性，包括纵向整合与横向整合。横向整合更容易理解，指的就是各学科之间的链接，涉及多个学科领域的知识和技能，并将它们整合起来，以解决一个特定的问题或主题；纵向整合则贯穿于全学段，根据学生的年龄特点和认知水平进行整体性设计，做好学段、单元、课时之间的进阶。需要注意的是，虽然是从零散、孤立走向整合，但是跨学科学习的过程中，学科间的勾连应该是紧密的、融合的，知识应该具有建构性、情境性、迁移性、动态性等特征[①]，以实现协同育人的价值，避免沦为形式主义的"学科拼盘"。

我校关于二十四节气的研究就非常好地体现出了跨学科学习的综合性。首先，二十四节气是中国传统的节气文化，它融合了天文、历史、地理、生态等多个学科领域的知识。就算以单一的节气为背景，学生在进行跨学科学习时，可以了解到天文学上的太阳运行规律，历史上的节令制度，地理上的气候变化，以及生态上的季节生态等。这些知识点在传统的学科教学中是分散在不同的学科领域中的，但在跨学科学习中，它们被整合在一起，服务于一个特定的主题。其次，若二十四节气以系列课程的形式出现，学生在经历节气群的相关主题学习时，就更需要反复运用多种学科领域的知识和技能，以解决一个特定的问题。学生可以通过阅读文献、观察自然现象、制作手工制品等方式，探究二十四节气的历史、文化和生态意义。这种综合性的学习方法不仅能够统整学科知识脉络，也可以强化技能与方

---

① 万昆.跨学科学习的内涵特征与设计实施——以信息科技课程为例[J].天津师范大学学报(基础教育版),2022,23(5):61.

法的迁移与应用。此外,我们也考虑到了小学五年的整体规划,为一、二年级设计了低年级主题式综合活动,学习目标更趋向于通识性了解,学习任务更活动化、趣味性,为后续进阶打好基础。中高年级的主题学习活动能够有效衔接,更趋向于实现核心素养的落地,在大概念、大任务、大观念的驱动下,学生尝试探索什么是科学与科学的方法;美的标准和价值是什么;传统文化背后暗藏的是怎样的哲学观;如何看待并权衡传统文化与现代生活等更加深刻的问题。

因此,小学二十四节气的跨学科学习,是一种融合了多个学科领域的知识和技能,以解决特定问题的教学方式。它可以培养学生的思维统整力和跨学科应用能力,提高他们的学习兴趣和学习效果。

二、协同性的学习方式

我校"二十四节气"综合实践活动课程具有任务化、真实性的特点,它可以由学生个体独立参与并完成。但基于任务的难易程度,真实情境的开放性、复杂性和多元性,更需要以小组或集体的方式来推进。学习者在合作过程中的参与、分工、协作、组际交流等也要作为学习者能力的具体表征。在具体开展学习活动时,教师应要求在真实的问题情境中,学生们能运用资源、材料、工具和方法开展合作学习,在过程中协同思考、批判、讨论,学会自我反思,并在共同操作中容纳异己意见,这种合作过程的育人价值开发及其实现是跨学科学习的重要方面[1]。

"二十四节气"课程学习能够充分实现学习的协同性。二十四节气中的学习任务和学习情境,给学生创造了大量与他人合作、共同解决问题或完成作品的机会。学生可以在团队中共同制作与节气相关的手工或美食,学习制作技能和增强合作意识;学生可以在团队中共同设计和制作与节气相关的展板或海报,展示节气的起源、传统文化和现代意义,并提高表达和沟通能力;学生可以在团队中共同进行调查和研究,了解当地节气的习俗和传统,探讨节气与环境、社会和经济等方

---

[1] 伍红林,田莉莉.跨学科主题学习:溯源、内涵与实施建议[J].全球教育展望,2023(3):43.

面的关系,并培养研究和分析能力;学生可以在团队中共同制作与节气相关的舞蹈或音乐,表达节气文化和自然美感,增强审美和创造力……

在"二十四节气"综合实践活动课程学习中,协同性学习可以通过合作学习、研究和创作来实现。这种学习方法可以帮助学生建立团队合作意识,增强互动和交流能力,培养创新和解决问题的能力。同时,协同性学习也可以帮助学生获得多样化的学习体验和知识来源,从而提高学习兴趣和成效。

三、灵活性的课程设计

从课程设计角度来看,"二十四节气"综合实践活动课程设计具有灵活性的特点。它不是简单地对预定内容的执行,而是师生共同探究、发现新问题、创造新价值的过程,具有强烈的动态性、生成性和创新性,呈现出较高的灵活性。

首先,贯穿于主题学习活动中的学科不是固定不变的。在小学教育中,二十四节气可以作为跨学科学习的内容之一,因为它涵盖了多个学科领域的知识和技能,包括历史、地理、气象、文化、科学等。二十四节气本身可以作为灵活的主题,来帮助学生综合了解和掌握多个学科的知识和技能。例如,在"立春"节气中,学生可以了解春天的气候特点、植物生长的规律、农民的种植习惯等,这些内容涉及地理、气象、生物、文化等多个学科的知识点;而在"小雪"节气中,学生欣赏雪景,体会不同时代、地区、流派对于雪的描绘,需要调动的则是历史、美术方面的相关知识和技能,并进行主题创作。根据二十四节气中的不同主题,需要调动的是不同的学科的知识体系和思维框架,学科的选取、数量、权重,乃至学科间的衔接点都需要依据节气主题的任务和情境灵活变通。二十四节气也可以与其他主题相结合,形成更加丰富和多样化的学习内容。例如,在学习"春天的生活"主题时,可以融入二十四节气的相关内容,帮助学生更好地了解春天的生活和文化。在学习"中国传统节日"主题时,可以融入二十四节气的相关内容,帮助学生更好地了解中国传统文化和节日习俗。这样灵活的勾连也有利于学生形成更加全面的认知。

同时,跨学科学习需要根据学科融合的不同特点和学生学习的具体需求进行调整和拓展,体现学习的差异性。如在小学语文教学中,可以通过阅读与二十四节气相关的文学作品,帮助学生更好地理解和掌握语言文字的运用,体会语文与生活的关系;在小学科学的教学中,可以侧重于二十四节气与季节变化、气候变化等方面的知识点,帮助学生更好地理解和掌握科学知识。学生的学习可以在学科之间游刃有余地灵活穿梭,从而建构有利于自身学习的新方式。

另外,从素养导向的角度出发,跨学科学习培养的指向是具有灵活性思维的人,是能够根据实际情况和具体需要进行变通,从而顺利解决问题的人。比如,在面对霜降节气需不需要贴秋膘的问题时,学生可以发表观点,并随着讨论的进程补充和纠正自身的理解,从而接受个体差异对于贴秋膘的不同需求,在头脑风暴中,找寻既能传承节气风俗,又能符合不同人需求的、灵活机动的方法。在此过程中,学生是灵活变通的,不仅在面对真实问题的时候,能够想方设法寻求甚至创造解决的办法,同时也能尊重他人的意见,求同存异、和谐共生。

四、高阶性的思维导向

跨学科学习的特征之四是高阶性,即学生需要进行高层次的思维和分析,以探究更深层次的问题或挑战复杂的现实情境。根据布鲁姆的教育目标分类和 SOLO 分类理论,跨学科学习就是要突破简单机械的思维模式,具有深度学习的价值取向,是实践学习从浅层次走向深层次的过程。深层次的跨学科学习表现为多个学科的知识需要相融合,学习者能够综合应用、分析,并创造性地解决真实的复杂问题。学习进程中,学生的思维表征逐步从含混不清走向理解与运用,思维深度水平能够依次按前结构、单点结构、多点结构、关联结构、抽象拓展结构逐步进阶[1],从而向培养高阶思维的目标进发。

小学基于"二十四节气"主题的跨学科学习就能体现学习的高阶性。学生在问题与情境当中获得对节气的内涵与价值的深度理解和创造性联结。比如,学生

---

[1] 李家清,梁秀华,朱丹.核心素养背景下以 SOLO 分类为基础的学习质量评价——以地理综合思维的单元测试为例[J].教育测量与评价,2018(8):11—17.

可以通过对节气起源和演变的研究,探讨节气与文化、历史和哲学等方面的联系,分析文化传承和发展的意义和价值;学生通过对节气与气候、天文和地理等关系的研究,形成对自然规律和变化的认识,从而创造性地分析环境保护和可持续发展的策略和措施;学生通过对节气与农业、民俗和文学等联系的研究,研究社会的发展和变化,分析文化多样性和社会和谐的意义和价值;学生可以通过对节气与人类身心健康、教育和艺术等联系的研究,分析文化创新和人类幸福的意义和价值。

在小学"二十四节气"综合实践活动课程的学习中,高阶性学习可以通过研究和分析来实现。虽然这种学习方法极具挑战性,但是它超越了识记和了解的低阶目标,指向分析、综合、创造等高阶发展要求,可以帮助学生提高批判性思维和创新能力,拓展知识领域和深化理解,培养终身学习和成长的意识和能力。同时,高阶性学习也可以帮助学生更好地适应和应对未来的挑战和机遇,为个人和社会的发展做出贡献。

第三节 ‖ "二十四节气"综合实践活动课程育人价值

"二十四节气"综合实践活动课程采用跨学科的教学方式,学生在课程中实现跨学科学习。跨学科学习作为一种新型的教学活动,强调对不同领域知识与技能的整合,具有综合性、协同性、灵活性、高阶性等重要特征。跨学科学习顺应了国家对于综合性人才培养的要求,有助于促进人的全面发展,培养时代新人。《义务教育课程方案(2022年版)》明确提出了跨学科主题学习这一概念,并规定每个学科要以不少于10%的课时开展以本学科为载体的跨学科主题学习[1],可见跨学科学习越来越受到国家关注,已经从原来某些特定区域的零星探索转变为国家课程体系当中的重要内容。面对基础教育改革对人才培养的各项新要求,跨学科学习

---

[1] 中华人民共和国教育部. 义务教育课程方案(2022年版)[S]. 北京:北京师范大学出版社,2022.

是一个较为良好的切入点,具体表现为以下几个方面。

一、深入推进素质教育

跨学科学习强调让学生依托鲜活的教育实践,综合运用多学科知识技能进行问题探究,培养其未来发展所需要的关键能力,促进学生的全面发展,体现了育人为本的教育思想,回应了立德树人的根本要求。在传统的分科教学实践当中,教师常常从各学科的知识体系出发,确立教学目标,开展教学设计,强调学生对于客观的学科知识的掌握,而在一定程度上忽略了学生非认知因素的培养。这样的现象压制了学生的主体性,窄化了教育的价值,限制了学生自由生长的空间。

而在跨学科学习的实行过程中,学校和教师往往需要根据学生的年龄特征、知识基础、认知水平等,选取适合的教学主题,采用主题式、项目式、问题式等教学方法,培养学生的跨学科思维。这一过程体现了以学生为中心的教育价值,同时也顺应了《义务教育课程方案(2022年版)》当中对"落实因材施教"的要求,满足了学生的多样化需求[①]。基于主题的跨学科学习强调对于学科边界的打破,尤其注重学生的探索与发现、交往与协作等过程,使学生从被动的接受者转向自我建构的主动学习者,激发了学生学习的主体性价值,从而真正体现了育人本位,有利于对学生进行素质教育。

相比于应试教育,素质教育的一个重要特点是聚焦于完整的人的价值,注重个体的全面发展,这和我国五育并举的教育理念是一致的。然而,以往受制于应试教育以及学科壁垒的束缚,五育并举的推进出现了内容过度泛化、实践性弱、开设不足等问题,体育、美育、劳育等长期处于弱势和边缘地位。跨学科学习课程有利于在学科知识内容的基础上,实现多学科思维的融合,从而推进五育之间的关联与平衡,为五育并举乃至五育融合提供良好的教育生态。

当然,跨学科学习并不意味着对传统学科教学的完全否定,而是对"教育逻辑

---

① 中华人民共和国教育部. 义务教育课程方案(2022年版)[S]. 北京:北京师范大学出版社,2022.

分裂""内容碎片化"等问题的修正。基于主题的跨学科学习以项目、主题或任务等方式组织教学,致力于打破"课堂内容即学科内容"的观念,凸显学科知识的结构化以及学生活动的组织化,从而推动课程内容的动态创生,为教学的实践性、综合性打下基础。综合实践活动课程是实现跨学科学习的有效课程形式,该类课程从学生的真实生活和发展需要出发,从生活情境中发现问题,转化为活动主题,通过探究、服务、制作、体验等方式,培养学生综合素质,体现跨学科特点[①]。其基于学科又超越学科,能够与原有的课程内容进行有效融合,为素质教育提供更多实现的可能性。

二、与核心素养密切联系

核心素养作为适应个人终身发展和社会发展需要的必备品格与关键能力,不仅是为了"知道什么",更是为了辨明在现实的问题情境当中"能做什么";不仅涉及学生在学校的学业表现,还指向他们走出校园之后的终身生活。因此,核心素养既不是单纯的知识或者技能,也不意味着单纯的态度或动机,而是在真实的生活情境中解决实际问题所需要的思维能力、判断能力、人格品性等[②]。这种素养的形成不能依赖于某个单一学科或单一的思维模式,而需要学生的跨学科学习能力。因此,跨学科学习本身就与核心素养的形成存在着密切的联系。

从我国2016年发布的核心素养构成来看,其涉及人文底蕴、科学精神、学会学习、健康生活、责任担当、实践创新六个素养,涵盖了个体发展所需要的综合能力,这与跨学科学习的内核具有一致性。此外,六大素养各自都与跨学科学习存在着一定的联系,尤其是实践创新素养,其包括劳动意识、问题解决、技术应用三个要点,问题解决表现为:善于发现和提出问题,有解决问题的兴趣和热情;能依据特定情境和具体条件,选择制定合理的解决方案;具有在复杂环境中行动的能

---

① 中华人民共和国教育部.义务教育课程方案(2022年版)[S].北京:北京师范大学出版社,2022.
② 董艳,夏亮亮,王良辉.新课标背景下的跨学科学习:内涵、设置逻辑、实践原则与基础[J].现代教育技术,2023,33(2):24—32.

力等①。这些内容与跨学科学习的教学过程、育人价值高度匹配。

跨学科素养应对的是复杂问题,它的培养需要具有综合性与实践性的教育情境,这是单一的学科教学所无法满足的,由此,跨学科学习的价值得到了关注。在当前的实践当中,许多经济体尝试将核心素养与具有跨学科性质的主题相结合,基于学生的真实生活情境进行教学,通过跨学科学习的方式来培养学生的核心素养,如苏格兰的卓越课程框架便是基于艺术、健康与幸福、语言、数学、宗教与道德、科学、社会学和技术等八个重要的课程领域,选取了三个跨学科学习主题来进行②;美国推出的"21世纪技能"也提到,在九个核心学科以外,各地还应当注重公民素养、全球意识、信息素养、媒体素养等主题在学校教育中的融合③。这些实践经验进一步证明了基于主题的跨学科学习与学生核心素养的关联。核心素养中的学科素养、跨学科素养两部分并非是冲突的,而是互相交融、和谐共生的关系。一方面,学科素养为跨学科素养提供了基础,对各学科的深度把握是充分开展基于主题的跨学科学习的前提;另一方面,跨学科素养有助于促进对学科素养的进一步理解,推动各学科的再发展。因此,基于主题的跨学科学习并不会削减学科素养的育人价值,而是使两者相互促进,共同服务于学生的核心素养培育。

"二十四节气"综合实践活动课程融合了二十四节气和跨学科学习二者的优势,强调育人本位的教育价值观,涵盖了丰富的课程内容,注重课程综合及课程实践,能够有效助推学生核心素养的培育。在教学实践过程中,核心素养的基本点均能够与"二十四节气"主题跨学科学习课程进行有机融合。"二十四节气"主题跨学科学习课程以节气为基本点,对历史民俗、经典诗词、气候变化等相关知识进行拓展与延伸,从而有效对标了学生在人文底蕴和科学精神方面的养成。针对健康生活素养,二十四节气课程引导学生根据节气的变化调整饮食、着装等生活习惯,

---

① 林崇德.21世纪学生发展核心素养研究(修订版)[M].北京:北京师范大学出版社,2021:273—277.
② 蔡文艺,周坤亮.以"核心素养"为中心的课程设计——苏格兰的经验和启示[J].辽宁教育,2014(13):87—90.
③ 靳昕,蔡敏.美国中小学"21世纪技能"计划及启示[J].外国教育研究,2011,38(2):50—54,77.

在面临雨水、大暑、大雪等气象时加强安全意识,提升自我保护能力,并适当加强运动等,契合了"珍爱生命"的要求;在进行课堂教学时,强调依托真实的生活情境,引导学生积极与他人合作,共同完成学习任务及挑战,从而有助于培养学生的"健全人格",提升其"自我管理"的能力等。

三、与综合思维内在一致

《义务教育课程方案(2022年版)》在论述"加强课程综合,注重关联"这一基本原则时,明确指出要"开展跨学科主题教学,强化课程协同育人功能"[①]。而综合思维的培养强调知识整合,关注课程内容与学生经验、社会生活的联系,这与跨学科学习的内核是一致的。首先,"跨学科"三个字本身就代表了学科跨界的特性,表现为跨学科学习会涉及两门或两门以上的学科内容,帮助学生综合运用多学科的知识来解决现实问题;其次,跨学科学习常常依托于重要的核心概念和任务网络来进行,选取具有综合性的主题或任务,从而整合学习过程、学习结果以及学习评价,将相关的学科内容融入同一个教学实践的过程中;第三,学生在进行跨学科学习的过程中,能够将新问题、新知识与已有的认知结构进行联结,促进自身知识体系的交互与融合,形成较为完整的、综合的思维框架。

跨学科学习的综合性还体现在注重课堂学习与生活世界的整合,联结学生的直接经验和间接经验,使他们的生活从区隔走向整合。在传统的分科课程框架下,知识按照不同学科的内在逻辑进行了归整与划分。然而,学生的生活是统一和完整的,人们不能仅仅依靠某一种知识或技能解决生活中的各种问题,这造成了课程观与生活观的不协调。而跨学科学习通过对不同领域知识的整合,将学生从"区隔"的教育当中解放出来,帮助他们发现知识、生活中的各种联系,从而树立起"整全的生活观"。基于主题的跨学科学习以不同学科之间的普遍联系作为主题建立的基础,将特定的专业知识、多样的思维方法、情感态度等进行融合,使学

---

① 中华人民共和国教育部. 义务教育课程方案(2022年版)[S]. 北京:北京师范大学出版社,2022.

生能够进一步明晰学科内容之间的联系,获得更深层次的理解。

此外,跨学科学习推动了课程综合的进一步深化。它并不局限于让学生获得两门或者两门以上的学科知识,而在于引导他们综合运用多种知识来解决实际中的问题,强调对于知识的整合、运用和再建构,注重对学生思维能力的培养。由此,课程综合不再局限于课外活动等几种固定的形式,而是与完整的教学过程相融合,有助于打破学科教学带来的思维固化问题,使学生真正掌握综合性的思维方式,提升自身的认知水平。

在"二十四节气"综合实践活动课程的实施当中,学生需要从多个学科领域获取相关信息,将其进行系统整理和综合分析,跳脱出狭隘的学科视角,超越传统的知识边界,培养深度思考的能力。在学习某个新节气时,学生不仅会了解到节气名称、时间、对应天气等基本常识,还会学习相应的经典诗词、美文美篇,阅读节气中的历史小故事,了解该节气下的生活常识,乃至完成科学小实验、参与节气游戏、探讨特定主题等。由此,学生形成对节气的立体化认识,能够从多个角度对节气文化进行分析,促进综合思维养成,并将其渗透在其他课堂的学习当中。

"二十四节气"课程强调依托现实,设置难度不同的学习任务,这些任务不受单一学科的限制,常涉及多个领域内容的交叉融合。学生在完成这些任务时,需要将不同学科的节气知识相互关联,形成更为综合与完整的认知框架,从而更好地理解复杂现象,形成全面且多维的解决方案。如"秋雨潇潇话寒露"主题课程就设置了"孝亲感恩"的学习任务,引导学生探讨"如何为长辈准备礼物",并设置"走访敬老院"的实践活动,学生需要充分发挥综合思维,主动与他人进行交流与合作,整合多方面知识共同完成。由此,学生能够形成良好的思维习惯,提升思考问题的灵活性,为未来的学习和成长奠定坚实基础。

四、与实践能力有效融通

课程的实践性要求加强课程与生产劳动、社会实践的结合,倡导"做中学""用中学""创中学"等。而基于主题的跨学科学习常基于真实的问题情境、实践主题、现实任务开展教学,为学生提供了将课堂知识与生活实际相结合的机会,不但有利于激发他们的学习兴趣和动机,还能让学生经历发现问题、解决问题的过程,从而培养高阶思维和实践创新的能力,成长为更好的自我,顺应了课程实践性的要求。

首先,基于主题的跨学科学习的运行过程和实践密切联系。一方面,基于主题的跨学科学习中的问题、任务等来自于真实生活情境,是对社会实践的凝练与浓缩。相比于以往教学更加关注知识的获取,学生缺乏直接性的经验,仅能以语言描述等方式解决虚拟问题,基于主题的跨学科学习更强调学生的真实感受,通过现实情境激发学生主动性,使他们积极投入到学习过程当中;另一方面,基于主题的跨学科学习引导学生在情境当中解决现实问题,注重引导学生发现问题、提出问题,培养解决问题的热情,驱动学生在活动过程中获取真知,学会竞争与合作,提升沟通与交流的能力,为将来的社会生活奠定基础。可见,基于主题的跨学科学习摒弃了"先学后用"的知识观,注重知识和实践的一致性,采用"学用合一"方式实现问题解决或任务驱动过程,满足了《义务教育课程方案(2022年版)》当中对于"加强知行合一、学思结合"的要求[1]。

其次,基于主题的跨学科学习还使学生的生活由"离身"走向"具身"[2]。传统的教育从整体的视角来看待学生,容易忽略学生的个体差异,局限于知识传递,使得学生的身体和认知区隔开来,将身体视为知识的某种载体,忽视身体对于学生认知的反作用。相较于这种"离身"的生活观,"具身"的生活强调身体、知识与世界的相互协调,认为人通过体认知觉世界,与外界发生联结。基于主题的跨学科学习借助任务和问题联结生活、学习与知识,使学生通过身体与外界的交互产生感悟与经验,通过实践的方式获得具身体认。具体而言,基于主题的跨学科学习的实现是认知与身体双向嵌入的过程,学生调动身体的各部分,与外界环境反复互动,在动态过程中完成学习经历、建构知识基础。当以往的学习内容无法适应

---

[1] 中华人民共和国教育部. 义务教育课程方案(2022年版)[S]. 北京:北京师范大学出版社,2022.
[2] 袁丹. 指向核心素养的跨学科主题学习:意蕴辨读与行动路向[J]. 课程·教材·教法,2022,42(10):70—77.

问题解决的需求时,学生会经历认知冲突的过程,并由此引发其反思身体行为、情境状况、心理体验等,帮助他们提升迁移反思能力,获得更加丰富的情感体验,实现深度学习,在课程实践的过程当中成就更加完整的自我。

我校"二十四节气"综合实践活动课程注重结合真实的问题情境,引导学生准确地辨读各类信息,树立实事求是的意识,对既有的理论或观点进行质疑、比较和分析,培养批判性思维。此外,学生需要在整合各学科知识的基础上,对某些议题进行创新性的思考,提出更多新观点,培养创新创造的思维和能力。如在春分竖蛋活动中,学生就"春分时节鸡蛋能不能竖起来"进行了资料搜集和现场讨论,大多数人原本偏向于相信网络上的流行观点,即鸡蛋会顺利竖在桌子上,但通过亲身的探究实验过程,却发现真实结果与网络观点恰恰相反:无论是否春分,鸡蛋都无法直接竖立。这一经历给许多学生留下了深刻印象,在潜移默化当中使学生形成"实践出真知"的认识,有助于培养他们的批判性思维和创造性思维,提升问题解决能力和实践能力。

此外,本课程还注重与学生实际生活中所遇到的问题相结合,使学生能够将所学知识应用到实际情境当中:在夏至时节,带领学生亲手制作小扇子,驱赶夏日炎热;在霜降时节,引导学生记录校园植物的叶落过程,品尝秋日的果实蔬菜等。让学生在具体生活中体验节气变化,实现"做中学""用中学",真正达到了知行合一、学思结合。

第二章 "二十四节气"综合实践活动课程的校本探索

"二十四节气"综合实践活动课程对基础教育改革作出了有力回应,顺应了国家对于综合性人才培养的要求,对于深入推进素质教育、核心素养培养、实践能力提升具有重要的推动作用。课程融合二十四节气和跨学科学习二者的优势,具有丰富的内涵和深厚的育人价值。2006年5月20日,二十四节气作为民俗项目经国务院批准列入第一批国家级非物质文化遗产名录。2016年11月30日,联合国教科文组织正式通过决议,将中国申报的"二十四节气——中国人通过观察太阳周年运动而形成的时间知识体系及其实践"列入联合国教科文组织人类非物质文化遗产代表作名录。这充分体现了"二十四节气"具有跨文化、跨时空的价值。然而,如何在教学中结合二十四节气内容,深化拓展教学内容,使综合实践活动课程贴近社会生产和学生生活,从多方面渗透核心素养培养以促进学生的终身发展,还需要在实践中探索。

本章将介绍我校基于"二十四节气"主题的综合实践活动课程的研制过程与实践探索,追寻"二十四节气"综合实践活动课程的理论依据,寻找教育理论与现实之间的联结点,在理论追寻的基础上溯源"二十四节气"课程的发展历史,总结实施经验,以改进"二十四节气"课程教学模式,提升课程质量,增强教学效能,回应综合实践活动课程的育人需求。

第一节 ‖ 综合实践活动课程在我校的已有探索

一、综合实践活动课程的产生

（一）课程溯源——综合整体实验的经验

华东师大附小与基于主题的跨学科学习课程的渊源最早可追溯到20世纪80年代初。1981年起，我校作为基地开展了小学综合整体实验。经过多年的实践，学校对小学综合整体实验的一些基本问题有了一定认识。当时的综合整体实验是相对于各种单项或单科的教育改革实验而言的，它是一种通过调整学校的教学、教育和管理等方面的相互关系以及它们内部各种因素的关系，使之形成合理的结构，发挥整体的功能，从而促进学生最优发展的教育实验。

当时的小学综合整体实验运用以下两条实施原则：

1. 整体设计，分年实施；专题突破，各科落实

它从培养人的全过程、全方位出发，包括实验最终达到的教育目标，改革的指导思想，学制与课程的设想，各学科改革的具体要求及实验条件的控制等部分，绘制出一幅培养人的蓝图。

2. 抓住关键课题，反复进行探索实践

实验中确定了以课堂教学结构的改革为关键课题，研究如何使这个课题步步深入，日趋完善。这样的课题每个学年都可反复研究并不断充实新的内容。

在20世纪80年代末90年代初，小学综合整体改革与实验在当时是深化教育改革的一大趋势。它具有相当的前瞻性：首先，它已关注了各学科之间的内在联系，互相渗透配合，促进迁移；其次，它从教与学的关系角度看到，应充分发挥教师与学生两个主体的作用；最后，它从课内外关系角度看到，课堂教学是一个开放的系统。

小学综合整体改革实验以"知识结构论"组织教材,以期培育学生良好的认知结构。它已关注了各学科之间的内在联系,相互渗透、相互配合、促进迁移。它以整体思想指导课堂教学结构的改革,同时加强了课内外的联系,增设活动课程。虽然小学综合整体教育实验在当时的条件下无法达到整体优化的理想境界,也无法使得各科教学大纲、教材之间相互渗透、配套成文,但是这项实验改革的宏大意义、深远影响、经验做法,仍能绵延至今。

得益于小学综合整体改革试验的成功经验,2015年起,我校就结合学生学情和校情,针对课程预设的具体目标、方式方法的采用、基本活动流程、针对性评价的实施等,开始"二十四节气"小学主题式综合课程的校本开发与实践。我们希望开发出既能体现出学校特色,又能满足学生个性发展的综合课程,改善学生的学习方式。在这一学习模式下,学生以小组合作的形式共同解决复杂的实际问题,学习隐含于问题背后的科学文化知识,提升解决问题能力。它的性质体现在以下几个方面:

1. 面向学生的现实生活

回溯历史、审视现实,发现科学世界依然对课程体系、课程内容起着主宰作用,在科学世界日益被强化的同时,科学世界与生活世界被日益割裂开来,科学世界沦为"迷途的羔羊",人也就不可避免地沦为"科技理性"的奴隶,导致学校教育知识的非人性化现象。当代学习理论表明,学习只有发生在有意义的背景中,即学习的内容与学习者的生活世界发生密切联系时,才是最有效的。

因此,小学主题式综合课程提倡对于学生生活世界的回归,课程设计面对的不是单调的符号系统,而是真实的生活情境、鲜活的生活世界。在课程实践活动中,引导学生关注广泛、真实的生活情境,亲近并探索自然、体验并融入社会、认识与反思自我,从而提升人的内在生活品质,充实个体的生存意义。回归学生的现实生活意味着我们的课程是"在生活中,通过生活并为了生活的课程"。

2. 立足学生的直接经验

在我国新一轮课程改革中,新课程体现出向生活世界回归的取向,《国家基础教育课程改革纲要(试行)》(以下简称《纲要》)对课程改革的具体目标做出了规定:"改变课程内容'繁、难、偏、旧'和过于注重书本知识的现状,加强课程内容与学生生活以及现代社会和科技发展的联系,关注学生的学习兴趣和经验,精选终身学习必备的基础知识和技能。"这从课程内容的角度确定了课程改革和学生生活的联系,关注学生的兴趣和经验,尊重学生个性自由发展,从而改变过去把学生放在客体的位置上而忽视了其主体性的对象化思维。新课程明确了课程要向学生呈现人类群体的生活经验,并把它们纳入学生生活世界加以组织,使文化进入学生的"生活经验"和"履历情境"。

小学主题式综合课程是经验性课程,课程设计立足于学生已有的生活经验,以生活中遇到的问题或者需要为中心,强调学生经验在课程中的独特地位和价值;课程的实施建立在学生活动经验和活动过程基础上,强调学生的亲身经历和参与。因此,该课程超越单一的"书本世界",回归学生自我的"生活世界"。它强调联系学生生活经验和生活背景。学生生活经验和生活背景往往来自于学校生活、家庭生活和社会生活等领域,其中包含了可能遇到的各种感兴趣的现象和问题。但是在帮助其解决问题时,不是把书本知识作为结论或定论直接告诉学生,而是引导学生从生活经验或生活经历中发现问题、明确问题,以问题为中心,提出活动的主题,展开探索。学生亲近自然、接触生活、反思自我,获得新的经验或重组、重塑生活经验,在经验生成和改造过程中,兴趣、爱好、能力、情感、价值观等方面都得到发展。

3. 关注学生的自主探究

新课程把转变学生的学习方式作为重要的着眼点,以尊重学生学习方式的独特性和个性化作为基本信条,从而重建了教、学、师生关系等概念。新课程要求在所有学科领域的教学中渗透"研究性学习方式",同时设置"综合实践课程",为"研究性学习方式"的充分开展提供独立的学习机会。

小学主题式综合课程鼓励学生进行自主探究,倡导研究性学习方式。研究性学习是小学主题式综合课程内容的一个组成部分,同时也是贯穿于该课程所有内容和过程的主导性学习方式。学生自主探究过程遵循提出问题、收集资料、形成解释、总结成果这样一个基本的研究性学习程序。比如,我们尝试创设学科间融合的课堂教学模式,激发学生兴趣,增强他们对知识的理解;发掘学生在科学技术上的潜力,培养他们的创造力。其中的"春华秋实3D打印课程"就是让学生以"小创客者"的身份,将三维设计和3D打印技术与二十四节气中的学科知识、生活实际相结合,通过团队合作完成项目的典型例子。我们创设将学科融会贯通的小课题,培养学生"另辟蹊径"的思维,让学生更享受学习的过程。我们运用学科间融合的"创客工坊"的全新方式来教学,引导学生用综合性思维来判断问题、解决问题,使他们的创新思维和问题解决能力得到提高。

(二)产生基础——上海新课程改革背景下的小学主题式综合课程实践

在成功完成小学综合整体实验后,我校顺应时代浪潮迎来了新一轮课程改革。自2001年起,上海市实施中小学课程改革,小学课程体系在理念、目标和结构上都有了变化。

1. 课程理念

新的课程方案强调为学生提供多样化的学习经历,丰富其学习体验;以学生发展为中心,构建融合时代特征和上海特色的课程体系;以德育为核心,培养科学精神和人文精神;着眼于改变学习方式,重点培养学生的创新意识和实践能力;强调加强课程之间的整合,促进各要素之间的有机联系。

2. 培养目标

上海市中小学课程体系的培养目标包括普通中小学培养目标和分学段目标。小学阶段的培养目标旨在体现《国家基础教育课程改革纲要(试行)》和上海城市发展的需要,培养学生的思想品德、文化科学素养、身心健康素质、审美素养、劳动技能和健康个性,培养学生具备创新精神、实践能力和终身学习的基础,成为学习能力、合作能力、做人能力、生存能力等方面全面发展,具有理想信念、道德情操、文化修养、纪律观念的时代新人。小学阶段(一——五年级)的分学段目标涵盖德智体美劳五个方面的内容,明确了对小学生品德、文化、美学等各方面素质的具体要求。

3. 课程结构

《义务教育课程方案(2022年版)》强调加强课程之间的整合。基础型课程注重满足国家对公民素质的最基本要求,促进学生基本素质的发展,成为必修课程;

拓展型课程关注满足学生不同方向和层次的发展需求,适应社会多样化需求,包括兴趣活动和社会实践,为选修课程;研究(探究)型课程着眼于引导学生学会学习,激发学生自主学习、主动探究和实践体验,在小学阶段称为探究型课程,为必修课程,分为探究型课程Ⅰ和探究型课程Ⅱ。这些不同类型的课程共同构成了当时上海市小学阶段的课程体系,而各个课程之间的融合和联系也日益受到重视。此外,兴趣活动、社会实践以及探究型、拓展型课程虽在课程中所占比重较小,但已成为学生学习的重要组成部分。目前的教育改革更加关注学生发展和教师成长,以学生为中心、问题为核心的教学方法得到重视,追求课程的综合性和回归学生经验和生活的要求。

　　课程是学校教育的核心。从教学到课程,从教学大纲到课程标准,乃至校本课程、短课程等诸多新名词的层出不穷,一次次地表明当前教育改革正日趋活跃与深入,呈现繁花似锦的景象。而当下,我们更加关注学生发展和教师成长,重视以学定教,以问题为核心,引导学生从学习的角度提出问题、理解问题、解决问题,要求课程向学生经验和生活回归,追求课程的综合化。

　　在此背景下,小学主题式综合课程应运而生。小学主题式综合课程是在教师的指导下,由学生自主进行的综合性学习活动。这类课程基于学生的实际生活经验和社会实际,与现实密切联系,更加凸显对知识的综合应用,赋予了一种"跨学科"的实践研究视角。跨学科并非简单的"学科统整",不能简单将学科内部资源进行整合,而要关注社会、儿童及学科三个层面,关注个体与社会的统一,关注儿童心理结构的健全发展及优化。

　　近年来,各地区都有类似的跨学科领域教育实践与探索。行业内普遍认为,综合实践活动是提升学生解决问题能力的有效手段。通过多年实践,华东师大附小尝试结合学生兴趣,有效利用文化资源、地域资源,借助综合性主题活动将小学语文、科学、美术等学科的部分教学目标整合在一起,设计实施以跨学科为指引的"F·X成长教室"主题式综合实践活动——探索二十四节气的综合课程。该课程以综合实践活动为主,具备跨学科特性,既提升了学生在实践过程中综合运用多学科知识与方法解决问题的能力,也更加体现了不同学科在知识内容、方法手段等方面的关联性。

"二十四节气"是中国传统文化中特有的一个文化现象,从以往的文化传承来看,其隶属的非物质文化遗产的大部分领域,如民间绘画、手工技艺、口头文学、表演艺术、民间知识等,经由传承人的口传心授而得以代代相传。我们将其作为教学观察的领域,并作为文化解读的对象。

我们希望通过研究和实践一门课程,提升教师的教学效能,实现教学改进与突破;培育学生的核心素养,实现综合素质提升。从 2001 年起,学校基于小学课程综合化的要求,着眼于实现课程结构的年段衔接,尝试开设主题式综合活动课程,开展自然、生活、社会与自我的主题活动。根据小学综合课程内容开发的三个维度:自然、社会与自我,规划出符合校情的小学主题式综合课程的整体结构。

跨学科是贯穿本次主题式综合课程实践的重要话题。在以注重核心素养为标志的深化基础教育课程改革的背景下,传统分科的课程架构难以支撑核心素养的有效转化,必须打破传统学科边界、促进学科融合。通过跨学科的方式能有效落实核心素养,推动课程持续变革。在这样的背景下,我们对小学基于主题的跨学科学习课程的研究与实践便更具有现实意义。

自 2015 年起,我校积极开展"二十四节气"课程的研制,将二十四节气与学校的教育教学充分融合。紧跟国家的政策要求和社会的发展诉求,不断对课程进行反思与迭代,逐步构建起较为完整的"二十四节气"课程体系,取得了一定的课程建设实效。我校的"二十四节气"课程研制过程主要可分为两个阶段。

第一阶段是 2015—2018 年,我校立项、结题了上海市中小学课程领导力子项目"基于问题情境的小学主题式综合课程设计与实践研究"。基于课程综合化要求,结合学生兴趣,从文化、地域资源的利用出发,通过综合性主题将多门学科整合,设计实施了小学主题式综合课程。在项目推进过程中,我校结合学情和校情,针对课程预设的具体目标、方式方法、活动流程、评价实施等,开启了"二十四节气"小学主题式综合课程的校本开发与实践。

在实践过程中,注重通过"二十四节气"主题软化学科界限,展开跨学科对话,推动学科知识体系重建;强调全面发展,力图打造智力、情感、体验、创造均衡发展的全人教育；结合真实的问题情境，引导学生建立个体生命与生产生活的内在联结，提升育人实效。经过三年的积累，我们研制出了较为完整的课程方案，形成了一批精选案例和课例，有效地推动了课程的迭代创新，促进了学生综合素质的培育。

然而，由于理论局限、经验缺乏、时间较短等因素，当时的"二十四节气"小学主题式综合课程仍旧存在着一些进步空间。首先，虽然针对部分节气开发出一些精选课例，但仍旧有很多节气没有纳入，未构建起完整的节气内容体系；其次，对于"二十四节气"课程从低年级到高年级的进阶把握不足，尚未充分体现出不同学段在培养目标、教学内容、教学方式等方面的针对性；第三，没有形成科学系统的评价体系，难以精准捕捉学生、教师在课程实践中的成长；第四，对于学科整合的理解仍旧有待深化，实践中仍旧面临如何将多学科内容融会贯通的难题。

第二阶段是2020—2023年，我校以二十四节气作为研究主题，开启了新一轮的深化研究。以二十四节气为纽带，致力于构建"跨学科—超学科"的综合课程。以核心素养为基础，进一步明确课程目标，挖掘每一个节气的育人价值，形成了完整的"二十四节气"课程内容体系。针对不同年龄段的学生特点，开发了低年级综合活动体验课程和中高年级超学科深化课程。在研究过程当中，对二十四节气的跨学科学习价值有了更加深入的了解。在此基础上，我校开发了基于"二十四节气"主题的跨学科综合实践活动课程，为节气文化的跨学科应用提供了理论支撑和实践探索，促进了其在教学实践中的细化，并逐步构筑起较为完整的评价体系，使"二十四节气"课程的研制上升到了一个新的高度。

需要说明的是，基于"二十四节气"主题的跨学科综合实践活动课程，并不是简单的主题式课程，其本真意义是要弥合学校教育中的五种"连接薄弱"，即学科与学科之间、教学者与教学内容之间、学生与学习之间、学生与自我之间及学生和世界之间连接薄弱。其次，我们试图在跨越学科壁垒的过程中，帮助师生找到科学合理的教学方式，使跨学科学习课程发挥高效能，转化为品格塑造、智力开发、情感体验、兴趣激发、动手动脑，以培养完整的人为目标的活课程。

二、我校基于主题的跨学科综合实践活动课程的已有实践

《国家基础教育课程改革纲要（试行）》明确指出"整体设置九年一贯的义务教育课程"，小学阶段以综合课程为主。可以看出，新课程对课程结构进行了重建，强调综合性、加强选择性并确保均衡性。同时，新课程注重学科知识体系的重建，努力软化学科界限，展开跨学科的对话，这也是对旧有的课程结构进行的根本改造。因此，在这样的形势下，跨学科学习课程具有综合性、协同性、灵活性、高阶性等基本特点，对接了国家的育人需求。

我校的跨学科学习课程围绕育人目标，根据学生已有经验、兴趣需要、课程资源等，确定以"二十四节气"为主题，由教师、学生、家长、社会人士共同参与，共同规划。实施过程中，由不同学科教师团队围绕主题分头搜集学习资源，有组织地共同实施教学，通过各种方法和策略使所有参与者都获得生命成长。我校跨学科学习课程的实践呈现出课程内容丰富、活动场所多、涉及方面广、安全要求较高等特点，实施的过程主要包括以下几个步骤。

（一）生成活动主题

活动主题的生成是基于主题的跨学科学习课程开展的第一步。由于小学生年龄较小、能力有限，完全由学生自主探究容易造成活动背离本课程既定的大主题"二十四节气"。因此，我校基于主题的跨学科学习课程不单纯靠教师制定，也不完全由学生确定，而是将教师与学生两方面的能动性进行巧妙结合，生成恰切的主题。

在生成活动主题的过程中，主要依据学生的观察、学生的问题和突发热点事件。例如在"白露"节气课的学习中，教师让学生仔细观察烧杯的异常之处。学生发现烧杯上有大量水滴，由此自然生成问题：烧杯上为什么有这么多水？通过师生之间、生生之间、师师之间的不断协作互助形成具有较强动态性的课程，而这些有时是无法提前安排和预设的。此外，在"冬至"节气课学习中，教师提问：冬至有什么习俗？有学生提到："奶奶说冬至是鬼节，晚上不能出门。"作为已被废除的民

间陋俗，教师如果只是在课上进行单纯的否定，并不能使得学生真正信服。因此，教师请学生以"科学了解节气日"为活动主题，通过小组合作、查找资料等各种方式，引导学生科学了解"冬至"节气。

在如今网络高度发达的时代背景下，小学生对社会生活中的热点话题和突发事件较为关注。在基于主题的跨学科学习实施过程中，教师凭借敏锐的课程意识，把确立活动主题的权利适时适当还给学生，把学生关注或有兴趣的热点事件融入节气主题课程的开发中，引导学生关注和了解节气现象的相关问题、日常生活的大环境，从中发现问题，确立更为合适的小主题。

（二）细化活动主题

在确定活动主题后，研究方向得以明确。但活动在真正落实前，还需要确定一个个可操作的子课题。细化活动主题主要有头脑风暴、兴趣分解、筛选论证等方法。在"清明"节气主题课程设计中，美术学科教师采用思维导图形式将清明节气有关内容进行梳理，师生合作利用头脑风暴将收集到的素材进行概括、选择。学生根据自己的喜好，从头脑风暴所找到的制作青团、放风筝、足球等主题中进行选择，通过自主学习作业单，开展合作探究。除此以外，教师还从学生的兴趣入手，让学生根据自己的兴趣与特长进行分组研究；组织学生集思广益，将大主题分解成小课题，选择与主题紧密相关的子课题、子话题来实施。以上三种方法使得师生、生生成为真正的合作者，使得学生真正成为学习的主人。

（三）确立组织形式

在课程活动分组时，我校大多采用兴趣分组、自主分组的方法。这样分组有时会带来组内人数不均、差异较大等问题，这就需要教师根据学生的兴趣、特长、差异来合理调配。分组活动能让课堂更加高效，扩大学生的参与合作面，提高学习积极性，提升课堂效率。但在分组时也要注意采取适当的异质分组法，学生间取长补短，缩小各组之间的差异，以达到共同进步的效果。

（四）确定活动方案

在确定基于主题的跨学科学习课程的活动方案时，教师应该注意保证其可行性和多样性。可行性就是指教师应从人力、物力、时长等多方面考量是否可行，避免出现无法操作的现象。多样性不仅仅体现在课程内容和组织形式上，还应表现在教师教学方法与学生学习方式上。

我校基于主题的跨学科学习课程内容虽然来源于节气这一古老的中国传统文化，但是我们强调社会人文教育、艺术教育、自然科学教育等多方面的有机融合。在活动空间上以小学生周围的自然生活环境、社会环境和人际环境为背景展开；在教学方式上也应更加注重观察、调查、实验、手作等多元化的有机结合。

（五）开展实践活动

实践活动是基于主题的跨学科学习课程的核心。在这一环节里，不仅要坚持学生的自主选择与主动探究，还需要教师的适时指导。教师应遵循逻辑顺序引导学生从收集到的文献资料中摄取有用的资料，对资料进行分类、排序、编目等工作。在活动开展过程中，随时分享、改进。教师要善于发现学生的小成果，抓住时机提供展示平台，及时和同伴分享自己在教学过程中的心得和改进措施，推动课程的良性发展。

（六）总结反思成果

对成果的总结和反思是基于主题的跨学科学习课程实施的一个环节，体现了贯穿整个课程的理性精神。在课程中教师和学生的及时反思与总结能促使自我教育、自我生长、自我完善。教师应先指导学生进行有效反思，思考自己在活动中的不足、记录活动收获。这样不仅可以教会学生如何反思，也有助于学生养成自我反思的习惯。此外，教师自身更应学会自我反思与总结，提升课程实践效果。

三、我校基于主题的跨学科综合实践活动课程的实践反思

虽然跨学科学习受到越来越多学校的关注，但如何将其引入学校的教育教学实践中，仍旧是值得持续探索的真问题。一方面，唯有进一步明确跨学科学习的理论定位，才能够清晰比较其与学科教学的结构关系，为它的推行落实提供理论向导；另一方面，需要有更多基于地方或学校特色的实践项目，提供具体化的经验指引。

从这一角度而言,我校的基于"二十四节气"主题的跨学科学习课程积极回应了国家对于教育发展的要求,以二十四节气为切入点,探索了跨学科教学在学校的具体落地方案。课程的形成过程能够为其他学校在理论和实践层面提供参考和借鉴,从而推动跨学科学习的广泛推行和进阶发展,促进课程建设的进一步优化。同时,我们的实践仍有发展的空间,需要总结已有经验,推动课程的优化完善。

(一)我校具有跨学科学习课程的优势

多元化和综合性是以二十四节气为例的跨学科学习课程的基本特征。课程本身立足于学生生活世界,着眼于小学生的整体、健全发展。在当前教育情境下,我校所开展的基于主题的跨学科学习课程有效规避了以下问题。

1. 避免碎片化的无序

在开发基于主题的跨学科学习课程的过程中,我们认真利用科学的课程理念和要求进行设计、规划,系统有序地安排课程活动。此外,我们安排专人负责实施、管理、评价综合课程,有效避免了课程在实施过程中的碎片化、无序化。

2. 避免无根式的叠加

在课程开发的初期阶段,我们较多停留在经验层面。随着研究实践的深入,我们渐渐建立起了自觉探索的欲望和能力。特别是在考察学习其他学校相关做法的过程中,没有简单地奉行"拿来主义",无根式地叠加在本校的课程中,而是基于学校的办学哲学和教育思考,设计开发能紧紧围绕学校教育目标的实现和学生的需求发展的资源。

3. 避免仅有少数教师参与

合作共营是我校的学校文化内核。在基于主题的跨学科学习课程开发的过程中,90%的青年教师以及全部的高级资深教师都投入到课程的研发工作中。在校长的带领下,没有局限于少数精英的参与,没有闲置的教学计划,没有一成不变的讲义,而是让跨学科存在于学校每位教师的主体实践中,这样的综合课程才是有意义的。

（二）我校具有跨学科学习课程的提升方向

2022年国务院办公厅印发《关于进一步减轻义务教育阶段学生作业负担和校外培训负担的意见》，教育部随之公布了最新版义务教育课程方案和课程标准。在"双减双新"的新时代背景下，依据2022年版新课标，我校在下一阶段需要针对以下部分进行深化研究。

1. 教师跨学科教学理论素养再提升

目前，我校教师已经针对基于主题的跨学科学习课程开展了系统性的理论学习，在实际教学过程中能有意识地进行跨学科融合。下一阶段，教师需要进一步思考如何进行系统性理论和实践的有效融合，把跨学科融合深入推动下去，更好地应用跨学科思想使得每一位学生在主题式综合学习课程的学习过程中有所进步与成长。

2. 课程内容再完善

介于现实情况，我校在课程实施方面还处于跨学科初级阶段。虽然"二十四节气"这一课程大主题明确，但课程内容还不够完整，尚未覆盖到全部节气，内容较为单薄。除此以外，目前的基于主题的跨学科学习课程所涉及的学科主要为语文、美术、自然和探究等，学科视野具有一定的局限性。下一阶段，我们要在目前搭建的"二十四节气"主题的跨学科学习课程雏形基础上，尝试引入更多学科，丰富学科视野，借助问题链和思维导图进一步完善课程内容。

第二节 ‖ "二十四节气"综合实践活动课程的理论追寻

一、建构主义学习理论

建构主义认为，个体的学习行为是一个与周围情境紧密联系的、积极主动的自主操作活动，在这种活动过程中，能力与知识不是通过被动训练或接受习得的，而是通过个体自主建构的,这要求学习者能够对外界信息进行主动的选择和加工,自主建构信息的意义。而建构信息意义的过程并不是从零开始,而是以一个已有的知识结构作为基础,从学习者的不同背景以及角度出发,在教师及他人的帮助下,对新的信息进行编码并以此建构自己的理解;同时这一过程也不是简单的信息输入、存储和提取,而是一种新旧经验之间双向的相互作用过程[1]。

关于学习条件,建构主义认为主体、情境、协作和资源是促进教学的四个条件[2]。具体来说,首先,建构主义学习要以学生为中心,重视发挥学生的主体作用。其次,建构主义的学习情境要与学习者实际情境相结合,实际情境领域贴近学习者日常生活,具有生动性和丰富性的优点,有助于学习者进一步掌握高级的知识。再次,重视协作学习,强调学习者之间的交流以及相互学习。最后,建构主义重视教学环境的设计,强调要为教育者提供丰富的可用资源。

在此基础上,建构主义学习理论还提出了情境教学法、随机通达教学法以及支架式教学法三种教学方法。(1)情境教学法:情境教学法主张联系实际情境进行教学,以相关例子和问题为基础引导学习者学习;(2)随机通达教学法:随机通达教学法主张让学习者以多种方式进行知识学习,从不同角度关注问题,以不重复的情境推动学习者获取对于同样知识的多方面理解;(3)支架式教学法:支架式教学法指的是教育者运用一定的"支架"(相应的帮助措施),引导学习者掌握和内化所学习的知识技能,在这一过程中逐渐把学习的任务由教育者转移给学习者,最后撤去"支架",实现学习者的自主建构学习[3]。

基于建构主义学习理论,本研究明晰了我校教师在"二十四节气"综合实践活动课程中所起到的作用和扮演的角色,根据该理论,教师在学生学习节气知识的过程中主要起到协助作用,在明确的课程目标指导下,教师运用有效的教学方法和丰富的节气教学资源,指导和协助学生结合生活中的节气现象,对节气知识进

---

[1] 莱斯利·P.斯特弗,杰里·盖尔.教育中的建构主义[M].高文,等,译.上海:华东师范大学出版社,2002.
[2] 丁远坤.建构主义的教学理论及其启示[J].高教论坛,2003(3):165—168.
[3] 杨维东,贾楠.建构主义学习理论述评[J].理论导刊,2011(5):77—80.

行自主加工与建构,形成关于节气知识的意义。

二、活动课程理论

活动课程理论起源于19世纪末实用主义教育家杜威的"经验课程"概念,国内外研究者基于这一理论主张及后续的实践成果,逐渐总结出"活动课程"的概念[1]。活动课程也叫做生活课程、儿童中心课程,它指的是基于学生的直接经验、密切联系学生自身生活和社会生活、体现对知识的综合运用的课程形态,是一种以学生的经验与生活为核心的实践性课程。活动课程的概念着重强调了三个基本内容,其一是要有相应的活动项目,其二是要有学生的自主参与,其三是要遵循教学的基本要求[2]。

在概括教学活动基本组成内容的基础上,活动课程理论进一步提出了活动课程的基本特征[3]。(1)整体性:人作为社会与自然彼此交融形成的有机整体,其个性自然具有整体性,个性的形成和发展是综合运用知识、不断探究世界与自我的过程,在这一过程中需要不同学科的知识进行协助,因此活动课程必须立足于人的整体性,提供整合不同学科的综合性知识;(2)实践性:活动课程以学生为主体开展实践活动,强调学生从"做中学",认为学生根据自己的实际需要和现有的知识能力水平,选择灵活丰富的实践活动,在活动中促进全面发展;(3)开放性:活动课程面向每一个学生的个性发展,尊重每一个学生的发展需要,关注学生在实践过程中所产生的丰富学习体验和个性化表现;(4)生成性:活动课程不是一成不变的,随着实践的深入,新的目标、新的主题不断生成,学生在这一过程中的认识和体验也不断深化;(5)自主性:在活动课程中,学生可以自主选择学习的内容和方式,自己决定活动结果呈现的形式,教师只对其进行必要的指导和帮助。

基于活动课程理论,我校"二十四节气"综合实践活动课程强调学生在"做中

---

[1] 刘英健.活动课程理论研究综述[J].教育科学研究,1997(1):21—27.
[2] 张华.让儿童自由探究生活——兼论综合实践活动课程的本质[J].全球教育展望,2007(4):8—12.
[3] 李芒.论综合实践活动课程与教师的教学能力[J].教育研究,2002(3):63—67.

学",通过自主活动获得经验、培养兴趣、解决问题,培养科学的思想、态度和思维方法。同时,该课程基于小学生真实的生活情境进行教学,体现了学习和学习情境、学习者与学习者之间的互动过程,有利于在真实、融合的状态中培养小学生的角色意识、生活经验和思维能力等。

三、多元智力理论

加德纳在《智力的结构》(Frames of Mind)以及《多元智能》等书中对智力这一概念提出了新的定义:"智力是在某种社会或文化环境的价值标准下,个体用以解决自己遇到的真正的难题或生产及创造出有效产品所需要的能力。"基于这一新定义,加德纳归纳提炼出了多元智力(Multiple Intelligences)理论[1]。该理论认为,个体用以解决真实情境中的问题或生产创造出有效产品所需要的能力,其基本性质是多元的,并非一种能力,而是一组能力;其基本结构也是多元的,各种能力不是以高度整合的形式存在,而是以相对独立的形式存在并发挥作用。在能力的基本框架结构中,存在着言语—语言智力、音乐—节奏智力、逻辑—数理智力、视觉—空间智力、身体—动觉智力、自知—自省智力和交往—交流智力七种智力类型,每个个体都同时拥有相对独立的几种智力,在现实生活中这几种智力以不同方式、不同程度组合在一起,形成独特的表现形式[2]。

在此基础上,多元智力理论进一步突破了传统智力测验,强调情境、发展以及多元的重要性。该理论认为,个体的智力根植于一定的社会文化环境之中,并且在与社会文化环境的相互作用中不断发展,个体需要在真实的社会文化环境中才能表现出更好的实践能力和创造能力。同时,智力的发展具有强大的潜力,在环境和教育的双重作用下,学习者处理信息、解决问题的潜能能够得到进一步的激发。这种对于学习者智力和潜能的训练,需要综合考虑七种智力类型设计培养方式,注重培养学习者自由运用各种智力类型解决自己遇到的现实问题,并创造出

---

[1] [美]霍华德·加德纳. 多元智能[M]. 沈致隆,译. 北京:新华出版社,2003:207—209.
[2] 霍力岩. 加德纳的多元智力理论及其主要依据探析[J]. 比较教育研究,2000(3):38—43.

社会文化背景所需要的有效产品①。

  基于多元智力理论,我校"二十四节气"综合实践活动课程以跨学科的课程整合为主线,力图结合不同学科对于学生智力的训练模式,从多个角度入手,促进学生智力的全方面培养,同时遵循多元智力理论中对于情境性的要求,在实际教学中重视情境的丰富性和具体性,克服分科课程与学生自身经验分离的缺点,将节气教学与学生生活中的常见现象相结合,使学生在真实的情境中开展学习和实践活动,促进学生综合素养的全面提升。

第三节 ‖ "二十四节气"综合实践活动课程发展历程

  二十四节气是我国古代用来指导农事的补充历法,包括了反映一年中自然现象和季节特征的二十四个节气,是中华传统文化的重要组成部分。2016年,二十四节气被列入联合国教科文组织人类非物质文化遗产代表名录,由此具备了一定的世界影响力②。它反映了我国古代人民与自然交往过程中所形成的独特行为方式,是劳动人民在农业实践过程中长期积累的经验和智慧的结晶。时至今日,其不仅被用于指导农业,更对人们生活的方方面面产生着影响。

  二十四节气涵盖了天文地理、历史民俗、起居养生、文化哲学等多方面的内容,且简单易懂、贴近生活实践,与学校教育有着较大的融合空间。目前二十四节气已经广泛进入了国家乃至地方课程当中,如人民教育出版社的二年级小学语文教材就包含《二十四节气歌》,桂教版的八年级信息技术教材也包含《初识二十四节气》的内容等。不过,这些课程往往只涉及了二十四节气中的基础的部分,许多有意义的教育内容并未得到展现。为进一步发掘二十四节气的育人价值,许多学校做了更加深入的延展,开发出一系列具有特色的校本课程,我校的"二十四节

---

① 蒋曦,曾晓洁.多元智力理论与主题教学[J].比较教育研究,2005(4):51—57.
② 刘晓峰.二十四节气的形成过程[J].文化遗产,2017(2):1—7,157.

气"综合实践活动课程便是这方面的有益探索。

通过系统回顾与二十四节气相关的校本课程实践,结合跨学科学习的时代诉求,可将现有的课程大致分为三个方向:单纯以"二十四节气"为主题的课程,基于某一具体学科的"二十四节气"课程,初步具备跨学科特点的"二十四节气"课程。本节将分别对三者进行梳理,并分析既有课程的优势与不足。在此基础上,对华东师大附小的"二十四节气"课程研制实践进行简单的介绍。

一、单纯以"二十四节气"为主题的课程

该类课程不局限于特定的学科,而是在二十四节气的基础上进行拓展,结合特定的教学活动,引导学生了解节气基本常识,接受节气传统文化的熏陶,培养学生的基础学习能力和情感态度等。在实践中,常见于低年龄段学生课程。

例如,B市的S小学就将二十四节气引入到课程当中,致力于以二十四节气为切入点,在小学低段推动中华优秀传统文化的传承与发展[①]。在具体实施过程中,主要着眼于三个方面。首先,设置"非传统课程日",在当天,学生不会参与具体的学科课程,而是在教师的组织下学习节气相关的内容,了解节气的名称、由来、物候特征、民俗习惯等,并结合特定的观察与实践过程加深对于节气的认识。其次,注重家校的协同育人作用,引导学生总结出"探究""倾听""乐观""创造""勤劳""专注"等12个"节气素养",充分与家长相配合,共同对学生的行为表现进行督促、追踪和评价,推动其节气素养的形成。最后,强调环境创设的浸润价值,构建以节气为主题的廊道文化,将相关的海报、谚语、诗句乃至部分农业工具布置在廊道当中,使学生在潜移默化中获得熏陶与滋养,形成对中华优秀传统文化的内在认同。

相比之下,B市的Z小学更注重通过二十四节气促进学生对自然环境的了解,

---

① 程贝贝.在教学中推动中华优秀传统文化传承与发展——以二十四节气为例[J].中国教师,2020 (11):62—64.

生成亲近自然的意识,接受传统文化的陶冶①。在课程设置中有机渗透与自然和谐相处的观念,开发"节气与生活"栏目,结合不同节气的饮食、着装、健康常识等,使学生初步理解顺应天时物候、尊重自然规律的意义。以二十四节气为线索,引导学生关注自然界的变化,以身体感知来认识每个节气的天气、动植物变化等,获得对节气变迁的真实体认。同时,引导学生认识自然之美,如在春天观察花的开放,在夏天聆听蝉的鸣叫,在秋天品尝瓜果香甜,在冬天体会雪的乐趣等,从而陶冶学生的心灵,厚植热爱自然环境及传统文化的情感。

此外,还有很多学校就这类课程做了一定的探索,如S小学依托"二十四节气"的德育课程整合实践②、G小学构建的节气班本课程③、X幼儿园"趣玩自然·童游四季"特色课程等④。整体来看,这些课程顺应了学生的身心发展特点,发挥了二十四节气的育人价值,是基于一定情境下的特色实践,为二十四节气课程的构建提供了一定参考。

二、基于某一具体学科的"二十四节气"课程

相比单纯以"二十四节气"作为主题,第二类课程已经开始有意识地将"二十四节气"与某些具体的学科相结合,将其作为原有课程内容的拓展,既开阔学生的知识视野,又能够加深对于原有学科的理解。这一类的"二十四节气"课程多见于中小学,将二十四节气和语文、地理、生物、美术等某个学科有机融合。

例如,C省的N中学围绕二十四节气,开发出一套初中生物学选修课程——《节气里的生物密码》⑤。首先,以二十四节气中包含的自然物候为切入点,设置

---

① 毛向军.北京市海淀区上庄中心小学:依托二十四节气进行中华传统教育[J].北京教育(普教版),2015(2):23—24.
② 包永胜.依托"二十四节气"的德育课程整合实践研究[J].课程教育研究,2018(18):224—225.
③ 欧成玲.基于"二十四节气"的班本课程的实践[J].新课程,2022(40):74—75.
④ 张绿枝.节气文化如何融入幼儿园课程[J].人民教育,2021(24):60—61.
⑤ 吕涛,刘慧琪.围绕二十四节气开发初中生物学选修课程的探索[J].生物学教学,2019,44(9):61—63.

"走进三候"的教学板块,引导学生了解不同节气的动物行为变化、气象特征等,使他们在学习、探究的过程中认识节气、了解节气。其次,着重突出生物学的学科特色,基于初中的生物学知识内容,选取合适的主题进行拓展,包括二十四节气中植物的变化过程,人们顺应自然的养生之道等,从而实现节气文化和生物知识点的贯通。再次,注重课程的实践育人价值,设计一系列相关的动手活动,突出"做中学"的生物学科特点,如在小满时节,围绕小麦的生物特征、价值功用进行拓展,让学生在生物学习中也能接触到农业实践的过程。此外,提出课程的地方特色,关注当地特有的物候特点,融合本土特色的动植物资源等,培养学生对家乡、对祖国的热爱。

J省的C小学将二十四节气融入语文课程中,关注其作为传统文化的教育价值[①]。首先,对小学语文课程中的二十四节气文化进行了挖掘,整合相关的古诗词、课文、童谣等,分别建构了低年级、中年级、高年级学段的校本课程。其次,成立专门的教研组,扎实开展课堂教学,同时,为了深化教学效果,还开展了一定的实践活动,让学生走进田野,亲身感受节气的变化,丰富语文的教学过程。最后,聚焦学生的语文素养提升,通过诵读经典、了解习俗、感悟生活等方式,让学生能够体会到二十四节气的深刻内涵,领略中华优秀传统文化的魅力。

还有很多中小学也进行了此类教育实践,如B省的S小学将二十四节气与劳动教育相融合,通过组织系列讲座,让学生了解二十四节气中的劳动智慧,并组织劳动运动会、节气与美食制作、新年台历制作等活动,让学生在融合二十四节气的实践中践行劳动教育[②]。J省的S小学结合二十四节气创新美术教学,依托优美的诗歌作品、有趣的节气风俗等,创设教学情境,充分激发学生的积极性和主动性[③]。引导学生进行与二十四节气相关的美术创作实践,让学生在大自然中感知与欣赏美,并积极进行自主创造,如在谷雨时节带领学生欣赏牡丹花开,使他们在

[①] 左士军."二十四节气"在小学语文课程中的传统文化教育实践思考[J].小学生(中旬刊),2022(2):111—112.
[②] 李杜芳,吴建民,孙彬.二十四节气与劳动教育的融合实践[J].基础教育论坛,2022(30):6—7.
[③] 邹颖.结合二十四节气创新小学美术教学[J].新课程研究,2020(17):68—69.

视觉、嗅觉等综合感知中获得美的体验,激发对美的追求。同时,注意理论与实践的结合,强调学生的动手体验过程,在课堂教学、社团活动中均对其进行鼓励和指导。

这些课程将二十四节气与具体的学科相结合,从某一学科视角出发,关注二十四节气的某个具体维度,使得二十四节气真正落地。而随着认识的深化,部分学校逐渐注意到了二十四节气的综合育人效果,并开展了相关的课程探索。

三、初步具备跨学科特点的"二十四节气"课程

这一类的课程不仅关注二十四节气与学科教学之间的融合,还尝试将二十四节气融入两门及两门以上的学科当中,开发二十四节气的多元价值,并借助节气整合不同学科知识,从而初步具备了跨学科的特点。

例如,F省X中学围绕"二十四节气"这一主题,将地理学科和艺术学科进行了融合[①]。利用项目学习建构融合课程,针对不同的节气设计活动课例,研究不同节气的民间习俗,参与和节气相关的科技创新活动,使学生体会节气文化的现代意义。将地理学科与音乐学科相结合,以晨昏钟鼓作为切入点,为学生播放二十四节令鼓表演的视频,以鼓声来代表节气的时间变化过程,并让学生有机会亲身参与到表演的过程中;将地理学科与美术学科相结合,带领学生以地理时空的视角对一些美术作品进行鉴赏,如通过西方风景油画中所描绘的自然景象,探究其背后的气候变化过程,通过中国古代的一些山水画,挖掘其中的二十四节气文化以及地理知识内容等。最后,引导学生进行真实的艺术创作实践,在这一过程中培育地理和艺术的核心素养。

A省的T小学也将二十四节气引入了小学课程,在开发和实践过程中,尤其注重不同学科之间的融合。如在清明时节,科学老师鼓励学生观察并记录植物在这一周期内的变化,感受植物的生长过程;美术老师引导学生进行与清明相关的

---

① 邱洪斌,冯雪寒,申嘉楠.地理学科与艺术学科融合助力"二十四节气"课程落地[J].福建基础教育研究,2019(10):103—105.

创作,让学生绘出各自的创意作品;体育老师讲解蹴鞠运动的习俗,从而让学生感受到运动的价值与乐趣①。J省的J中学则开发与实施了二十四节气主题式跨学科课程"灵动的二十四节气",试图借助多样化的认知结构,引导学生运用多学科的视角发现二十四节气的魅力②。将核心素养要求融入课程建设过程中,创设丰富的课程模块,构建了丰富的课程体系。在组织形式上,坚持项目式教学的课程方法,并以四季更替的时序构建课程的实践过程,按照节气的顺序和学生认知发展对内容进行编排。在课程实施上,设置了较为完整的课时进度、任务安排等,提供了良好的参考个案。

这一类课程将二十四节气融入不同的学科教学中,为跨学科学习的发展提供了有益的探索。但整体来看,其数量还比较稀少,有待于在更多的实践中进阶提升,增强系统性、科学性,拓宽对于跨学科学习的理解和应用,提升学生的问题解决能力和批判性思维。

四、对既有"二十四节气"课程的评价

(一)既有"二十四节气"课程的优势

基于以上对"二十四节气"课程的梳理,可以发现它们在多个层面将二十四节气与学校教育进行了融合,在不同程度上实现了二十四节气的育人价值,体现出如下优势。

1. 课程形式丰富,注重趣味性

在课程实施过程中,各学校基于其办学条件以及学生发展的阶段特征,创设了多样的活动形式。既通过多媒体等手段充实课堂教学,又注重学生的自我感知和实践,引导他们走进真实的自然与生活,观察节气变迁中的细节,并结合外出参

---

① 刘海英,程杨杨.追求"四性":二十四节气校本课程的实践与探索[J].安徽教育科研,2021(17):10—11.
② 张剑,刘志民.二十四节气主题式跨学科融课程开发与实施探究[J].吉林省教育学院学报,2021,37(9):16—19.

观、手工制作、文艺表演、课堂展示等方式,使学生获得对于二十四节气文化的综合体验和深入认识。针对特定的节气,能够从多方面、多层次进行延伸,充分考量基础教育学段的学生特点,提升课程趣味性,以游戏化、生活化的教学调动学生的学习热情,激发其内驱发展动力,顺应了教育成长规律和素质教育改革的要求。

2. 课程内容充实,体现进阶性

由于不同学校在课程建设背景、开发能力、配套环境等方面存在差异,既有的校本课程往往在二十四节气基础内容之上,结合当地的教学实际,有针对性地勾连不同主题,形成了各具特色、丰富充实的二十四节气课程内容体系。如B市的S小学着重挖掘节气背后的中华优秀传统文化;Z小学更关注其中的自然育人价值;J省的C小学强调二十四节气和语文课程的有机融合;A省的T小学则将二十四节气作为联结各学科教学的一个主题等。此外,纵观已有的校本课程实践,由单纯以"二十四节气"为主题,到基于某一具体的学科,再到初步具备跨学科特点,体现了一定的进阶过程,这一过程与基于主题的跨学科学习的精神亦是相契合的。

3. 贴近日常生活,突出实践性

既有课程还注重课堂教学与生产劳动、社会实践的结合,突出节气在日常生活中的具象表现,挖掘其实用价值。二十四节气是我国古代人民长期生产实践的产物,蕴含了天气物候、起居养生等贴近生活的内容,这成为许多学校开展相关教学的切入点和突破口。如一些校本课程引导学生注意不同节气的饮食起居和着装变化,安排学生进行台历制作、观察植物生长等具有生活气息的活动,有利于改变知行分离的教学困境,重塑学生与自然、与社会的内在联系。从课程迭代更新的角度来看,这些课程在开发过程中积累了丰富的经验与教训,也为二十四节气课程的进一步发展提供了参考和借鉴。

(二) 既有"二十四节气"课程的不足

1. 课程内容碎片化

虽然已有课程力图挖掘二十四节气的多方面内涵,但最终形成的课程内容多呈现出一定的碎片化特征。首先,课程主题较为零散,多数集中于立春、清明、小满、秋分等几个较为熟知的节气,没有体现节气文化本身的周期性、完整性。其次，多数课程仅仅针对某一特定的学生群体，如有的只是小学低年级的学生参与，有的只局限于某几个班级之内。作为校本课程，没有体现出学生从低年级到高年级的进阶过程，使得相应的课程内容扁平化，限制了二十四节气完整育人价值的发挥。

2. 指导理念空泛化

既往"二十四节气"课程往往缺乏明确的教育理念指导，课程的开设多是为了迎合国家的某方面教育方针，并未充分结合本校的课程建设基础。如部分学校为回应国家弘扬中华优秀传统文化的要求，直接将二十四节气引入原有课程体系，不仅为教学工作者带来了压力，也难以深入挖掘二十四节气的丰富内涵，节气成为了可随时替换的改革载体，无法发挥其独特的育人价值；一些学校虽然宣称开发了完备的课程体系，但实际上只是某些教师自发性教学尝试的整合。理论基础的缺失使得相应的课程较为零散和生硬，难以形成一个有逻辑的系统。

3. 学科综合表面化

面对国家的课程综合趋势，少部分学校试图将二十四节气作为整合多学科内容的载体，在跨学科实践方面进行了一定的探索。然而，现有的尝试还比较流于表面，对于跨学科的理解停留在不同学科知识内容的交叉上，忽略了关键的问题解决能力。鲜有学校根据二十四节气的内容体系，设置真实的问题情境，引导学生综合不同领域的知识内容完成现实任务等。可见，二十四节气在课程整合、综合育人上的价值还有待进一步深化。

基于此，我校将"二十四节气"与跨学科学习相结合，构建完整的课程体系，有助于填补既有实践的不足，进一步推动"二十四节气"课程的更新与进阶，助力基于主题的跨学科学习的真正落地，培养具有跨学科素养的全面发展的人才。

(三) 跨学科学习实施面临的挑战

总结既有的"二十四节气"课程，可以发现，由于其本身的特点以及现有实践经验不足等原因，未来的实践仍旧面临以下几点挑战。

1. 教师专业知识和技能

跨学科学习要求教师具备广泛的知识和技能，不断学习和掌握新的知识，对教师的专业发展提出了更高的要求。首先,教师需熟练掌握所教学科,不仅是简单的知识记忆,更要在脑中建立起结构化的知识脉络,了解每一块教学内容的背景来源和深层逻辑,从而找到适合的跨学科教学点,将所教学科灵活地与其他内容整合。其次,教师还需要根据具体需要,了解并熟悉某些其他学科的内容。跨学科教学并非是简单地将不同学科的老师聚在一起,而是通过不同领域的知识、逻辑碰撞,提升每位教师的跨学科教学素养,真正推动教学的深化。因此,教师自身也需要掌握多领域的内容,构建复合型的知识结构。最后,教师还需要掌握更多的跨学科教学方法。跨学科教学常基于真实的问题情境和项目,相比以往的学科教学,在课程内容的设计、课堂节奏的组织、课堂结果的评价等方面均有较大的差异,需要教师就这些方面进行针对性的学习和能力提升。

2. 学习资源和时间

跨学科学习价值的充分发挥需要更多的资源支持和时间统筹,对现有的教学安排和架构提出了挑战。在资源支持上,跨学科学习需要更加优质的师资、更加丰富的教具、更加宽阔的场地、更加充足的资金等,学校需要花费更多的精力进行协调和规划,对于某些教学条件欠发达的地区而言,其跨学科学习的真正落地更是具有难度。由于基于主题的跨学科学习正处于探索阶段,究竟用多少时间才能真正发挥其育人实效仍是个未知数,有待于在研究和实践上进行更多的检验论证,找到清晰适合的实施理路。

3. 学生认知负荷

跨学科学习需要融会多领域知识内容,进行深度思考,发展批判性思维等,会给学生带来较大的认知负荷。首先,跨学科学习需要学生从多个学科领域获取信息,跳脱出学科视角,培养自身的综合思维。对于长期接受学科教学的学生而言,这样的学习要求需要他们在思维方式和学习方法上进行较大的转变。对于刚刚迈入学校的低年龄段学生而言,其心智发展往往尚不健全,难以完成具有较高难度的跨学科学习任务。因此,跨学科学习的推行不能急于求成,要结合学生的年龄特征、认知基础等进行相应的调整。其次,跨学科学习常基于真实的问题情境或主题项目等,需要学生跳出课堂本身,从实际的问题解决角度来进行思考。对于某些实践任务,学生可能还需要利用课堂以外的时间来完成,在真实的体验中获得知识经验、提升综合能力等,这也对学生的认知水平和学习能力提出了新挑战。

(四)跨学科学习评价

传统的学科评价方式难以准确衡量跨学科学习成效,从而在评价方面带来了挑战。首先,传统的课程评价往往基于某个单一的学科,能够在相对完整和稳定的内容基础上来设计测量工具。而跨学科学习由于涵盖多学科内容,其评价也需要根据具体的教学实践来灵活转变,对涉及的知识和能力进行精准的把握和测量。其次,跨学科学习的概念在2022年新的课程方案中被正式提出,目前研究和实践仍旧不够深入,尚未形成具有较强科学性和权威性的评价量表,尤其是对于跨学科素养的评价工具较缺乏,有待更多的研究和实践深耕。第三,跨学科学习评价体系较难形成。跨学科学习评价涉及多主体、多过程、多方面,完整评价体系的形成需要持续试错和长期努力。此外,评价体系的完善还需要根据国家的课程要求、具体的教学情况、学生的发展实际等进行动态调整,从而增大了评价体系构建的难度。

第四节 ‖ "二十四节气"综合实践活动课程特点

"二十四节气"指导着传统农业生产和日常生活,是中国传统历法体系及其相关实践活动的重要组成部分。二十四节气源远流长,得到了全世界的广泛认可,是中华民族智慧的结晶。而基于主题的跨学科学习是新课标背景下,为响应时代需求、培育时代新人、促使核心素养落地而提出的实践路径。二者看似领域不同,但以"二十四节气"作为跨学科学习的背景或载体,恰到好处地回应了跨学科学习综合性、协同性、灵活性、高阶性的特点,具有高度的适切性。

一、内容多元:助力学科壁垒融通

"二十四节气"是传统文化的知识宝库,涵盖的内容广泛,涉及数学、自然科学、人文科学、伦理学、艺术、历史、哲学等知识体系，为学科融合提供了知识基础，具备进行基于主题的跨学科学习的开发潜力。

（一）品味节气中的文化意蕴

"二十四节气"发源于中原地区，在漫长的历史长河中指导着先民的农耕生产和生活，是华夏文明薪火相传的文化基因，还蕴含着古人尊重自然、天人合一的价值观，影响深远。

现行统编版小学语文教材中本身就吸取并编排了许多与节气相关的内容，如《春节童谣》《十二月花名歌》《数九歌》《二十四节气歌》《秋天的雨》《四时田园杂兴》《春夜喜雨》《日积月累——关于天气的谚语》《综合性学习——中国传统节日》等。内容涵盖了"自然景观""日常生活""农业生产""气象环境""人与自然"[①]等各个方面，囊括了儿歌、现代文、古诗文、谚语等多种体裁。

在节气文化的熏陶下，学生能够经历积累词汇、观察生活、品味鉴赏、模仿创作等学习过程，随着节气的更迭来诵读经典。二十四节气的文化内涵契合了语言运用、思维能力和审美创造这些核心素养的实现途径。

（二）研习节气中的科学思想

"二十四节气"中包含丰富的物候、气候、天文、地理、数学等科学知识。单是节气名称就体现了季节变化（立春、立夏、立秋、立冬），太阳运行（春分、夏至、秋分、冬至），温度变化（小暑、大暑、处暑、小寒、大寒），降水变化（雨水、谷雨、小雪、大雪），物候变化（惊蛰、清明、小满、芒种），物理现象（白露、寒露、霜降）等。在科技并不发达的过去，这需要古人对生活有大量而详尽的观察，经过概率统计、测算，才能做出如此精准的经验总结。若能深入挖掘节气背后的科学思想，可以发现其中存在着大量既有趣又有价值的研究点。

依托节气主题，学生可以进行科学观察，发现四季的物候变化，植物与动物的生长，体验自然的神奇；开发节气主题，学生可以开展科学实验，在实践中探寻真

---

① 彭晓宁,贺少雅. 新课标视域下二十四节气文化在小学语文教学中的实践研究[J]. 非遗传承研究，2023(2):25.

理,掌握科学方法,遵循科学精神;深研节气主题,学生可以探究节气中的规律,体会什么是科学,领悟科学的精髓。节气主题能够全方位促生科学观念、科学思维和探究实践。

(三)发现节气中的万物之美

人们常说,生活中不缺乏美,而是缺乏发现美的眼睛。二十四节气恰好能够胜任美的"放大镜"这一角色。

畅游节气的殿堂,我们能发现节气之美。寒来暑往,春生、夏长、秋收、冬藏,植物萌发带来的希冀,夏虫高歌竭力唱尽短暂的一生,大雁的旅途轮回,瑞雪冰封后的柔情……这桩桩件件,都是大自然的馈赠,都是物候之美。

"借问酒家何处有,牧童遥指杏花村。"这是清明时节,薄暮轻雨中对于先人的深切缅怀。芒种时,"良苦吴农田下湿,年年披絮插秧寒。"这是劳动之美,是对劳动人民的感同身受。"绿蚁新醅酒,红泥小火炉。"这是小雪节气时古人的闲情逸致,享受生活的生动体现……其间,文字或厚重或灵动,呈现出不一样的语言之美。

芒种时节割麦劳作的景象出现在莫高窟五代时期的扬场壁画上;雨水时节的隽永意境被记录在王羲之的《雨快帖》、米芾的《值雨帖》上;同是小雪时节的雪景,出现在王维的《江干雪霁图卷》、赵景伟《踏雪寻梅图》、吴大恺的《雪景创作》、印象派大师莫奈的雪景图上,却是别样的氛围……这都彰显了艺术之美。

弱水三千,美得各具风韵。在发现美的同时,节气之旅更是引领学生展示美的过程。学生从审美理解走向感知模仿,继而能够研究创造,通过手绘、编织、雕刻、泥塑、剪纸多种艺术表现形式来展现对生活的理解。审美感知、艺术表现、创意实践、文化理解等素养在学习中被具象化。

(四)传承节气中的传统风俗

二十四节气里蕴藏着古代劳动人民的勤劳质朴,更蕴含着生活智慧和处世哲学,它们包罗万象,共同形成了传承千年的传统风俗。

比如,中医主张"天人相应",人体也要顺应自然变化,保持自然平衡。节气的序列性让时代的中华儿女在每一年中都有可遵循的养生之道。"春捂秋冻""冬吃萝卜夏吃姜",五行的相生相克等玄妙又不乏科学性的说法在潜意识中指导着人们的饮食起居、运动调息、情绪控制。

而当人们习以为常地吃着清明青团、夏至面、冬至饺子,体验节气风俗给生活带来的乐趣和仪式感的时候,也能够充分感受到中华传统文化的生生不息;在发现节气中的传统风俗的同时,已经默默地走在了文化传承的路上。

其实,这四个方面也仅仅是对二十四节气多元内容的部分展示。节气文化海纳百川,在岁月的洗礼下穿越时空,仍然熠熠生辉,这也是它的魅力所在。正因如此,二十四节气给许多学科提供了立足点和生长点。没有一门学科是孤岛,在节气的背景之下,各个学科之间更容易交叉、衔接、生成、融合,从而形成跨学科、超学科的学习环境。

自2015年起,我校便开启了以二十四节气为主题的跨学科课程实践,在这一过程中,教师的知识与技能得到了重构,授课方式悄然改变,教师更加关注整合的意义与价值。教师有意识地去参与并整合多个学科领域和多种方法来研究,需要掌握不同的技能,通过不同学科之间的融合来建立对概念的理解。该课程对教师的知识储备提出严格的要求,为了更好地发挥教师在教学中引导的作用,教师不仅需要对本学科知识有深厚而精确的理解,还需要对其他学科的知识有一定的认识,才能解决好教学过程出现的各种问题。也就是说,二十四节气所提供的多元内容,为基于主题的跨学科学习的主题选定、内容选择、研究角度、学生的学习、教师的教学等诸多方面都提供了突破学科壁垒,取得改进的可能性。

二、层次多样:适应学生认知特点

对不同的学生而言,他们的学习方式、理解程度、擅长的技能、活跃的领域各有特色。从皮亚杰的认知发展理论出发,小学生的认知阶段跨越了前运算阶段、具体运算阶段和形式运算阶段。低年段的学生以形象思维为主,逐步脱离自我中心主义,中高年级的学生形成抽象逻辑思维,慢慢能够进行演绎和推理。而这样的总体认知发展体现在每个学生身上又具有时间和水平上的差异,就算同一个班的学生也很可能处于不同的认知阶段。同理,生活中,我们也有戏称"文科脑袋和理科脑袋"的现象。有的学生擅长听觉记忆,有的学生则依靠视觉记忆;有的学生乐于表现,喜欢讨论、表演等学习形式,有的学生则相对安静沉稳,更愿意从事分析数据、手作创意等学习形式。不同的学生面对同样的问题,呈现出的反应肯定是不一而足的。

基于"二十四节气"主题的跨学科学习课程就非常好地适应了学生的认知发展及不同学生的认知特点。在"基于二十四节气的小学主题式综合课程深化研究"的过程中,我们根据小学生的认知发展,将跨学科课程进行了低年段和中高年段的分别设计。一、二年级为小学主题式综合活动,根据时令变化,每月选取节气进行通识性的跨学科学习,内容涉及观察生活了解节气的物候变化,欣赏和表演与节气相关的美文、儿歌、古诗,制作节令美食、手作,实践节气风俗等。活动任务非常丰富、具体、有趣。在学习过程中,学生也能够初步具备方法迁移的能力,知道可以通过哪些方法、形式,从哪些方面入手来研究一个主题。以此为基础,中高年段的节气跨学科课程就有了比较扎实的既有知识铺垫。中高年段的节气课程更趋向于任务驱动,在大概念、大任务、大观念的引领下探索更深入的议题。比如:从"霜降节气该不该贴秋膘"这一话题,引发了传统文化与现代生活方式之间的博弈;在小雪节气,比较中外画家的雪景画作,赏析不同技法、流派,产生对"到底什么是美"的思考;在秋分节气,观察并记录"月亮的脸",批判性地认识古时祭月与现代中秋的习俗变化,解读科学精神;甚至由学生共同合作编辑剧本、制作道具并进行关于节气的舞台剧表演……在这一系列的学习中,课堂也在实现突破,逐步具有了超学科的学习形态,更致力于对学生高阶思维的培养,学生对辩论、合作、演绎的方式都表现出极大的热情。可见,"二十四节气"作为跨学科学习主题,因其涉及丰富的知识领域,蕴含深刻的文化底蕴,更有利于对学习进程进行整体性的规划,设计层次鲜明,能够契合不同年段学生的学习需求。

而针对不同学生的特质,二十四节气的主题学习活动也能在跨学科的过程中,满足不同学生的学习需求,不同的学生都可以尽可能地找到发挥的领域,从被动的"习得"过渡到主动的"合作"与"迁移",助力学生认识自我、超越自我。首先,节气主题呈现出丰富的表现形式,能够尽可能多地给学生提供实现自我和展现自我的可能性。学生可以通过搜集、分析资料、辩论、演讲、绘画、手作、表演、实验等多种形式来展现学习成果,能够在学习中获得自信,形成内驱力。此外,节气课程提供了更丰富的情境,有利于过程性评价的设计,有利于进行跨学科学习的评价。其次,"二十四节气"作为跨学科课程,为学生提供了更多合作的可能性,一方面能够促使不同学习特质的学生发挥强项,另一方面,学生能在合作中发现不足、相互学习、取长补短。通过学习共同体建设形成了良好的学习氛围和校园文化。

基于主题的跨学科学习课程从多层次适应学生认知特点,对学生更有吸引力,同时也更能促进学生高阶思维的发展,落实核心素养。单纯的"习得"难以促进学生的主动建构,只有积极的情感体验加上深层次的认知参与,才能促使学生化被动为主动。学生在富有变化的真实情境中,自主选择学习路径和呈现方式,像"研究者"一样去发现、探索、解决问题,才能主动将理论与实践相结合,从而获取"有用"的知识,发展"用得上"的技能,形成"自我认可"的正确价值观,培养"可迁移"的思维品质。

三、植根传统:强化学生文化自信

"二十四节气"是中华优秀传统文化的重要组成部分。以"二十四节气"作为跨学科学习的主题,有利于激发学生的文化认同,既弘扬传统文化,又提升学习的实效,形成文化育人效应。

必须强调的是,这里的"文化认同"并不是简单、平面化、线性地认可传统文化,从而接收、执行,而是为批判性思维提供了一个本土化的语境,赋予传统文化以更深刻的内核,更多层次的理解,着力体现"文化自信"的丰富内涵。

如在理解传统文化时,我们常说"取其精华,去其糟粕"。那什么是"精华",什么又是"糟粕"呢?这些都是相对的概念,需要置于时代背景下来体察。在基于"二十四节气"主题的跨学科学习的过程中,学生能够体会先人在有限的技术水平下,所做出的努力和取得的成就,在肯定祖先的智慧的同时发现当时的局限。这是"文化认同"的基点，是中华儿女生根发芽的土壤。

然而，在"二十四节气"的存续过程中，方方面面都在发生改变。有的习俗在历史的长河中已经有了更替，有的风俗存在南北方的巨大差异，我们和古人认识的节气，不同地区的人所践行的节气习俗可能已经千差万别了。在节奏更快的现代生活当中，为什么有的节气风俗人们继续经历着，有的却仅留在资料中？我们应该怎样寻求现代生活和传统文化之间的平衡？应该怎样寻求集体文化与个人需求之间的平衡？如何处理变与不变的关系？在全球化的当今社会，又要如何面对各文化体系间的交融与矛盾呢？如果能够从更深层的角度来审视节气背后所体现的传统文化价值观，那传统文化就不再是"展柜里的珍宝"了，它更是具体化的，是每个人不得不面对的生活。学生会发现，赓续文明的过程中既有不变的精神脊梁和上位逻辑，同时也存在因时制宜、因地制宜、因人而异的智慧，可以有新的现象被发现，新的事物、新的方法、新的观念产生。

基于"二十四节气"主题的跨学科学习课程提供了根植于传统文化却不拘泥于传统文化的学习背景，让学生在学习了关于节气的知识后，实践节气习俗，挖掘传统文化内涵，主动传承与弘扬传统文化。以"二十四节气"为代表的中华传统文化从来不畏创新，今天的创新也许就是明天的传统。这既是一条继承的路，也是一条发扬的路，更是一条创造未来的路。我们的传统文化经得起时代洪流的考验，有不惧变革的从容，这恰恰是中华文明具有鲜活生命力的体现。"文化自信"就是从辩证的认同和深刻的体认中，逐渐形成文化育人的效果。

第三章　"二十四节气"综合实践活动课程顶层设计

　　2001年,在党中央、国务院领导下,教育部正式启动了新一轮基础教育课程改革。2014年发布的《教育部关于全面深化课程改革落实立德树人根本任务的意见》[①]提出:"依据学生发展核心素养体系,进一步明确各学段、各学科具体的育人目标和任务,完善高校和中小学课程教学有关标准。"这意味着新时期课程的定位应该从单纯的技术问题转向面向国家教育发展的核心素养[②]。

　　发展核心素养是课程育人价值的重要体现,强调学生通过课程获得终身发展和社会发展的关键技能、必备品格。随着国家大力推进关键领域和主要环节的改革,学校依据核心素养来研制学业质量标准、修订课程方案和课程标准,通过课程目标、内容、实施、评价等环节将核心素养细化到具体课程之中,落实到课堂教学之中。这一过程需要将理论层面的素养具象为教师可以具体实施和教学的内容,进而实现对学生核心素养的培养,这对学校教育教学工作提出了新的挑战。

---

① 《关于全面深化课程改革落实立德树人根本任务的意见》节选[J]. 教育科学论坛,2017(20):3—5.
② UNESCO International Bueau of Education. The Curriculum in Debateas and in Educational Reforms to 2030: For a Curriculum Agenda of the Twenty-First Century [R]. France: Paris, 2015.

第一节 ‖ 学生培养的核心素养

一、"五有"育人,共生和美

(一) 历史与挑战

华东师大附小从 1954 年开始依托华东师范大学优质资源,打通资源壁垒,积极探索大学和小学深度合作的一体化育人模式。华东师范大学为学校课程建设、教学改革、师资培训和特色创建等提供专业支持。华东师大附小 1960 年被评为上海市文教方面社会主义先进单位。1980 年曾被定为市重点小学。1958 年开始进行小学六年制改五年制的实验,1960 年进行中小学十年一贯制教材小学阶段的实验。1977 年逐步恢复语文、数学、思想品德等学科的教学改革实验,创制小学生自学识字教学卡,数学学习用具,采用口算珠算笔算结合等新教法。1981 年 9 月起在一年级一个班开始为期五年的小学教育综合整体改革实验,1983 年开始了第二轮实验。首轮实验结果表明实验班儿童用五年时间基本达到六年级儿童文化学习水平。与同龄儿童相比,他们的学业发展水平有明显提高,德智体发展较平衡。1991—1996 年间又成为上海市一期课改实验学校,1996 年起成为新基础实验基地校,2000 年起成为上海市二期课改首轮实验校。这些成果成为日后学校核心价值观的构建基础,使得学校在基础教育改革的不同阶段能得风气之先,在上海乃至全国的基础教育领域发挥着实验性作用。

从 2003 年起,学校实行"合作共营",通过教师专业团队合作营造教育教学合作的专业氛围,营造教师之间专业合作的态度,营造教师之间专业合作的精神,营造每个教师个体专业发展的环境①,推动新发展。以"合作共营"小组为形式,以追求教师专业发展为目标开展团队建设研究,每个"合作共营"小组团队由志同道合

---

① 丁钢.在共营的天空下·前言·共营小组:一个校本教师专业发展的成功尝试[M],上海:上海科技教育出版社,2004:7.

的 5 到 7 位教师自愿组成。大家在"合作共营教师专业发展指引"的引领下,面对教学研究中急需解决的新问题、教学方案构想中的不同见解,成员间不间断地切磋、探讨,在思维碰撞中达成智慧的共识,形成了开放、互助、合作、成长的共营小组的教师群体文化。学校依靠这种以人为本的人性化合作,打造出能够充分发现和挖掘每个教师的潜能和创造力的"共营形式",力求把先进的理念转化为实践,营造出氛围,培育成习性,使学习、工作都成为大家向往而快乐的事。三年后的发展期,学校又在原有同学科为主的基础上形成发展了一批跨年级、跨学科的共营小组。其研究的主题更为多元化,更具有操作性。经过将近七年的系列实践,2010 年学校又以"共营才能共享""差异就是资源""矛盾也是动力"作为未来共营小组追求的信念,更将合作共营渗透在师师互动、师生互动、生生互动和家校互动等多种形式中,力求能激发出每个教师专业发展的意愿和追求,从而带动学校各方面工作的变革和发展。

近年来,随着优质教育资源丰富和人们对高质量教育诉求的不断提升,学校作为老牌名校也面临着前所未有的挑战:如何在新时期教育环境中把握现代与传统、继承与发展的关系?如何培育滋养每个学生核心素养的生态文化?如何建构能推动师生共同发展的课程图谱?如何在互联网+的时代中使学校内涵、实效与时代更融合?科学技术发展迅猛,知识更新日新月异,在这样的大背景下,学校认清形势,抓住契机,迎接挑战,于是,"F·X 成长教室"应运而生。

(二) 理念与目标

在华东师大附小,"立德、启智、强体、尚美、习劳"育人思想贯穿于教育全过程。学校不断优化育人环境,明确了"五有"育人目标,即"生活有心、交往有信、举止有型、求知有兴、健身有行",并以此设计育人体系(见图 3.1),提升育人实效,培养社会所需要的人。学校在培养学生的过程中,也在促进教师的发展;在不断提升教师专业发展水平的同时,也成就华东师大附小学生更好的未来,正所谓"共生和美"。

"五有"育人目标,即培养学生成为"生活有心、交往有信、举止有型、求知有兴、健身有行"的人。2015 年起,为实现"五有"育人目标,学校打造了"F·X"成长

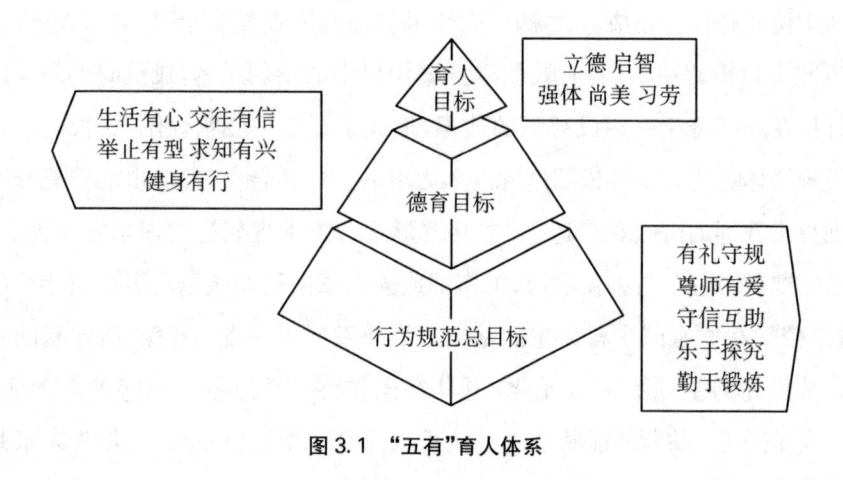

```
        育人
        目标         立德 启智
                    强体 尚美 习劳
生活有心 交往有信
举止有型 求知有兴     德育目标
健身有行
                              有礼守规
                              尊师有爱
                              守信互助
          行为规范总目标        乐于探究
                              勤于锻炼
```

图 3.1 "五有"育人体系

教室。"F·X"是学校拼音首字母缩写,它既是"分享与想象""发现与希望""飞翔与希冀"的汉语拼音缩写,又是寓意上升、追溯,自身不断成熟的过程。"成长教室",既是物理意义上的"教室",又是概念意义上的"课程",更是学校文化"合作共营"3.0版——促进师生共同成长的"场域"。

学校围绕"F·X成长教室"设置"成长"发展目标,优化"共生和美"的德育实践,构建"共生和谐"的课程体系,整合"共生和时"的教学资源,进行"共生共营"的教学变革,满足不同学生的发展需求,让每一个学生都能在华东师大附小体会成长的愉悦,培育蕴涵出既"全面发展"、又体现"差异发展"、具有"智慧闪光、个性闪亮"的华东师大附小特质的学生。

1. 生活有心——让学生在公益中童爱永存

"生活有心"指的是学生在对待同学时能做到热情大方,遇弱助残时能有爱心,做值日生能做到有责任心,对待花草和公物能做到爱护、爱惜,互动游戏时能做到关爱他人,在参与集体活动时能与同学和老师合作,心连心。在为集体服务、为社区服务的公益劳动中,能够提高学生对劳动意义的认识,培养劳动观念,养成劳动习惯,更是对学生爱心的培养。学生在参与和付出的过程中,感受着为他人服务、付出劳动的快乐,更在这样的付出中培养着自己的责任心。

为了培养学生成为一个"生活有心"的人,学校曾多次发起"拂晓之光·未爱小屋"的公益活动。在活动期间,全校师生共同参与,在"益起读"板块朗读诗词,通过捐声贡献公益积分,一起关注困境儿童的正向成长。

低年级班级岗位在行动——从班级生活的具体维护和建设需要出发,低年级学生通过在班级里自主选择有兴趣的劳动小岗位,参与到班级的服务与管理中。通过活动培养劳动意识和为他人服务的意识,并在为他人服务的过程中,感受到付出之乐。

中年级校园岗位在参与——每年3月5日雷锋日到来之际,三年级启动"F·X阳光五号校园服务队"。队员们做小小志愿者,负责学校公共教室的保洁工作。队员们还参与到每天早上的校园值勤工作中,为校园服务,体会奉献之美,感受劳动之美。

中高年级社区服务在行动——每年四、五年级学生开启每月一次"F·X乐服社区志愿队",走出校门,去社区、去敬老院、去幼儿园志愿服务。"乐服"是"love"的谐音,学校弘扬友爱互助的志愿精神,也让学生从中体会服务之光。

2. 交往有信——让学生在交流中童真永驻

"交往有信"指的是学生能够"与朋友交,言而有信",答应的事情能努力做到,借用的东西能及时归还,对于公物能够爱惜使用,若有损坏,能及时主动进行赔偿和处理,与同学相处能够团结合作。

学校在一年级与三年级,二年级与四年级之间持续开展跨年级"手拉手活动",打破了以往学生只和本班或是本年级的学生交往的局限。三、四年级的学生作为一、二年级学生的小辅导员,手拉手开展跨年级活动,在小辅导员活动过程中,中高年级的哥哥姐姐学会如何和弟弟妹妹交往,扮演哥哥姐姐的角色照顾弟弟妹妹,分享自己的学习经验和生活经历。低年级的弟弟妹妹在和哥哥姐姐的交往中,学会了把哥哥姐姐当作榜样,学习独立和自理。两个年级的学生都在跨年级的手拉手活动中获得了成长的体验和快乐。

通过跨年级的交往活动,改变了学生只和自己同龄人交往的局限,通过大手牵小手,小手牵大手的活动,彼此影响,互相学习,将学生之间最美的童真永驻心间。

3. 举止有型——让学生在礼仪中童善永恒

"举止有型"指的是学生能养成良好的学习习惯,使自己终身受益,养成良好的生活习惯,文明礼貌常记心间,见到师长能够主动问好行礼,在升国旗时能够规范敬礼。

学校不仅经常在升旗仪式上开展行为规范和文明礼仪教育,还将行为规范教育和文明礼仪落实到每一天中。为了进一步培养学生成为一名"举止有型"的人,学校在每周三晨会课上开展生活指导课,将《福娃晓囡成长记》作为生活指导课的主要教材,培养学生良好的学习和生活习惯,教会学生举止有型、孝亲尊长,继承中华民族的优良传统。

基于培养"五有"华东师大附小少年的育人目标,学校对学生行规教育总目标进行了顶层设计,使目标系列化,在行规目标要求的基础上,结合年段学生身心发展规律,制定了分年段目标。低年级着重进行个体的文明礼仪教育,培养良好文明举止;中年级着重进行集体主义教育,培养良好行为习惯;中高年级着重进行社会公德教育,提高道德认识水平。

学校教育与学生生活结合,既有横向发展,又有纵向提升,能够帮助学生成长为更好的自己。在教育中教会学生礼仪规范、举止规范,让学生在潜移默化中保持童善。

4. 求知有兴——让学生在学习中童乐永久

"求知有兴"指的是学生在上课前能做好准备,在课堂上能积极发言,在完成作业时能认真仔细,在课外阅读时能博览群书,能与他人分享自己在学习过程中的收获。

学校在保障基础教育有效落实的基础上,关注学生的个性需求,在丰富的学科活动中满足学生发展要求,让学生在各类活动中保持学习的兴趣,感受学习的快乐。

学校遵循学生身心发展规律,全方位塑造学生的童形、童心,整合多种教育教学资源,让课程更适合学生的不同学习需求。各学科还以七彩为主旋律,开设了主题明确、凸显学科特点、张扬学生个性的学科活动课程,如语文学科《古韵诗情》、数学学科《玩转数π》、英语学科《环游世界》、美术学科《同心唱画》、体育学科《灌篮高手》、道法学科《中华文化》等。

表3.1 学科活动课程一览表(部分)

学科	活动课程
语文	古韵诗情、彩虹鸟……
数学	玩转数π、华容道……
英语	环游世界……
美术	同心唱画……
体育	灌篮高手、绳采飞扬……
道法	中华文化、传统游戏……
心理	曼陀罗心理画……

以语文学科的学科活动"彩虹鸟"为例，为培养学生良好的阅读习惯，激励学生增加课外阅读量，学校在每年的世界读书日前后开展"彩虹鸟"阅读活动。以二年级语文的学科活动为例，学生共同完成指定书目的阅读，一起阅读中国寓言故事，同时自主进行课外的拓展阅读，然后将自己的阅读成果制作成读书小报，展示在教室外的墙面上，互相学习，互相点赞，评比"阅读之星"。通过这样的学科活动，不仅可以打造书声琅琅的书香教室，还可以引导学生多读书、读好书，体验阅读的乐趣，在学生之间营造良好的读书氛围。

5. 健身有行——让学生在参与中童美永驻

"健身有行"指的是学生能在体育运动中强身健体，能在日常生活中勤加锻炼，勇于参与社会实践活动，做一个健康向上有活力的人。健身运动不仅能帮助学生获得身心健康的调节，更能帮助学生塑造健康的身形，让学生在参与体育健身活动的过程中童美永驻。

"每天锻炼一小时"已经成为了华东师大附小学生的生活习惯。学校在确保学生"每天锻炼一小时"的基础上，因地制宜，充分利用操场、体操房等设施安排学生开展体育锻炼活动，同时每学期开展主题多样的体育学科活动。10月是"橙色体育节活动",开展"灌篮高手——篮球系列赛";12月至2月是"冬锻月活动",与伙伴分享经验,共同协作;3月是"绳采飞扬活动",开展各级跳绳擂主挑战赛;4月是"春季田径运动会",大家奋勇争先展示体育才能。

在"五有"培养的过程中,将"五育"即"德育、智育、体育、美育、劳育"有机结合,真正做到让华东师大附小学生在"共生和美"的"F·X成长教室"里全面发展。

近年来,学校根据华东师大附小学生培养目标(见表3.2),优化课程实践体系,整合课程资源,进行教学变革,让学习生活适合不同学生的需求,让每一个学生都能在华东师大附小体会成长的愉悦,培育出既"全面发展"、又体现"差异发展"、具有"智慧闪光、个性闪亮"的华东师大附小特质的学生。

表3.2 华东师大附小学生培养目标

生活有心	富有童心,对自己、他人、集体、社会具有责任心
交往有信	保有童真,处事为学、与人交往,自信而有诚信
举止有型	建立童型,有良好的行为习惯,举止有礼,为人谦逊
求知有兴	激发童趣,对学习以及新事物有求知、探索的兴趣
健身有行	主动童行,参与健身行动,有良好的体魄和健康的心理

二、"成长"课程,共生和谐

"F·X"是学校拼音的首字母,同时,也是学校课程设计的核心理念"发现""分享""飞翔"的拼音首字母。发现,意味着学生的主动探究;分享,体现学校崇尚的合作共营的文化;飞翔,更是蕴含着想象,以及启迪学生思维的广阔。学校以"合作共营"为学校教育文化之魂,把不断丰富课程内容、持续改进课程设计、努力完善课程结构作为课程体系优化的主要研究点,着力打造基于课程标准和学校实际的"共生和谐"成长课程,初步形成了以"发现、分享、飞翔"为愿景的学校课程体系,使学生"学以致用、做中发展",使"每个学生都能健康快乐地成长"。

（一）学生需求

成长课程适应学生特点，同时满足了以"学生需求"为目标的课程均衡发展的要求，其均衡性主要体现在以下三个方面：基于教育方针全面落实的均衡、基于全体学生共同成长的均衡和基于每位学生个性发展的均衡。

1. 基于教育方针全面落实的均衡

成长课程本着使"每个学生都能健康快乐地成长"要求，以"基于课程标准的教学与评价的改革试点"为抓手，以"构建共营课堂的教学特色"为突破口，实现了基础型课程的平衡和互补，培养了学生的基本素养和基本能力。

2. 基于全体学生共同成长的均衡

结合探究型课程的学习特点和本校的特色活动，学校从有利于每一位学生成长的理念出发，将主题单元活动的内容重新梳理统整，补充更新，并采用课内外结合、校内外联动同时渗透的方式，开展着眼于学习方式改变的研究主题学习活动，从而使学校课程架构具有均衡、公平、普惠教育的内涵。

3. 基于每位学生个性发展的均衡

学校活动课程具体科目的开设、实施，既考虑科目选题与学生发展规律的适应性，也考虑科目要求与学生身心发展程度的适应性，还考虑各年段科目设置全面性即与五大素养全面培养的统整，并借助教师意向表、学生征询单、家长问卷表等工具从教师、学生和家长三方面进行需求分析，以满足不同学生的不同需求，促进学生的个性发展。

为使课程的均衡发展落到实处，学校在课程实施上秉持"课程选择因人而异、课程开设因需采纳、课程教授因材施教"的原则，为学生创设独特的学习环境、丰富的学科活动，潜移默化地影响学生的行为方式和心灵成长，让学生在已有的生活、学习经验上，多角度、多层次、多交叉地思考问题，拓展自己认知的深度和广度，从而使学生可以"学以致用、做中发展"，使每个学生都能健康快乐地成长。

（二）课程图谱

2015年开始，学校以学生核心素养发展为中心，以学科课程架构为基础，进行了课程顶层设计（见图 3.2）。课程同心圆的中心指向 ASCENT（Arts 艺术、

Natural 自然、Science 科学、Culture 文化、Engineering 工程、Technology 技术）成长课程；内圈指向学科课程；中圈指向蕴含人文素养、身心素养、艺术素养、科学素养、综合素养五大素养的活动课程；外圈则指向综合课程，旨在为学生构建一种开放的学习环境：单学科—多学科—跨学科（即将两门学科课程领域中相互关联的知识组织成连贯的、条理清晰的、基于科学的对客观世界的认知）—超学科（即以单元内容为中心，以重新提炼的主题为线索，将各学科知识重新整合，以小组合作学习、项目式学习、探究式学习为基本形式，通过整合校内外资源，为学生提供多元的学习体验）。

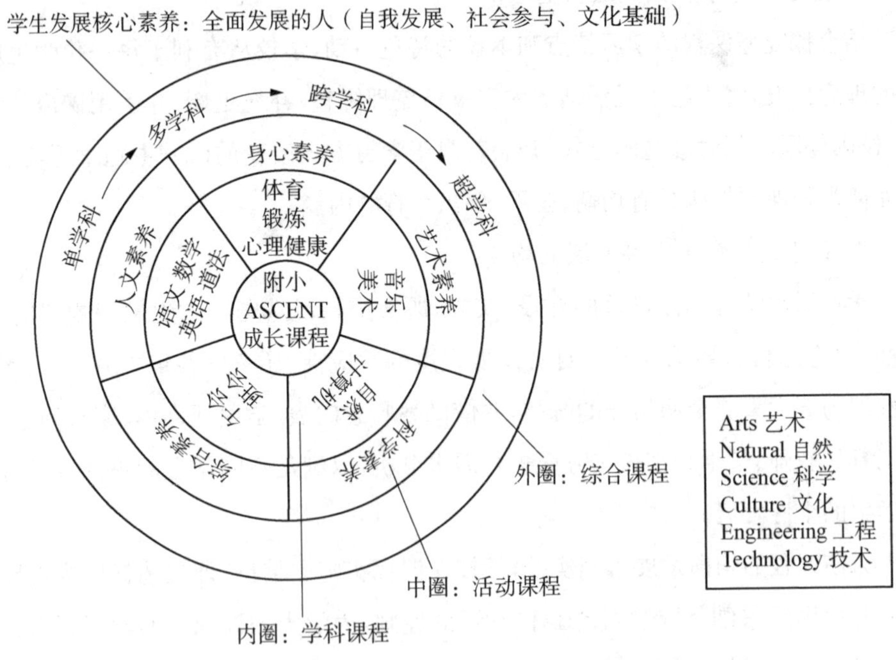

图3.2 华东师大附小 ASCENT 成长课程规划图

最外圈的三层是指学生发展核心素养，全面发展的人的三个方面：自我发展、社会参与、文化基础。以核心素养为指向的课程顶层设计能够为学生提供获取知识的多种渠道和综合应用所学知识的机会，使学生在更广阔的领域中实现素养提升，让每一个学生在童趣充盈、真实成长的丰富课程中成为全面发展的人。

（三）课程分类

基于"发现、分享、飞翔"的课程愿景，学校依据新课程标准要求，按照课程形态划分出三类课程（见图 3.3）。

1. 学科课程

着眼于促进学生核心素养的发展，关注每个学生应该有的共同学习经历，强调学生对学习活动的主动参与和亲身体验，关注学生学习经验的形成、积累和建构。主要涵盖四个学习领域：人文与社会、语言与文学、数理与科学、健康与艺术。具体包括：语文、英语、数学、道德与法治、科学、信息科技、唱游/音乐、美术、体育与健康等课程。

根据《上海市小学2023学年度课程计划》要求，《习近平新时代中国特色社会主义思想学生读本》安排在三年级上学期、五年级上学期作为必修内容，利用道德与法治课、班团队课、专题教育、校本课程等时间开展教学活动。一至五年级严格实行五课、两操、两活动，确保每天一节体育课。依据上海市教委提出的小学体育兴趣化的要求、学校办学理念，从学生兴趣发生、形成、发展、完善的过程出发，全方位梳理设计学校的体育与健身课程的内容结构。在劳育方面，我校每天进行10分钟的劳动教育活动，一周50分钟。劳动教育除了排入课表外，还加入了与综合实践活动相结合的"校外劳动"等活动中。

2. 活动课程

我校采用"快乐活动日"的形式开展活动课程，安排1个半天按4课时实施快乐活动日。课程覆盖拂晓国学苑、拂晓德益坊、拂晓亲子园、拂晓悦读吧、拂晓健乐汇、拂晓艺韵廊、拂晓创意堂七个主题板块。

课程的实施，既考虑课程纵向的年龄适应——科目选题要求与学生身心发展的适应程度；也考虑课程类别的覆盖面——年段科目设置与五大素养培养的统整。课程的开设，通过《教师意向表》《学生征询单》《家长问卷表》三个工具进行需求征询分析，在教师、学生、家长的共同参与、共同策划下，自主开发、自主设计多素养、多元化的课程项目。

（1）集中与分散相结合

既将课程集中于周五的半天活动时间,又将其渗透于每天的不同时段中,这样安排更有效地保证了每个学生有充分的活动时间,能尽可能多地参与到各个不同领域的活动中去。

(2) 课程走班与学生走班相结合

考虑各年龄段学生的生活经验、身心发展特点和学习基础,采用一、二年级课程走班制和三、四、五年级学生走班制的选课形式,更加适应每个学生个体的发展,充分体现关注差异的分层教学。

(3) 普及与提高相结合

既面向了全体学生,又照顾了学生个体的特点,"五大素养"的课程学习内容得以普及,再加以学校社团活动的开展,让一些学有余力的尖子生,学有所长的特长生知识、技能得到进一步的发展,综合能力得到有效提高,使"华东师范大学附属小学新星"绽放光彩,达成"培优"的目标,也为学校建立一批精品课程奠定基础。

(4) 主导与主体相结合

学生不仅是课程的主动学习者,也是课程的主动辅导者,参与"F·X聚乐部"社团活动的学生是学有专长的"受益者",在走班课程中也充当教师的"小助手",在与同伴合作学习、讨论交流中共同得到发展。

3. 综合课程

综合课程包括主题式综合课程和德育综合课程。其中,基于二十四节气主题的跨学科综合课程以"二十四节气"主题为内容,引导学生体验人与自然的关系,建立个体生命与宇宙自然的内在联结;该课程将单纯的智力教育转化为智力、情感、体验、创造均衡发展的全人教育,积极创设具有设计型思维的、鼓励创新和解决问题的综合主题性的创客工坊。德育课程以德育的目标、内容、途径、方法、评价五个部分为纬,以五个年段为经,横向贯通、纵向衔接、横纵交织,进而构成一个时间上具有全程性,空间上具有全面性,能够产生整体效应的德育综合课程体系。

第三章 "二十四节气"综合实践活动课程顶层设计

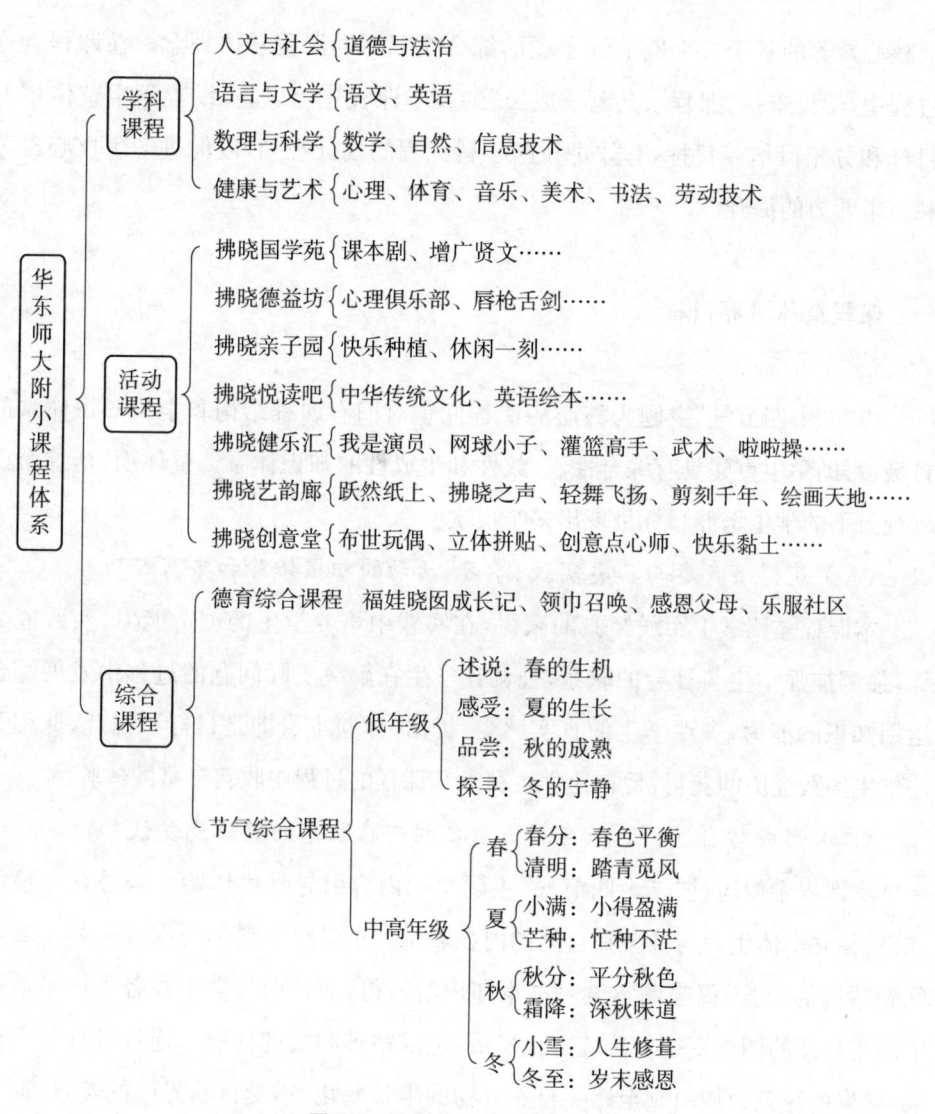

华东师大附小课程体系
- 学科课程
  - 人文与社会：道德与法治
  - 语言与文学：语文、英语
  - 数理与科学：数学、自然、信息技术
  - 健康与艺术：心理、体育、音乐、美术、书法、劳动技术
- 活动课程
  - 拂晓国学苑：课本剧、增广贤文……
  - 拂晓德益坊：心理俱乐部、唇枪舌剑……
  - 拂晓亲子园：快乐种植、休闲一刻……
  - 拂晓悦读吧：中华传统文化、英语绘本……
  - 拂晓健乐汇：我是演员、网球小子、灌篮高手、武术、啦啦操……
  - 拂晓艺韵廊：跃然纸上、拂晓之声、轻舞飞扬、剪刻千年、绘画天地……
  - 拂晓创意堂：布世玩偶、立体拼贴、创意点心师、快乐黏土……
- 综合课程
  - 德育综合课程：福娃晓囡成长记、领巾召唤、感恩父母、乐服社区
  - 节气综合课程
    - 低年级
      - 述说：春的生机
      - 感受：夏的生长
      - 品尝：秋的成熟
      - 探寻：冬的宁静
    - 中高年级
      - 春：春分：春色平衡；清明：踏青觅风
      - 夏：小满：小得盈满；芒种：忙种不茫
      - 秋：秋分：平分秋色；霜降：深秋味道
      - 冬：小雪：人生修葺；冬至：岁末感恩

图 3.3　华东师大附小课程体系

第二节 ‖ "二十四节气"综合实践活动课程目标

"让创新教学来源于实践，还源于教学实践，促进教与学的变革。让新科技与传统文化相结合，融入课堂，使未来照进现实、让传统走向现代。"这是学校进行指

向核心素养的基于二十四节气主题的综合实践活动课程总体理念。在课程运行过程中,学校秉持"课程—共营—成长"的校本课程建构思路,设置学生整体培养目标和分年段培养目标,有效进行跨学科课程的设计规划,以促进学生核心素养和基本能力的提升。

一、课程整体培养目标

以"二十四节气"主题为核心的课程注重对旧有课程结构和学科知识体系的打破,帮助学生重建具有综合性、开放性和生成性的知识体系。整体而言,综合课程视野下的学生培养目标呈现出多个层次。

(一)获得亲身参与各类实践、学习、活动的积极体验和丰富经历

本课程强调学生实践经验的获得,在实践中培养学生的创造能力、实践能力等,强调加强学生与社会的联系,强调让学生在解决实际问题的过程中发展综合运用知识的能力,关注学生的真实感受,提出"体验本身即是目标",因此,课程关注学生实践经历的获得,旨在让学生在参与课程的过程中收获丰富的体验。

(二)形成对自然、社会、自我三者之间内在联系的整体感受认知

本课程希望通过"二十四节气"主题学习内容引导学生体验人与外在环境的联系,建立个体生命与社会和自然的内在联结。小学跨学科学习课程是基于真实问题情境的,它不仅强调学生对书本知识的习得,而且引导学生在各类体验活动中感受自然的四季变换与传统文化民俗,追求精神归属的体验。通过各种学习活动,学生的注意力被引领至感受自然万物的生长变化、感受自然界中的美,进而知晓季节变换、在日常生活中发现季节的影子,并从中体会自身生活与四季变换二者之间存在的共性,同时,在课程活动中重视学生对文学与艺术的感知与品鉴,在文化民俗的体验中,体会自身作为社会成员的存在与意义。

(三)成为能积极地把思想转化为成果的创意者、设计者和实施者

1. 作为创意者,发现问题,找到改进方法并将其提炼为创意;
2. 作为设计者,面向实践,设计出图纸并制定可执行的计划;

3. 作为实施者,积极行动,投入到美好生活的追求与实现中。

本课程的目标是培养学生的创新能力和实践能力,让他们能够根据自然界的变化和人类社会的需求,提出有价值的创意,设计出可行的方案,并付诸实施。具体来说,本课程希望学生能够:作为创意者,发现问题,找到改进方法并将其提炼为创意。本课程将引导学生从多个角度观察和分析自然界的现象,发现其中存在的问题或机遇,并思考如何利用科学技术、艺术文化、社会服务等手段,提出改善或创新的想法,并将其提炼为清晰的创意要点。作为设计者,面向实践,设计出图纸并制定可执行的计划。本课程将引导学生选择合适的设计方法和工具,如草图、模型和算法等,绘制出详细的图纸或实行方案,并根据实际情况和资源,制定出可行的实施步骤和时间安排。作为实施者,积极行动,投入到美好生活的追求与实现中。本课程将鼓励学生按照自己的设计方案,动手制作自己的作品或项目,并学会进行展示或分享,收集反馈和建议,并根据需要进行改进或优化。同时,学生也可以通过自己的作品或项目,为自己和他人创造更美好的生活条件或体验。

二、课程分年段培养目标

学校借助二十四节气主题,通过分析小学各学科教学中含有与二十四节气主题相关的学习内容及这些内容在不同学科、年级的分布,帮助教师设计课程教案,采用新型的教学方法、思维方法,开展研究。在课程总体目标之下,还分年段设计了课程目标,小学阶段分低年级段和中高年级段,具体目标如下:

(一)小学低年级段

1. 了解并探究、热爱自然,初步形成自觉保护周围自然环境的意识和能力。

- 接触自然,丰富对自然的感受
- 欣赏自然,发展对自然的热爱

2. 初具认识自我的能力,初具自主选择和独立决定的意识,养成积极向上的生活态度。

- 认识自己的兴趣特长和不足，懂得分享，积极进取
- 注重生活，学习节气文化知识料理自己的日常起居

3. 激发好奇心和求知欲，初步养成从事探究活动的态度，发展探索问题的初步能力。

- 关注生活及环境中的自然气候等问题，有探究的热情
- 亲身实践经历，尝试使用一些基本的学习工具和仪器

(二) 小学中高年级段

1. 亲近并探究、热爱自然，形成自觉保护周围自然环境的意识和能力。

- 亲近自然，理解人与自然不可分割的内在联系
- 热爱自然，产生保护改善自然环境的自主行动

2. 具备认识自我的能力，具备自主选择和独立决定的意识，养成积极向上的生活态度。

- 认识自己的兴趣特长和不足，懂得分享，积极进取
- 注重生活，学习节气文化知识料理自己的日常起居

3. 激发好奇心和求知欲，养成从事探究活动的态度，发展探索问题的初步能力。

- 关注生活及环境中的自然气候等问题，有探究的热情

- 考察科学发现的历程,感受并初步养成"创客"精神
- 亲身实践经历,学会使用一些基本的学习工具和仪器
- 尝试探索过程,发展获取、选择和处理信息的初步能力

第三节‖"二十四节气"综合实践活动课程演进

一、经历行动研究,实现课程演变渐进

多年的"做中研",我们发现基于二十四节气主题的跨学科学习课程从"单学科—多学科—跨学科"的跨越相对容易,我校将多门学科课程领域中相互关联的知识重新整合成连贯的、条理清晰的科学认知,并以小组合作、项目化、探究式学习为形式开展课程实践。

(一)单学科、多学科课程实践的初始阶段

这一阶段主要分析学科教学中含有与活动主题(如"二十四节气")相关的学习内容及这些内容在不同学科、不同年级中的分布,并据此设计课程的教案,改进教学方法、思维方法,统整阅读或通过手作课程,开展分学科教学实践。

(二)跨学科课程实践的中期阶段

该阶段选取涉及语文、美术、自然、探究等具有跨学科融合特点的综合课程中的典型教学设计进行微观分析和比较,分别从文化、科学以及艺术等不同方面帮助学生主动展开探索与创造,并从中梳理典型教材设计和教学案例以及课程评价。此阶段以两门学科同时进行的形式呈现,探索"基于问题情境"的节气主题单元。

(三)超学科课程实践的渐进阶段

目前,学校正基于二十四节气主题的小学跨学科学习课程进行着"飞翔与创造"的统整探索,努力构建以人的培养为目标的课程,这需要多学科的教师合力完

成备课，打破学科壁垒，增强教学者与教学内容之间的连接，使课程内容变得丰富而多彩，使学生的课堂活动形式变得多样而精彩。要推动现有的课程转化为品格塑造、智力开发、情感体验、兴趣激发、动手动脑的全人教育，还需要生成新的课堂形态，比如构建"跨学科—超学科"的真实连接与实践，后续还需不断前行。

二、完善课程框架，促进综合素养培育

目前，学校实践完善了基于二十四节气主题的小学跨学科学习课程的低、中高年级课程框架。我们把实践研究重点落在小学低、中高年级课程的主题深化和策略提炼上：从小学生真实生活出发，采用体验、探究、游戏、实验、手作等方式，为学生提供丰富的课程体验和活动经历。

（一）低年级综合活动体验课程

基于二十四节气的低年级综合活动体验课程框架（见图3.4）是以"我与自己""我与社会""我与自然"三个层级为纵线，以"述说——春的生机""感受——夏的生长""品尝——秋的成熟""探寻——冬的宁静"四大板块为横线，纵横交错，形成立体化的学习活动体系，培养小学生的实践能力、社会责任感、爱国情怀、创新精神等综合素养。

该课程意在保护和激发学生的好奇心和求知欲，培育学生爱国爱党、勤于动脑、勇于尝试、敢于表达等适应未来发展的价值观、关键能力和必备品格。二十四节气是核心主题，旨在厚植文化积淀，挖掘育人内涵，根据真实生活情境，进行资源整合，在递进式活动与任务驱动下引导学生认识并发展自我、参与并融入社会、亲近并探索自然，初步形成对自我、社会和自然的整体认知，落实"立德树人"根本任务。

（二）中高年级超学科深化课程

基于二十四节气的中高年级超学科深化课程框架（见表3.3）是以中心问题引导学生进行推理讨论，将批判性思维、探究式学习作为贯穿方式，融合多学科要素，渐进式地实现学生辨别和分析、论证和评价等高阶思维技能的提高以及相关

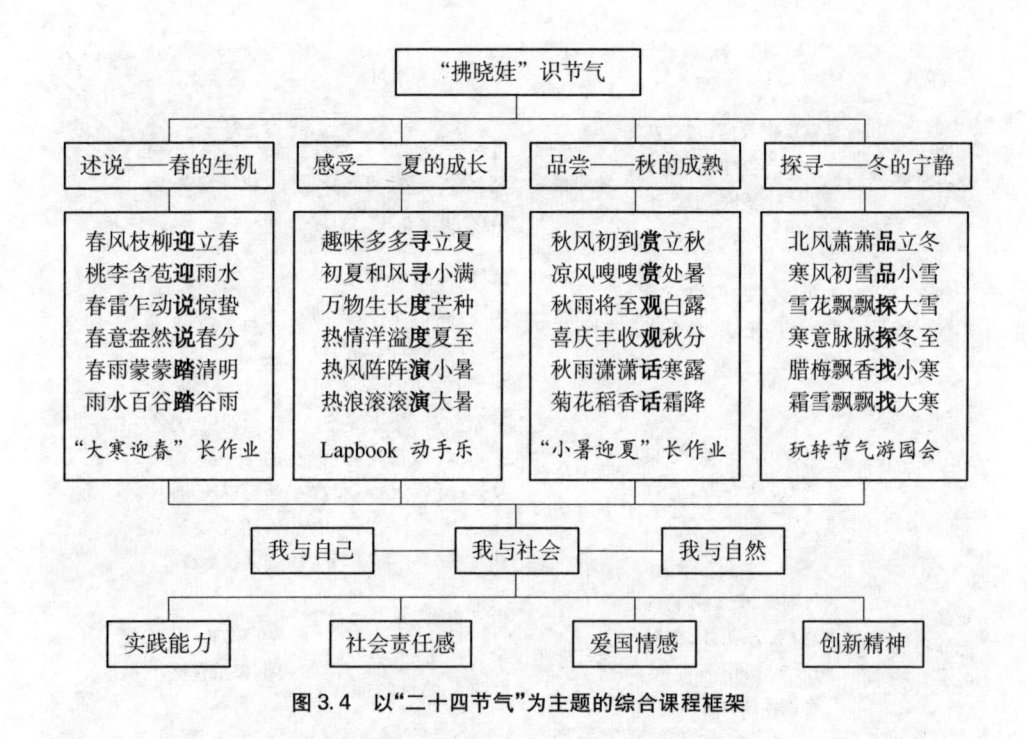

第三章 "二十四节气"综合实践活动课程顶层设计

```
                        "拂晓娃"识节气
    ┌───────────────┬───────────────┼───────────────┬───────────────┐
述说——春的生机    感受——夏的成长    品尝——秋的成熟    探寻——冬的宁静

春风枝柳迎立春     趣味多多寻立夏     秋风初到赏立秋     北风萧萧品立冬
桃李含苞迎雨水     初夏和风寻小满     凉风嗖嗖赏处暑     寒风初雪品小雪
春雷乍动说惊蛰     万物生长度芒种     秋雨将至观白露     雪花飘飘探大雪
春意盎然说春分     热情洋溢度夏至     喜庆丰收观秋分     寒意脉脉探冬至
春雨蒙蒙踏清明     热风阵阵演小暑     秋雨潇潇话寒露     腊梅飘香找小寒
雨水百谷踏谷雨     热浪滚滚演大暑     菊花稻香话霜降     霜雪飘飘找大寒

"大寒迎春"长作业   Lapbook 动手乐    "小暑迎夏"长作业    玩转节气游园会

        我与自己 ── 我与社会 ── 我与自然

     实践能力    社会责任感    爱国情感    创新精神
```

图 3.4 以"二十四节气"为主题的综合课程框架

认知与行为的养成。

该课程从教学方面入手,引导融合跨学科学习课程教学方式,推动学生缜密思考,以形式多样的评价考核学生思维品质,推动学生批判性思维的发展与迁移。

表 3.3 基于二十四节气的中高年级超学科深化课程内容(第一、二轮课堂实践)

节气	自然探究	艺术手作	人文学习	融合点	跨文化中心词
春分 春色平衡 3.20—3.21	春分处于春季的中间；柳絮、海棠、梨花；春分秋分,昼夜平分	灯彩艺术	玄鸟至、雷乃发声、始电；芽茶播种、燕飞舞；赏读古诗《咏柳》等	实验探究:民科辨识(真理辨析)	
清明 踏青觅风 4.4—4.6	天气晴朗、草木繁茂；四月秀罗、桃花；清明断雪,谷雨断霜	风筝制作	桐始华、鼠化为鴽、虹始见；细雨放飞、柳飘絮；赏读古诗《晚春》；知寒食习俗	话题辩论:祖先传统(分析推理)	传统

续表

节气	自然探究	艺术手作	人文学习	融合点	跨文化中心词
小满 小得盈满 5.20—5.22	适宜水稻栽插;苦菜花开、蜻蜓起舞;小满不满,干断思坎;小满不满,芒种不管	草编竹编	苦菜秀、靡草死、麦秋至;蚕丝畜养、麦起身;赏读《小池》	话题辩论:小得盈满(权衡利弊)	适度平衡
芒种 忙种不茫 6.5—6.7	麦类等有芒作物的成熟;合欢花开、青梅煮酒、螳螂生	制万花筒	螳螂生、鵙始鸣、反舌无声;收割播种、鹭助兴;赏读《梅雨五绝》;知端午习俗	话题辩论:忙种茫种(权衡利弊)	
秋分 平分秋色 2022.9.23	一场秋雨一场寒;瓜果成熟、彼岸花开;月相变化等	重叠排列切开剖面	雷始收声、蛰虫坏户、水始涸;桂花收获、香满园;写秋天景象;赏读《三用韵十首》、知中秋习俗	实验探究:月亮的脸(观察辨别) 话题辩论:现代人还需要秋分吗?(权衡利弊)	家
霜降 深秋味道 2022.10.23	天气渐冷、开始降霜的意思;芙蓉花开、荷叶垂;千树扫作一番黄,只有芙蓉独自芳	瓷片绘画	豺乃祭兽、草木黄落、蛰虫咸俯;芙蓉花落、叶满天;赏读《岁晚》	话题辩论:贴秋膘(权衡利弊)	
小雪 人生修葺 2022.11.22	降雪起始时间和程度;腊月水仙;"荷尽已无擎雨盖,菊残犹有傲霜枝"已呈初冬景象;"瑞雪兆丰年"	水印木刻个性雪花	鹖鴠不鸣、虎始交、荔挺出;寒梅地冻、温室暖;赏读《逢雪宿芙蓉山主人》	话题辩论:美是什么(对比矛盾)	美
冬至 岁末感恩 2022.12.22	日短至;山茶花开、麋角解;北半球一年中白昼最短一天	彩泥饺子	蚯蚓结、麋角解、水泉动;瑞雪防冻、兆丰年、冬至年俗;赏读《小至》《九九歌》;学写包饺子说明书等	话题辩论:中西节日对比(正反分析)	差异

三、实施课程策略,突显高阶思维培养

(一)以活动为载体,玩中启

以儿童兴趣与需要为本位,我们关注小学生的年龄特点,结合他们的日常生

活展开活动设计。比如,对于初入学的一年级学生,学校基于他们适应校园生活的需求,通过精心设计有趣的活动和表现性任务探索校园,淡化学科知识的教学,关注学生的经验习得与实践反思,让学生在主题玩乐中启发心智。

一年级学生在进行雨水节气综合课程探究时,教师创设"玩"之主题情境,内容以"感受雨中的校园"贯穿,"听雨声、打节奏、感受节气",将整个活动设计成"听、拍、演"三部分。先带领学生在校园中静听雨声,感知雨的大小;然后让学生寻找生活中的音源来表示各种雨;再让学生在课堂上进行雨的拍节奏实践训练;最后安排趣味游戏活动"风雨雷电"交响曲。活动实施中,配合游戏文本,让学生在出现拟声词的地方,用准备好的声响材料,通过敲打、摇晃、吹气等方式模拟出风、雨、雷电的不同声音。系列活动从设计到实施,始终围绕"雨"展开,以富有趣味的游戏活动吸引学生的目光,引导学生在"感知——实践——创造"的过程中学习。

(二)以问题为导向,探中研

基于真实情境、来源于真实世界的问题——变化的、开放的、综合的、合作的问题都可以成为课程关注的问题,但师生提炼问题的能力发展,是一个循序渐进的过程。在问题生成过程中,我们遵循以下原则:(1)寻找"真问题",即贴近生活的节气现象和问题;(2)寻找"大问题",即可迁移拓展、可深入研究的问题;(3)寻找"活问题",即多视角的、能动态解答的问题。我们旨在通过"三类问题"的搭建,让学生在探究性和深度学习中实现学科知识和经验的统整。

以低年级主题式综合活动课程中二年级"小雪"节气课程为例,这些问题的最初来源主要是教师的教学预设。课堂上教师希望学生针对"小雪是什么?""小雪和大雪有什么不同呢?""小雪节气周围有什么变化?"等问题开展讨论与交流。交流的方式以小组讨论为主,分组方式为四人一组。学生不仅可以通过分组讨论锻炼合作技巧、讨论技巧,也能将课堂上的交际模式运用在学习和生活中。在开展小组讨论时,学生需要根据老师提出的关键问题进行合理的推测,结合自己的生活经验将自己的观点表达清楚,在讨论过程中,如果和组员存在观点差异,也需要有礼貌地提出自己的不同意见,要做到依次发言、音量适宜、心平气和。我们希望在低年级的节气课堂上让学生围绕问题,不断分析、解决问题,提升学习兴趣,从而达到了解小雪节气特点的目的,关注培养学生观察、记录、调查、收集、整理和加工信息以及自主、探究、合作的能力。

经过一轮教学实践后,我们随机选取了不同小组的成员进行了访谈,发现存在组内学生缺乏交流、师生未及时沟通的问题。部分小组成员之间缺乏交流,不愿倾听他人的方案,小组合作丧失了探究的价值;还有部分小组在实施过程中产生了无法解决的新问题,教师未及时发现,学生也未主动提出,导致问题无法顺利解决。

通过对第一轮研究实践后存在问题的思考与分析,教师提出了以下的改进策略,并在此基础上进行第二轮行动研究设计:(1)小组合作交流时教师需要深入其中,及时监控学生实时状态,注意每个小组成员是否积极参与,充分了解合作学习情况,保证学生在活动中的参与度,并明确合作学习的方法,让学生在小组合作交流、提问、讨论过程中学会倾听他人的想法,并将观点通过讨论外显化,正确表达出来;(2)问题情境下的教学是一个动态生成的过程,课堂开放性强,需要教师有较强的课堂调控能力,要根据课堂教学情况,及时关注学生遇到的困难,并予以相关的介入和指导。

再以中高年级超学科深化课程为例,在课程校本化推进中,我们尝试设计问题链(见表 3.4),以此激活学生的批判性思维。问题链的设计是基于学生在低年段基于主题的跨学科学习课程中已经习得的有关二十四节气的知识或经验,针对学生学习过程中将要产生或可能产生的困惑,结合批判性思维理论而设计的一连串的教学问题。与低年段综合课程中由教师提出问题不同,中高年级综合课程的问题链更强调以学生为主体的批判性思维发展。

教师在整理、重组节气资料后,罗列出问题列表进行梳理,根据资料预设出适合中高年级学生的驱动性问题,再从中摘取关键问题构成问题链,从而训练学生的批判性思维能力,教会学生质疑。问题并不全由教师提出,也可能是学生在课堂上根据收集和梳理资料而产生的质疑,但教师均需在课前进行预设。另外,对于中高年级课程中提出的问题,学生往往可以有不同的观点,它不具备"标准答案",但不管学生提出哪种看法,都应该有理有据,要能够结合自己所掌握的知识并整合在一起,佐证自己的观点。问题链的设计是具有层次性、递进性、情境性等特点的。

表 3.4 二十四节气综合课程框架问题链

二十四节气综合课程框架问题（部分）
基本问题： 二十四节气对人类有什么重要意义？作为现代人的我们应该怎样传承？
单元问题： 1. 节气的变化，对人类有什么重要的意义吗？ 2. 作为现代人的我们，还要遵循古老的节气习俗吗？ 3. 我们应该以什么标准来衡量遵循或改变呢？ 4. 我们在选择改变（权衡利弊）时，会受哪些因素的影响？ 5. 节气中的"美"是什么？ 6. 我们该如何看待传统节气（节日）？
内容问题： **秋分** 1. 节气和季节有什么区别吗？为什么有了季节的区分，还要划分节气呢？ 2. 每到秋分节气，大自然会发生怎样的变化（现象）？这些变化（现象）之间有什么联系？ 3. 节气的变化，对人类有什么重要的意义吗？ 4. 古人在秋分节气的时候做些什么？现代人（南北、城乡、中外）又是怎么改变的？古人为什么需要这样做？现代人为什么要改变？ **霜降** 1. 每到霜降节气，大自然会发生怎样的变化（现象）？这些变化（现象）之间有什么联系？ 2. 古人在霜降时，有哪些风俗习惯？为什么要这么做？（着重在养生上引出贴秋膘） 3. 现代人和古人的生活环境和生活方式发生了哪些变化？ 4. 如今的我们还需要"贴秋膘"吗？（健康与审美） 5. 每个人的需求和选择是一样的吗？为什么？（个体差异与评判标准） **小雪** 1. 探讨"雪之美"——"美"是有标准的吗？ 2. 美是否存在共同的、公认的标准？每个人心中美的标准是一样的吗？ **冬至** 1. 为什么会出现"过洋节"的现象？ 2. 应该如何对待我们的传统节日和"洋节"？

通过这样的综合课程，突出高阶思维的培养，即培养学生提出问题、探究方法、解决问题的能力，学生在教师的引导下自主完成收集和整理、提取和分析、评价和创造，从浅层次的知识习得转向了深层次的理解与运用。

第四章 "二十四节气"综合实践活动课程实施框架

基于"二十四节气"主题的跨学科综合实践活动课程的顶层设计要求培养学生的核心素养,在实践中,我校力求实现"五有"育人,共生和美,实施"成长"课程,共生和谐。接下来,如何让核心素养培育从理论层面转入实践层面,使目标落地,让学生实现核心素养有效提升成为重要问题。

《中小学综合实践活动课程指导纲要》中提到,"综合实践活动是从学生的真实生活和发展需要出发,从生活情境中发现问题,转化为活动主题,通过探究、服务、制作、体验等方式,培养学生综合素质的跨学科实践性课程"①。课程目标以培养学生综合素质为导向、课程开发面向学生的个体生活和社会生活、课程实施注重学生主动实践和开放生成、课程评价主张多元评价和综合考察。我校基于"二十四节气"主题的跨学科综合实践活动课程有力回应了国家的教育目标和学生发展的现实需要,课程框架呈现出以下基本特点:课程目标具体且明确、课程内容综合且多样、课程实施注重探究与体验、课程评价灵活且有效。

第一节 ‖ "二十四节气"综合实践活动课程目标具体且明确

"二十四节气"课程具体目标设计的三个维度分别是自然、社会与自我,结合多种教学方式,让学生初步形成对自然、社会、自我三者之间内在联系的整体感受和认知。

---

① 中华人民共和国教育部. 中小学综合实践活动课程指导纲要[EB/OL]. (2017-09-27)[2023-11-17]. http://www.moe.gov.cn/srcsite/A26/s8001/201710/t20171017_316616.html.

一、融会贯通,化知识为智识

知识是对某个主题确信的认识,并对之做符合特定目的的使用。智识是指在知识积累基础上形成的理解力和判断力①。基于主题的跨学科课程涉及多学科内容,但其目的并非是单纯让学生接触、记忆更多知识,而是为了推动学生对知识的整合、重组、再建构,提升学生的综合思维水平与解决问题的能力。

在"二十四节气"综合课程具体目标设计中,教师明确了知识技能性目标、过程性目标和情感性目标。每一堂课都是一种需要由意义和价值来导向的求知过程,教师要帮助学生探究并认识人类世界的丰富性、生存意义和人生价值。下面两个案例就是在智识的导向下,教师引导学生认识技能性知识与体现人类价值的真正知识,实现二者的融会贯通。

【案例4-1】

进行"芒种"这一课教学时,教师打破单一的教学壁垒,以"思维导图"为教学目标,把自然学科上所学的芒种知识串联起来,将各种零散的"芒种"节气特点融会贯通成为一个系统;同时结合美术学科的知识点,让学生体会这个节气给勤劳的人们带去的充实。学生通过教师的引导,绘制思维导图,激发学习兴趣,开阔视野,进行创造性联想,从而为自主性学习创造条件。

以下是本次课程的具体目标:

知识目标:创设情境,让学生了解与芒种有关的气候、景物、习俗等方面的知识。

技能目标:学习运用思维导图收集信息,绘制"芒种"思维导图。

情感目标:感受中华民族长久积淀的民俗与文化之美,体会古代劳动人民劳动的快乐。

---

① 石中英.波兰尼的知识理论及其教育意义[J].华东师范大学学报(教育科学版),2001(2):36—45.

【案例 4-2】

在"清明"节气课中,学生要了解"清明"节气的自然物候特征,感受大自然的魅力,教师将教学目标的重点放在自然笔记上。自然笔记改变了学生原本的学习方式,在绘制过程中,除了观察、记录,还要加入设计元素。学生通过观察身边的自然事物,逐渐掌握观察的方法,增强了观察动机,拥有了浓厚的观察兴趣和良好的观察习惯,最终学会观察、乐于观察,在观察、记录、交流、讨论、思考中不断提高自身的想象力、感受力和领悟力。

二、合作探究,从灌输到求索

跨学科教学是引导认知主体主动建构和理解知识经验的过程,学习的发生必然存在于社会互动之中且具有显著的社会性[①]。而最能够体现这种社会性学习的具体方法就是合作探究学习。

教师应改变以教师、课堂、课本为中心的传统,开发利于合作探究学习的学习资源,营造利于合作探究学习的学习氛围,开展利于合作探究学习的学习活动。

【案例 4-3】

斗指东南,维为立夏,万物至此皆长大,故名立夏也。经过前期的学习,学生大致形成了有关二十四节气的基本概念,知道其与天文、地理、农业以及传统文化的关系。学生在初步了解了"立夏"节气的特点之后,又结合课文《立夏节到了》的学习,对立夏节的基本习俗有了一定的了解。然而,这些书本上的场景和习俗离学生的生活有一定的距离,学生对节气的认识仅仅停留于认知层面,学生无法利用相关知识来解决实际问题或者形成新的创意,与发扬传统文化之间还存在一定的差距。在现实生活中,我们经常遇到如何继承传统并发扬传统的问题。传统文化渗透在日常生活中,不易察觉,但创新需要建立在对既有文化的充分理解之上,新与旧的碰撞能够迸发出无限灵感。因此,在本案例中,为了让学生了解立夏节

---

① 冉源懋,罗旎兮,翟坤."现象教学"在芬兰:理念、实施与经验[J].教育学术月刊,2022(4):81—86,105.

气的传统习俗,领悟传统文化特色,并在此基础上继承创新,教师设计了以下和课程总目标相契合的课堂活动目标。

目标一:复习课文《立夏节到了》,了解有关立夏的节令景物与民间习俗。

目标二:自主搜集有关初夏季节的古诗与好词好句,欣赏扇子艺术,感受初夏季节的美好,体会生活的情趣。

目标三:结合搜集到的资料,进行小组创作,制作与立夏节气相关的扇子作品。

教师将扇子这一实用工具与美术、诗文结合,让学生发挥自己的创意,制作出属于自己的手作作品,这也是一种文创作品。在民族的、传统的物品中加入新的元素,使其成为世界的、时尚的。从学生的已有知识入手,先引导其了解节气的景物和风俗,再与语文学科相关的诗词、与传统文化有关的扇子相结合,经过逐层学习,让学生能够将所有的内容结合到一起,利用提供的团扇、折扇进行创作。整个过程抛开了单一学科的限制,让学生运用多元化的思维模式进行综合性的探究学习,培养学生主动求索、解决问题的能力。

三、深度学习,培养高阶思维

高阶思维是指发生在较高认知水平和层次上的心智活动和认知实力,在教学目标中表现为分析、综合、评价和创建[1]。在跨学科学习过程中,学生需要面对真实的问题情境,整合各学科相关知识,完成具体的活动任务,经历深入的合作探究。教师要触发学生更深层次的思索和探究,培养学生分析、评价、创造的高阶思维,塑造学生深度学习的行为。

基于主题的跨学科学习给我们提供了一种培养高阶思维能力的新思路:直指认知的本质,关注认知的过程,其目的就是启发学生对自我和世界的探究。通过实践跨学科学习课程理念与教学方式,与多学科进行深入拓展、融合互补,形成若

---

[1] 秦娟. 高阶思维教学的核心导向[M]. 上海:华东师范大学出版社,2021.

干项目化学习研究。特别是在融合批判性思维的学习中,重视学生反思,鼓励他们通过探索与质疑来获得新知,争取在"严谨的标准"和"自由的思想"之间达到平衡。

【案例 4-4】

以"霜降"节气课为例,教师通过设计问题链条,激活学生的批判性思维;并以思维导图为教学目标把节气各种知识串联起来,将节气习俗各类特点整合形成系统,从中找到合适研讨的大概念。

问题链条:

(1)每到霜降节气,大自然会发生怎样的变化(现象)?这些变化(现象)之间有什么联系?

(2)古人在霜降时,有哪些风俗习惯?为什么要这么做?(着重在养生上引出贴秋膘)

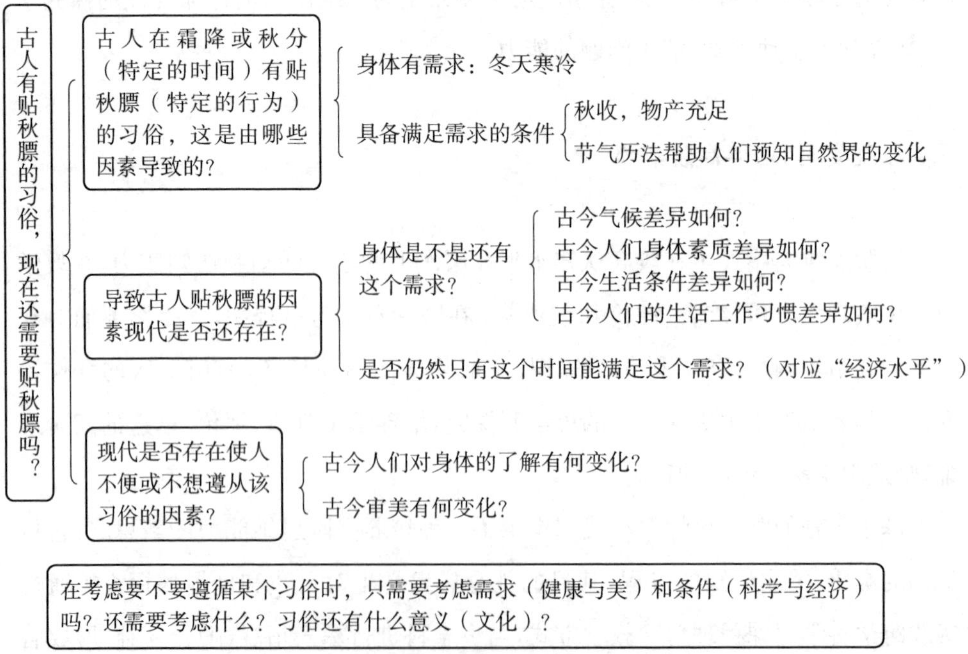

图 4.1 秋分贴秋膘习俗环节思维导图

(3) 现代人和古人的生活环境和生活方式发生了哪些变化？

(4) 如今的我们还需要"贴秋膘"吗？（健康与审美）

(5) 每个人的需求和选择是一样的吗？为什么？（个体差异与评判标准）

问题情境的教学流程使学生的问题意识逐渐增强，他们不仅能有条理地分析与解决问题，还能清晰地说出解决问题的过程。教师可以通过前述"真问题""大问题""活问题"三类问题的搭建，帮助学生进行探究性深度学习，构建学科知识和经验体系。

通过一系列问题的辩论，学生通过多学科知识，结合自身的生活经验，将观点进行分析、评估、推论。这已不是简单的多学科学习，而是学生自发的跨学科综合应用，因为传统文化不是哪一个科目，而是包罗万象的生活智慧、处世之道。学生只有综合多学科知识，从更多元的视角去看待问题，才有可能针对自身情况整合信息进行决策，进而增强分析、评价、创造的高阶思维能力。

四、修身养正，陶冶优良品性

作为历史发展的产物，民族传统文化在持续发展与演变过程中保持着一定的稳定性，尤其是其中作为凝聚民族传统文化精神的伦理道德、价值观念以及思维方式等基本特征不易被改变。"二十四节气"是民族情感与民族精神文化的重要载体，基于"二十四节气"主题的跨学科学习课程，能够帮助学生养成良好的学习习惯和其他行为习惯，陶冶其优良品性，发展其核心素养。

【案例4-5】

在"白露"节气课教学时，基于入学一年级新生活泼好动的特点，教师制定了"秋雨降至观白露"的主题目标，并聚焦主题设计了三项综合活动（"白露轶事""寻找校园的'露水'""秋天的信——落叶"）和与其对应的若干任务。

"白露轶事"活动中采用"猜谜互动'节气知多少'"和"欣赏诵读'节气中的诗'"两项趣味性任务活动，带领学生整体感知白露节气。根据白露节气的特点，查阅有关白露形成条件的谚语，诵读白露诗歌，感受历史悠久、博大精深的节气文化,激发热爱古诗词的情感。"茶楼'一日游'"的小任务,请学生做一次茶楼老板,介绍自己的茶馆和茶文化,引导学生自主探究校园中的规则,树立规则意识,进行自我管理与约束,做一个守规则、懂礼仪的"拂晓娃"。

"寻找校园的'露水'"和"秋天的信——落叶"活动,着重回应"我与自然"维度的活动目标。在活动中,学生演绎露水的形成过程,欣赏落叶的图片,这能激发学生对于探究大自然的热情,形成和保持对周围世界的好奇心。还能引导学生热爱大自然,热爱周围的生活世界。

教师通过开展猜谜、故事、诵读、表演、绘画等多种多样的活动,帮助学生消除进入新环境带来的陌生与紧张感,在合作探究中增进师生与生生之间的情谊,还能帮助儿童在幼小过渡期培养规则意识,更快更好地适应小学生活;同时,在"润物细无声"中传承与发展二十四节气文化,增强文化认同,树立文化自信。

第二节ǁ"二十四节气"综合实践活动课程内容综合且多样

一、跨学科:基于"二十四节气"的知识延展

生活即教育,春种夏长,秋收冬藏,中国人的传统习惯和生活审美处处体现着节气的智慧。"二十四节气"主题的跨学科学习课程以二十四节气为时间轴划分四季,融合语文、数学、信息、科学、美术、音乐、劳动等多个学科,感受、体验、探索节气特点与风俗,认识人与自然的关系,延续古人智慧,传承优秀的传统文化。

在这一课程的学习中,学生自己可以讨论二十四节气的意义和重要性,并关注季节变化的影响。另外,也可以参与相关的活动和实践,包括实地考察、创意手作、发挥习作等,以及进行与二十四节气相关的教育体验活动,如朗诵、绘画、音乐等,从而深刻体会自然界中节气这一神奇的现象。

此外,该课程还强调教师和学生之间的紧密合作。为了充分发挥学生的体验感和分析能力,教师有计划地组织多元形式的活动,通过设计有创意的教学方法,使学生积极参与到课程实施中,师生共同在课堂上探索二十四节气的奥秘。

二、跨时空:基于学习生活的多维情境

"二十四节气"综合实践活动课程内容的丰富性反映了学习时空的广阔性。"二十四节气"课程包含感受气候特征、了解风俗习惯、制作美食、热爱自然、感悟先辈精神、实施科学探究等丰富的主题。这些内容源于学习生活的多维情境,涵盖学习与生活的方方面面。"人类的学习是在与环境的持续互动中进行的。"跨学科学习的环境与"二十四节气"主题的开放性内容相匹配,以整个生活时间、空间为背景,具有广阔性特征。例如,通过课程内容引导将传统精神与学生的实际生活相联系。在北京2022年冬奥会开幕式上,二十四节气倒计时惊艳开场,令世界瞩目。画面之中,时光流转、四时有序,节令变迁、美轮美奂。二十四节气蕴含着中国人敬天爱人之悟。由敬畏天地自然而敬畏生命,又循道而行将生命置于天地自然之中以善待,这就是中国人的大智慧。我们所传递的正是对自然的敬畏、对真与美的追求、对人的敬爱、对善与和的涵养。古老的中华文化所表达的这种精神,就深刻地蕴含在二十四节气之中。通过挖掘实际生活中蕴含的传统文化精神,让学生有所感悟,有所思考。在"小雪——人生修葺"这一课程中,教师带领学生欣赏"雪"的主题创作,分析"雪"的表现形式,进行"雪"的艺术创作,进而探讨"雪之美"。学生在教师的引领下,将自身的生活体验融入课程,获得具身性的感悟、体会、思考,对节气内涵有了更丰富的认识。

在"二十四节气"主题之下,学习时空随着学习内容的丰富而打开:以现实世界为横向时空轴,以思维再现或想象世界为纵向时空轴,建立学习环境坐标系,支持跨学科学习有效进行。将丰富的学习内容与广阔的学习时空相对应,引导学生在广阔的生活情境中学习,使学习资源不断扩展,学习的综合性和环境的开放性

不断扩大①。

三、跨阶段:基于不同学龄的递进式布局

在"二十四节气"综合课程实施的过程中,教师致力于寻找课程和生活的契合点,深入挖掘传统文化资源,根据学生的真实生活情境,进行资源整合,落实"立德树人"根本任务。

比如,围绕低年级学生兴趣爱好,教师鼓励学生在情境中发现问题,在合作中分析问题,引导学生开展观察、猜想、探索、实验等,让学生在大胆探究中解决问题。

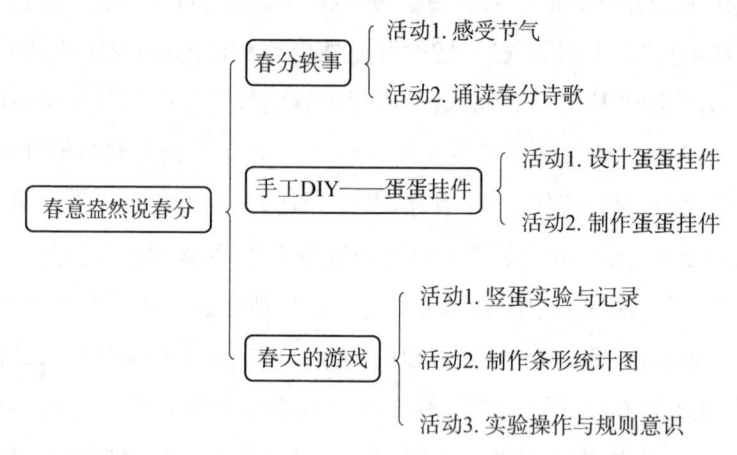

```
                         ┌─ 春分轶事 ─┬─ 活动1. 感受节气
                         │            └─ 活动2. 诵读春分诗歌
                         │
                         │                             ┌─ 活动1. 设计蛋蛋挂件
      春意盎然说春分 ─────┼─ 手工DIY——蛋蛋挂件 ────┤
                         │                             └─ 活动2. 制作蛋蛋挂件
                         │
                         │            ┌─ 活动1. 竖蛋实验与记录
                         └─ 春天的游戏 ┼─ 活动2. 制作条形统计图
                                      └─ 活动3. 实验操作与规则意识
```

图 4.2　低年级"二十四节气"综合活动体验课程框架——"春分"节气框架

春分节气这一课程,围绕"述说——春的生机"板块,教师设计出"春意盎然说春分"为主题的"春分轶事""手工 DIY——蛋蛋挂件""春天的游戏"系列任务。

以"春天的游戏"中的活动 1"竖蛋实验与记录"为例,教师设计了如图 4.3 所示的问题框架。

教师从问题出发,设计各类探究任务,让学生有所感受,唤醒学生情感体验。每个探究任务,学生都经历了问题提出、尝试探究、初步解决问题到成果展示的全

---

① 夏静.育人视域下的小学语文"跨学科学习"特点、原则及策略[J].语文建设,2023(16):55—59.

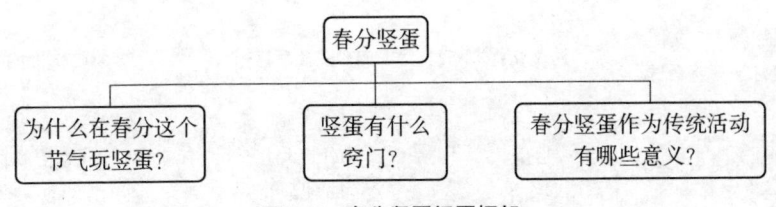

```
            春分竖蛋
    ┌─────────┼─────────┐
为什么在春分这个   竖蛋有什么    春分竖蛋作为传统活动
 节气玩竖蛋?      窍门?      有哪些意义?
```

图 4.3 春分竖蛋问题框架

过程。同时,教师还注重同一个主题下多个维度的延展,注重同一个目标与内容的逐层递进,帮助学生在解决问题时建立清晰的思维脉络。

低年级"二十四节气"主题式综合活动课程从学生生活出发选取主题,围绕主题设计活动,通过各类活动让学生获得丰富多彩的学习经历,为学生入学适应、后继学习和终身发展奠定了基础。

在中高年级课程中,教师以中心问题引导学生进行协作推理讨论,通过质询激励学生进一步反思,利用常规化的知识问题推动学生发散思维、缜密思考;同时,以形式多样、设计严密的评价考核来加强学生思维训练,推动学生批判性思维的发展与迁移。

表 4.1 基于二十四节气的中高年级超学科深化课程内容

节气	自然探究素材	人文探究素材	跨文化探究素材	TOK 教学目标	关键概念	素材筛选依据(建议)
春分	自然界会发生怎样的变化?这些变化之间有什么联系?	人们在这个时候做些什么?古人会做什么?现代人做什么?为什么需要这样做?古今的做法有变化吗?	春分时,南半球是秋分。南半球的人们此时在做什么?	因为季节颠倒,所以和季节相关的习惯都随之相反	季节的变化,对人类有什么重要意义?	变化、生活	以季节变化的现象为重点;了解季节变化产生的天文原理,自然界季节变化的标志;了解古今中外人们应对季节变化的行为,从农业经济、日常生活、社会文化各个角度探究季节变化对人类的重要意义,思考节气对我们的重要价值
清明			了解世界上其他民族是如何表达对	黑咖啡 vs 明前茶	我们应以什么标准来衡量、遵循传统	文化、情感、生死	以扫墓祭祀等传统习俗为重点;了解习俗的由来(结合古语诗词和相

续表

节气	自然探究素材	人文探究素材	跨文化探究素材	TOK教学目标	关键概念	素材筛选依据（建议）
			故去亲人的哀思,越南、韩国、马来西亚、新加坡等国家都过清明,这些文化有什么不同和相通之处吗?	习俗?遵循到什么程度?如清明可以互祝快乐吗?从多种不同心态来谈,言之有理即可		关资料),探讨家国与文明历史的传续关系,知道个体与时代的历史位置,懂得尊重生命与敬畏历史;探讨应以何种方式传承传统习俗
小满				月亮,一旦圆满,就要亏厌;果子,一旦熟透,就要坠落。凡事总要稍留欠缺,才能持恒。这样的观点,你认同吗?你的观点是什么?	小得盈满	
芒种			歌舞《芒种》火遍国外,从中看出什么?	芒在芒种是收获,种在芒种是种子。种子被种下,结果就已经是注定的吗?	过程、结果、成长	理解探讨芒种的哲学意味,收获与希望交织的季节;"芒种不种,过后落空",把握当下、忙而不茫!(可以结合毕业季)
夏至			其他文化是怎样看待优雅之美的?	羽毛扇vs中国扇	夏至画扇,如何兼顾美观与实用?	艺术、美	以文学和艺术作品为重点。了解不同艺术形式今时的表现,不同国家、不同文化中艺术审美倾向的差别,探讨审美倾向的来源

四、跨层次：基于思维提升的多层次培养

2012年经济合作与发展组织（OECD）发布了《为21世纪培育教师 提高学校领导力：来自世界的经验》研究报告，该报告所罗列出的"21世纪学生必须掌握的十大核心技能"中，第一个能力就是"思维方式，即创造性、批判性思维、问题解决、决策和学习能力"[①]。然而，提升学生思维品质在实际教学中如何实现，仍然是值得探索的问题。有研究发现，在单一学科教学中，思维品质的培养尚处于低阶思维阶段，还未系统纳入教学目标。例如，在英语教学中，教学目标多指向语言知识、语言技能、学习策略、情感态度以及文化意识，少有指向思维培养的目标[②]。在语文教学中也出现问题设计缺乏思维训练价值的问题[③]。为了更好地实现培养学生综合素质，提升学生核心素养的目标，一方面，综合实践活动课程需要在知识积累、技能训练基础上加强对学生的思维培养，另一方面，实现思维培养不能脱离基本知识的掌握和能力的提升。因此，在活动设计过程中需要充分考虑不同层次目标的关系，设计相应的教学活动。"二十四节气"主题的延伸性为多层次培养目标的实现提供了广阔的空间。

"二十四节气"综合实践活动课程以各学科知识为基础，聚焦于学生的思维品质提升。在完成活动任务的过程中，学生需要在了解多学科知识的基础上，进行综合、分析等思维过程，或解决相关问题、或开展讨论、或合作完成项目。例如，在"清明——踏青觅风"这一课程中，教师布置了查阅资料、概括、讨论交流、思考判断等活动，在教学活动完成后，学生能够了解清明物候的具体特征、清明节气的传统习俗，并从自然学科、语言文字角度认识清明，提出与清明节有关的疑问与思考。这些活动锻炼了学生的分析、归纳、寻找证据、判断等思维技能，具有一定的

---

① [德]安德烈亚斯·施莱克尔. 为21世纪培育教师和学校领导者——来自世界的经验[M]. 北京：北京大学出版社，2017.
② 宫文胜. 走向思维品质提升——小学英语语篇教学新探索[J]. 上海教育科研，2019(5)：92—96.
③ 薛彩霞. 用好课堂提问 发展学生思维——基于思维提升的小学语文课堂提问策略研究[J]. 语文建设，2021(18)：13—16.

可迁移性。通过设计、实施此类任务,教师能够有效促进不同层次培养目标的实现。教师为学生提供支架,把握学生的"最近发展区",加速了学生的发展。特别是在丰富的学习活动中,教师对学生的批判性思维和综合运用各项技能解决实际问题的能力进行针对性的培养和训练,使他们能够逐步采用自我控制、自我要求、自我监控、自我修正的思维方式辩证地看待问题。学生不仅能够积累知识、提升技能,还能获得思维训练,实现思维品质的提升。

第三节‖"二十四节气"综合实践活动课程实施注重探究与体验

一、趣味引导:激发主动探究

人在生活中认识世界,积累经验,获得智慧,锻炼意志。小学基于主题的跨学科学习课程是生活化的课程,学生的生活和经验是我们课程内容的主要来源之一。学生是综合课程的主体,课程资源开发不能忽视他们的主体能动性和积极性,他们在课程学习过程中的思考和发现是课程中的宝贵资源。

二十四节气来源于我国的农耕文化,如何从中筛选出适合小学生了解、学习的内容,并将其用美术的形式表现出来?如何在课堂上充分调动学生的兴趣,激发其主动探究的欲望?这些都是我们在课堂实践过程中尝试解决的问题。

以《惊蛰桃始华》一课为例,教师首先通过多种渠道对惊蛰这个节气进行深入学习,同时发现校园里有许多这个节气的时令花卉——桃花,而学生们也已通过自然课的学习对桃花的生长习性有了初步的了解,更在语文课上通过欣赏诗句、名篇感受了桃花之美。在此基础上教师尝试以桃花为表现对象,让学生通过绘制桃花感悟惊蛰时节的美丽景致。可是有学生提出,画桃花对于五年级的他们来说有些简单乏味,通过调查了解,教师肯定了他的看法,决定改进实践活动方案。教师与学生决定尝试用雕刻橡皮图章的形式来表现美丽的桃花。这一课程从课前到校园赏花,到课内学习雕刻的相关知识与技能、尝试雕刻桃花章,再到最后的小组合作叠加敲印制作母亲节贺卡,无论是学习的内容还是表现的形式都获得了学生们的喜爱。

在这一过程中,学生的想法得到了教师的肯定,其他学生受到鼓励,也有了一些想要改进的愿望。指导教师及时抓住契机,和学生们一起围绕"惊蛰"设计和实施了基于主题的跨学科学习课程,并由点及面通过艺术手法表现惊蛰时令花卉——桃花这一主题,激发他们对于"惊蛰"这一节气的知识乃至其他节气的知识、文化内涵的兴趣。

二、形式多样:给予丰富体验

"二十四节气"综合实践活动课程是倡导在情境中合作学习的教学,因此,我们还通过课堂外多元化途径创设真实情境,让学生在形式多样的活动中,主动探索,积极挑战,在探究中领会更深刻的知识和实用技能。我们将节气融入校本主题活动、德育课程中,让二十四节气带来的文化之美渗透在每位学生心间。

(一) 节气融入戏剧 PBL——我们的夏天去哪儿了?

2021 年 10 月华东师范大学校庆日,在华东师大"海上风华"美术展上,我校的节气戏剧 PBL 项目《我们的夏天去哪儿了?》隆重首演。它是以节气为主题,以美术为主体,结合了自然、语文、舞蹈等学科的综合活动。它在设计之初将戏剧表演和舞美设计两部分有机结合,让小学生围绕戏剧环境的流程,通过一场节气戏剧的生成过程来完成跨学科融合的学习目的。

在活动前,我们开展了为期两学期的戏剧社团课程,社团以小组合作的形式来帮助学生初步理解戏剧参与和排演流程。根据节气主题跨学科学习课程内容,由学生编创节气戏剧《我们的夏天去哪儿了?》。在活动中,一组学生通过戏剧活动探讨夏天的六个节气,以天文和自然学科为背景,通过对白、身体、舞美等戏剧元素来排演戏剧;另一组学生在参与戏剧创作的过程中,理解戏剧所表达的节气概念,采用环保元素设计舞台道具,为戏剧提供场景和互动装置。最后在美术馆里,两组学习者相互配合,共同为观众呈现这一戏剧。

(二)节气贯穿真实PBL——"玩转附小"节气游园会

学期末,全校开展"玩转附小"节气游园综合活动。活动内容为"游戏里的节气风俗、食物里的节气味道、自然里的节气风景、生活里的节气知识、时光里的节气传承、全球化的节气"等六大主题,全程由学生自主设计场馆方案、完成场馆制作和各功能区的布置、现场展示,旨在发展学生的探究式学习、审辨式思维力,塑造其成长为具创造力、行动力与社会责任心的优秀小公民。

总之,跨学科学习课程强调探索的过程,而探索意味着学生要面对更多的问题和困惑、挫折和失败。而这恰恰是个人学习、发展和创造所应经历的过程。只有经历过这样的学习过程,知识才能真正地内化为生生不息的精神力量和生活智慧。

三、时空灵活:促进持续成长

(一)线上线下相融合,帮助学生初步整合思维技能,提升跨学科解决问题的能力

我校利用线上学习的灵活性,设计"超级玩家"栏目,发布在班级群中,教师设计生活性、综合性强的活动,推动学生运用自然、道法、语文、美术等多方面的学科知识,结合自身的生活经验,在线上和老师、同伴围绕不同的话题进行互动分享。通过线上线下的探索、尝试,培养学生综合健康、美学、文化传承、自然规律相关知识的整合思维技能,提升其跨学科解决问题的能力。

(二)推动批判性思维发展,促使思维品质迁移

尼尔·布朗等在《学会提问——批判性思维指南》[1]中将批判性思维的主要内涵概括为自主决断、好奇心、谦恭有礼和发自内心地尊重严密的论证。

从课程实施过程来看,学生在探究过程中,能够学习从多个角度看待问题,进行辩证的思考和交流,在此基础上尝试解决问题,在实际演练中不断提升自身的

---

[1] [美]尼尔·布朗,斯图尔特·基利.学会提问——批判性思维指南[M].北京:机械工业出版社,2021.

批判性思维,这也正是"二十四节气"主题课程设计的目标之一。

第四节 ‖ "二十四节气"综合实践活动课程评价灵活且有效

课程评价是以一定的方法、途径对课程的计划、活动及结果等有关问题的价值或特点做出判断的过程。课程评价是课程设计的基本环节之一,对于课程整体水平的发展具有至关重要的作用。"二十四节气"课程评价将学生素质的整合发展视为根本目标,放弃"分数唯一"的标准,关注学生在学习过程中的真实表现、体验与感悟,灵活且有效地促进学生的发展与成长。

一、评价主体:教师评价与学生评价相结合

课程评价是研究教师的教和学生的学的价值的过程,需要面向人人,凸显多元、多维、多样的评价观念,引导学生形成善于吸收多方评价意见的习惯,从而促进自身学习与发展。

在"寒露"节气综合课程设计中,教师围绕"品尝——秋的成熟"板块,设计"秋雨潇潇话寒露"为主题的"感受雨中的校园""手工DIY——赏菊绘蟹""寒露与重阳"系列任务。

表 4.2 "风雨雷电"交响曲游戏评价表

材料创意指数		模拟逼真指数	
能使用多种声响材料,材料新颖,或能自制声响材料	☆☆☆	能逼真模拟大自然"风、雨、雷"三种声响	☆☆☆
能使用至少两种声响材料	☆☆☆	能逼真模拟大自然"风、雨、雷"中的两种声响	☆☆☆
能使用一种声响材料	☆☆☆	能逼真模拟大自然"风、雨、雷"中的一种声响	☆☆☆

以"感受雨中的校园"为例,教师将活动设计为"听、拍、演"三部分,引导学生听雨声、拍节奏、模拟"风雨雷电"交响曲等。活动结束后,学生可以借助评价表,从"材料创意"和"模拟逼真"两个方面给自己、给伙伴打星,实现学生自评和互评;同时教师结合学生的课堂表现给学生打星,实现教师评价。

在"小满"节气综合课程设计中,教师围绕"感受——夏的生长"板块,设计"初夏和风寻小满"为主题的"小满轶事""一米菜园""节气展演"系列任务。

活动中,教师创建"做"之生活氛围,打破课堂局限,拓宽学习外延,突破学科学习的单一壁垒,突破校园生活的空间局限,让学生以多样的视角、灵活的方式体验学习,在生活中学会从全新的视野和角度去重新定义学习内容和诠释学习,让学习发生于"实践应用的土壤"。活动结束后,同样借助评价表,从"种植数量"和"过程记录"两方面开展学生评价和教师评价。

表 4.3 "一米菜园"游戏评价工具

种 植 数 量		过 程 记 录	
种植 1 种蔬菜	☆☆☆	能用照片或视频记录种植过程	☆☆☆
种植 2 种及以上蔬菜	☆☆☆	能用照片或视频和笔记记录种植过程	☆☆☆

二、评价方法:过程性评价与终结性评价相结合

课程评价作为教师教学、学生学习的风向标,在素养导向的课程改革中,引导着教学方式向培养学生核心素养的方向转变。评价的根本目的不是将学生划分等级,而是最大程度促进学生的发展;评价应提高学生的自我价值,而不是让其重复体验挫败感;评价应是改进教学的策略,而非提供机械的教学指南[1]。

因此,要根据核心素养的不同侧重点灵活选择评价方式,将评价过程渗透到

---

[1] 徐岩,丁朝蓬,王利.新课程实施以来学生评价改革的回顾与思考[J].课程·教材·教法,2012,32(3):12—21.

不同的教学环节中,重视多元评价。评价结果由"放在学生学习过程中的变化上"转变为"放在学生学习过程中核心素养的发展上",实现多角度、个性化的全面评价,全方位落实素养导向的课程目标。

我们通过对课程目标进行的科学研究,划分了四级目标并构建了基于二十四节气的小学主题式综合课程评价量表(见表4.4)。本指标体系依据三元智力理论的涵义,从成分性、经验性、情境性三个智力维度出发,构建课程评价体系[①]。

表4.4 基于二十四节气的小学主题式综合课程评价量表

课程评价量表									
A级指标	B级指标	C级指标	目标要求	权值	评价等级				信息来源
					优	良	中	差	
					完全达到	基本达到	大部分达到	大部分达不到	得分	
基于问题情境的小学主题式综合课程目标	基于成分性智力方面的小学主题式综合课程目标	确定要解决的问题究竟是什么	a 能够辨认要解决的问题所属的知识领域;b 界定问题涉及的已知条件和未知条件;c 明晰问题的指向、性质和意义	6						测验自评座谈观察
		选择解决问题所需要的途径与方式	a 能够初步的揣测解决问题所需要的可能性方案;b 可以对面临的问题方案进行预先评估,权衡利弊;c 统筹问题解决方案,努力提高解决问题的效率;d 选择综合性效果最好的问题解决方式	5						
		选择信息的心理表征,从而解决类比问题	a 明确问题解决过程中的信息表现形式;b 能够筛选出问题解决中的有效信息;c 能够解决课堂中典型问题的类比问题	3						

[①] 孙峰霞.基于三元智力理论的 PBL 模式下小学综合实践活动课程评价体系构建研究[D].长春:东北师范大学,2010.

续表

课程评价量表

A级指标	B级指标	C级指标	目标要求	权值	评价等级				得分	信息来源
					优 完全达到	良 基本达到	中 大部分达到	差 大部分达不到		
		监控解决问题过程,适时调整并选择问题解决策略	a能够控制解决问题过程中涉及的诸多因子;b能够根据具体情况适时地调整解决问题的方案;c针对问题的突发外界因素,能够给予适当应对策略	5						
		为解决问题分配资源,优化解题过程	a保证以整体最优化的方式将资源呈现于解决问题过程中;b合理对各个任务成分分配时间和资源;c协调解题过程中各个阶段的相互关系	4						
		正确敏锐地对周围情况形成有效反馈	a密切关注问题本身所处的情境变化;b能够敏感地觉察问题产生的外部反馈;c可以客观地对问题产生的外部反映给予有效反馈	2						
		快速有效地对刺激进行判断与编码	a可以从外部刺激中提取有效信息;b能够将自身原有的信息与外部刺激相关联	3						
		组合旧信息,编码新信息,形成新的知识结构	a能够将原有知识体系进行重新排列组合,以适应新的问题解决过程;b可以通过解决问题,提炼新的有用信息,形成新知识;c对获取的新知识与原有知识体系进行有效关联,形成新的知识结构	4						

续表

课程评价量表

A级指标	B级指标	C级指标	目标要求	权值	评价等级				得分	信息来源
					优 完全达到	良 基本达到	中 大部分达到	差 大部分达不到		
基于经验性智力方面的小学主题式综合课程目标		用原有的知识结构理解不熟悉的新任务	a 培养对新事物的好奇心与求知欲；b 能够觉察社会和生活中存在的新问题，并具有探究热情；c 可以运用原有的学习方式来掌握新的学习内容；d 勇于探索未知的知识领域，拓宽学习空间；e 具备探究问题的初步能力	8						测验 观察 自评
		适应熟悉任务环境所处的新环境	a 能够从问题情境中分离出问题本身的含义；b 可以在新情境中利用固有的问题解决方法解决熟悉的问题；c 能够将自身已有的各种熟练的技能加以综合运用在不同复杂问题情境中	9						
		理解并执行任务操作过程中的新异性	a 具有多角度地灵活应对生活与学习中偶然性问题的能力；b 勇于转变习惯思维不断尝试新的思考问题的角度	7						
		提取任务整体加工资源，使任务操作自动化	a 能够同时熟练地处理熟悉的事物与有效地学习新任务；b 整合解决各类问题的有效信息，形成与之对应并行之有效的问题解决模型；c 培养系统性地分析问题的能力；d 培养将问题解决方							

续表

课程评价量表

A级指标	B级指标	C级指标	目标要求	权值	评价等级 优 完全达到	评价等级 良 基本达到	评价等级 中 大部分达到	评价等级 差 大部分达不到	得分	信息来源
基于情境性智力方面的小学主题式综合课程目标			式与过程有效整合进而自动化解决问题的意识	10						座谈 自评 互评 观察 测验 问卷
		调节自身以适应现有外界环境	a形成对自然、社会、自我之间内在联系的整体认识；b亲近自然，懂得与自然和谐相处；c参与社会实践，增强公民意识与社会责任感；d珍视生命，陶冶生活热情，增强和谐社会意识；e培养积极进取、健康向上的生活态度	6						
		选择与自身信息加工技能相一致的新环境	a发现自己的优点与缺点，知道如何发挥自我优势，弥补短处；b勇于拓宽生活空间，增加生活经验；c积极探究新的问题视角，提高创新意识；d促进自我了解，发挥自身兴趣与特长	10						
		塑造自身所处的环境以适应自我生存	a形成从自己的周遭生活中主动地发现问题并独立解决问题的态度和能力；b初步领悟环境对人类的影响以及人与自然相互依存的关系；c逐步学会合理消费，形成保护自己正当权利的意识	6						
		着重培养实践性解决问题能力	a逐步掌握基本的生活技能，形成生活自理的习							

续表

A级指标	B级指标	C级指标	目标要求	权值	评价等级				得分	信息来源
					优	良	中	差		
					完全达到	基本达到	大部分达到	大部分达不到		
			惯；b乐于参加力所能及的活动，并能够体验到劳动带来的快乐；c掌握安全生活常识，学会在危难中自助与求助；d学会用初步的技术进行实践，丰富自身劳动经验；e了解信息技术，学会运用计算机进行简单的信息处理	5						
		锻炼自己的社会能力	a自觉遵守社会行为规范，形成初步的服务社会意识；b发展人际交往能力，积极培养社会沟通能力；c具有合作精神，能够融入集体；d熟悉与自己生活密切相关的社会公共场所和基础设施；e了解社区文化、风俗和传统节日，学会尊重多元文化；f形成初步的法治观念与民主意识；g明晰个人与群体的关系，培养乐于助人的品质；h能够理解别人的个性与习惯，并且可以尊重他人，宽容他人	7						
备注		得分＝权值×等级（其中优＝1.0　良＝0.75　中＝0.50　差＝0.25）								

在学习活动中，我们还根据课程内容设计了贴合学生生活、有趣好玩的活动手册，打造生活化的灵活课程评价。

《秋雨潇潇话寒露》活动手册,通过听一听、勾一勾、读一读、演一演等有滋味的活动任务,让学生了解寒露节气的气候特征;通过赏一赏、贴一贴、尝一尝、拼一拼等有玩味的活动形式,让学生感受秋日的美丽;通过走一走、访一访、听一听、评一评等有趣味的评价方式,让学生学会用行动来传承中华传统美德。每一本活动手册都注重唤醒低年级学生的生活经验,帮助学生经验的学习、积累与拓展;绚丽的色彩、童趣的插画、合理的布局满足了学生学习的需求,让每一个学生都自信满满地主动参与到活动课程学习之中。

三、评价载体:书面评价与可视化评价相结合

　　华东师大附小的"成长教室"既是有形的学校"创客实验室",又是无形的学生"思维成长场",更是促进师生共同成长的"评价激活键"。书面评价与可视化评价的结合,让"二十四节气"课程评价变得更有温度、有情感、有质感,真正推动师生的共同成长。

　　(一)可触摸的评价——一份收纳成长的手账

　　过去,教师习惯用成长册记录学生的学期成果,但它一学期或许只有一两次是在学生手中,其余大部分时间都是留在教师处。而如今我们使用陈列在教室后墙上的成长手账,它可以让学生随时触摸、随时翻看、随时记录。

　　学生可以随时翻看自己不同时期的作品,并用图画(如"笑脸""五角星""鲜花"等)、语言(如"我真棒""我能行""我进步"等)评价自己的学习成效;而同伴通过翻看他人的手账作品,用贴赞星、敲章、文字(比如"我欣赏""我喜欢"等)肯定他人的进步,同时督促自己进步;学生还可以随时修订、更新替换自己的作品。因此,成长手账记录了学生的努力和进步。它涵盖多门学科,每位学生手账袋中的作品数量不一,可有几份,也可有十多份,甚至同一主题还可以有多份。一本成长手账更像是一段有趣的历程,学生、同伴、教师,每一个人都是亲历者。

　　(二)可视化的评价——一本成就自我的小书

　　随着教育的改革,小学低年级取消了纸笔测试,但评价作为教学过程的重要

一环,是不可缺少的。那么如何展开有效的评价?如何用学生喜欢的方式进行评价?如何在评价中突显学科间的整合?如何让我们的评价真实地做到始于学生、忠于学生、发展学生?带着这些学生发展的真实需求,我们通过"折叠书"这一抓手,做到真正的温故而知新:帮助学生把不同学科的知识技能,融通链接、迁移运用,将学生的学习和生活融合起来。

折叠书由一个文件夹和多个主题迷你书组成,一本迷你书就是一门学科知识点的梳理。一套迷你书就是对一个学期所学所用的知识技能的回顾与整合、连接与拓展。例如一年级学生刚入学,教师让他们把自己一年中的学习成果展示出来,他们的折叠书就是"我与自己"这个主题,涵盖了"我用彩笔画我家""我与好书交朋友""我的时间我做主""Things I can""我是歌舞小达人""运动样样我能行"系列综合活动。又如二年级学生对自然科学感兴趣,各学科中有不少和自然连接的内容,因此,二年级以"我与自然""我与节气"等为主题,共同创设评价活动。

这种可视化评价指向的是学生发展的核心素养。对这些核心素养的评价是在完成任务的过程中观察学生的表现而做出的判断。例如二年级的折叠书,关注学生以下方面:"乐学善学——美术、信息意识——数学、珍爱生命——自然、自我管理——体育、问题解决——英语、人文积淀——语文、审美情趣——唱游"。

这种评价设计不是凭空而来的,随意而为的。在确定主题后,教师要完成"梳理知识点—制定细目表—确定评价内容—设计评价任务"四个阶段的工作。以数学学科为例,制作前,数学教师对学科教材知识进行了统整,制定了二年级折叠书的主题"我与自然之时间大数据"。大家共同梳理学期知识点,商议初构小书的形式:从学生已有知识背景和生活经验出发,创设了"时间"这一直观情境,将探究内容转化为问题形式,激发学生探索"1秒、1分钟、1小时内发生了哪些事",通过"填一填、读一读、比一比、算一算"来完成折叠书的内容。每一本折叠书都具有鲜明的个性痕迹,都是学生的学习成果和评价的珍藏。这种可视化评价基于学生的实际表现展开,具有灵活性和全面性的特点,对于后续教学改进有重要的参考意义。

第五章　"二十四节气"综合实践活动课程案例精选

自 2015 年起,我校就已经开始"二十四节气"课程的研制。2020—2023 年,又结合时代发展诉求和学生身心特点,对"二十四节气"课程进行了深化。经过多年的研究与实践,我校逐步形成较为完整的"二十四节气"主题跨学科学习课程,开发出一系列独具特色的成果案例,提升了育人成效,并为其他学校的实践提供了一定参考。我们基于学校特色资源进行课程开发:立足本地,开发校外课程资源;通过课程统整,开发综合性资源。同时,着力开发本校教师的潜能和特长,使之成为课程的资源;从学生的学习生活和环境中寻找开发的源头,面向社区、依托区域资源建设基地,有效地丰富了课程的内容和形式。

根据学生发展和教学实际,我校将"二十四节气"主题跨学科学习课程划分为低年级综合活动体验课程、中高年级超学科深化课程,以及节气游园会综合活动。在这些课程中,学生将在观察、体验、感受的过程中体会节气文化的乐趣,探究与节气有关的科学知识,挖掘节气中蕴含的人文内涵。本章将聚焦我校开发的课程,选取部分案例进行介绍。

第一节 ‖ 低年级综合活动体验课程案例

低年级综合活动体验课程针对低龄学生的发展特征,强调以充实的活动体验来丰富学生的感知,培养其好奇心、探索欲和真善美的价值情感,为综合素养的培育和学生长远发展奠定基础,这里选取了该类课程的两个课例。

课例一：春雨蒙蒙踏清明

一、课程目标

二十四节气是中华传统文化的精神载体之一，在节气中蕴含着深厚的文化寓意和独特的教育意味。本课程案例选取"清明"这一节气。清明是反映自然界物候变化的节气，这个时节阳光明媚、草木萌动、百花盛开，自然界呈现一派生机勃勃的景象。清明不仅是一个节气，也是传统节日之一。在清明时节扫墓祭祀与缅怀祖先是中华民族自古以来的优良传统，不仅有利于弘扬孝道亲情、唤醒家族共同记忆，还可促进家族成员乃至民族的凝聚力与归属感。

课程目标如下：

1. 识自然物候：了解清明节气的时间、自然气候特征，知道清明节气的典型自然现象，如万物萌发、雨水增多等，借助"春雨蒙蒙踏清明"主题引导学生了解清明和大自然相关的知识。

2. 知历史风俗：了解清明既是节气又是传统节日，知晓清明时节的习俗，包括吃青团、荡秋千、扫墓祭祖等，引导学生了解清明的来源，探寻青团的来历。

3. 懂健康养生：清明时节，春和景明，万物萌发，是踏青出游的好时节，引导学生探寻清明养生方面的知识。开展现代蹴鞠体验活动，引导学生知道体育锻炼的益处，培养良好的运动习惯。

4. 赏美好艺术：借助古诗词、书法、字画等教学资源，结合诵读、种植等形式，使学生感受清明时节的自然之美、文化之美，培养学生的审美意识和艺术素养。

5. 做拓展活动：开展多种形式的课堂活动，例如动手制作彩泥青团、种植春季植物等，让学生在学中玩，在玩中学，培养学生的学习兴趣，提高学生的动手能力和团队合作能力。

6. 辨文化传统：通过探讨节气清明与传统节日清明的来源和关联，引导学生了解与清明有关的历史故事，知晓清明习俗的起源，了解我国的传统文化，感受清明祭祖的传统美德,提升文化自信,增强民族自豪感。

"春雨蒙蒙踏清明"这一主题式跨学科学习课程,从节气和节日两个角度出发,引导学生通过问题探究、经典诵读、戏剧表演、艺术手作、游戏体验、模拟实验等方式,利用跨学科主题学习帮助学生了解清明,让学生获得积极的实践体验与丰富的学习经验。

二、课程内容

我校的小学低年级主题式综合活动课程,以"述说——春的生机""感受——夏的生长""品尝——秋的成熟""探寻——冬的宁静"四大主题为主线,依据一年中时令、气候、物候等变化规律形成课程框架。

```
                    ┌ 清明轶事 ┬ 活动1. 感受节气
                    │          └ 活动2. 探究清明既是节气,又是节日的缘由
春雨蒙蒙踏清明 ─────┼ 手工DIY——青团 ┬ 活动1. 探寻青团的来历
                    │                └ 活动2. 动手做青团
                    │          ┌ 活动1. 种植养育(植物)
                    └ 清明与种植 ┼ 活动2. 踏青活动
                               └ 活动3. 缅怀英烈,珍惜当下
```

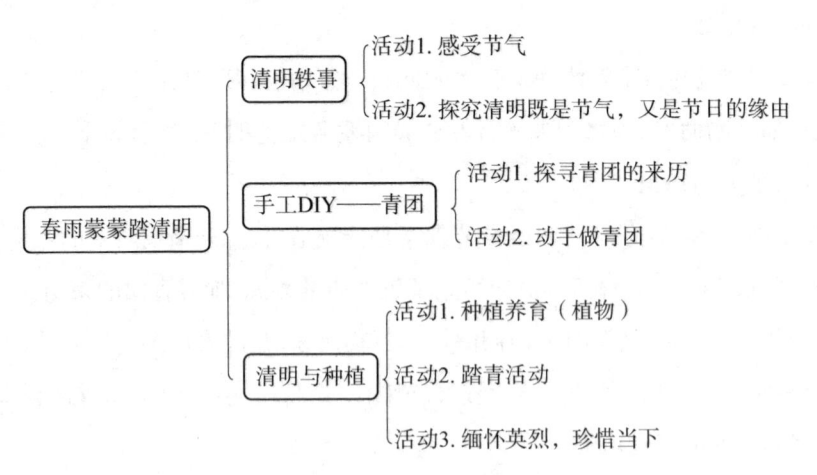

图 5.1　课程内容及框架

以"春雨蒙蒙踏清明"这一单元内容为例,其主题属于"述说——春的生机",包含"清明轶事""手工 DIY——青团""清明与种植"三项内容,每项内容包含 2—3 个不同类型的活动。依据清明节气的时令、气候、物候等变化规律所形成的综合活动课程,引导学生在探索活动中认识并发展自我、参与并融入社会、亲近并探索自然,初步形成对自我、社会和自然的整体认识。

表 5.1　课程内容的具体设计

（一）清明轶事	
活动1　感受节气	
活动目标： 1. 让学生感知清明节气的气候特征和风俗习惯 2. 诵读有关清明的诗词，增强中华民族凝聚力和对民族文化的认同感	
活动资源： 1. 文字资源（百度百科、百度文库等） 2. 多媒体资源（诗词朗诵视频、物候照片、多媒体课件等）	
活动辅助材料：PPT课件	
环节	实施要点
情境与问题　感受清明节气	环节一：了解清明节 环节二：讨论清明祭祖的习俗 环节三：清明节的名称来由 清明节得名于节气，与此时物候的特点有关。清明节气一到，气温升高，大地呈现春和景明之象。
体验与感受　了解清明气候特征	环节一：查阅资料 环节二：学习清明三候
合作与探究　了解清明节气的习俗	环节一：阅读资料，了解踏青习俗 环节二：查找资料，了解蹴鞠、打马球、放风筝 环节三：体验现代蹴鞠
表现与交流　诵读清明诗词	环节一：诗词诵读 环节二：合作朗诵
活动评价： 根据举手发言、课堂参与度和交流的质量给予星星奖励	
活动2　探究清明既是节气又是节日的缘由	
活动目标： 1. 探究清明是节气，又是节日的缘由 2. 感受清明节的文化底蕴，增强民族自信	
活动资源： 1. 文字资源（百度百科、百度文库等） 2. 多媒体资源（多媒体课件等）	

续表

活动2 探究清明既是节气又是节日的缘由	
环节	实施要点
情境与问题 了解清明深厚的文化氛围	环节一：为什么只有清明既是节气又是节日呢？ 环节二：了解清明节起源(寒食节)
体验与感受 思考质疑，探究原因	环节一：查阅资料，小组讨论 环节二：认识上巳节 环节三：传统节日清明节
合作与探究 探究清明踏青的起源	环节一：古人如何过清明 环节二：借助诗词，了解宋代清明
表现与交流 交流探究后的感受	环节一：小组交流感受 环节二：教师总结

活动评价：
根据举手发言、课堂参与度和交流的质量给予星星奖励

(二) 手工 DIY——青团

活动1 探寻青团的来历

活动目标：
1. 知道青团的来历和清明吃青团的原因
2. 初步了解青团的制作方法

活动资源：
1. 文字资源(百度百科、百度文库等)
2. 多媒体资源(多媒体课件等)

环节	实施要点
情境与问题 听故事，了解青团来历	环节一：听传说故事，了解青团的来历 环节二：认识青团
体验与感受 了解青团制作材料和方法	环节一：看图猜一猜，青团由什么食材制作而成？ 环节二：了解青团制作方法
合作与探究 了解现在的青团种类	环节一：比一比，对比古今青团 环节二：看视频，认识现在的各类青团
表现与交流 和家人一起品尝	环节一：欣赏阖家团圆图 环节二：交流和家人吃青团的感受

续表

活动2 动手做青团			
活动目标： 1. 知道青团的制作方法 2. 感受动手做青团的快乐气氛			
活动资源： 1. 文字资源（百度百科、百度文库等） 2. 多媒体资源（青团制作视频、多媒体课件等） 3. 绿色和棕色彩泥、垫板等工具			
环节		实施要点	
情境与问题	节气导入，引入新课	环节一：复习清明习俗之吃青团	
体验与感受	了解青团的制作方法	环节一：了解青团制作的三种方法 环节二：观看青团制作视频	
合作与探究	动手制作彩泥青团	环节一：彩泥做青团 环节二：作品展示	
表现与交流	邀请大人一起做青团	环节一：回家制作真正的青团 环节二：把制作的彩泥青团分享给好友	
活动评价： 根据举手发言、课堂参与度和交流的质量给予星星奖励			
（三）清明与种植			
活动1 种植养育			
活动目标： 1. 知道清明种植的原因 2. 培养学生爱护大自然的美好品德			
活动资源： 1. 文字资源（百度百科、百度文库等） 2. 多媒体资源（图片、多媒体课件等） 3. 薄荷、营养土、花盆、铲子等工具			
环节		实施要点	
情境与问题	了解清明种植的原因	环节一：了解清明种植的习俗 环节二：知道清明节要种植的原因	

续表

活动1　种植养育		
环节		实施要点
合作与探究	探究清明时节有哪些适合种养的植物	环节一：探究在雨水不断的天气,有哪些适合种养的植物 环节二：认识适合春季种植的植物 介绍仙人掌、仙人球、仙客来、文竹、薄荷等 环节三：说明薄荷的养护要点
体验与感受	种植薄荷	环节一：分发材料,认识种植材料 环节二：种植薄荷,学习扦插 环节三：班会课进行薄荷移植

活动评价表：

春雨蒙蒙踏清明——清明与种植　活动评价单

班级：　　　姓名：　　　学号：

观测点评价标准	活动评价		
	学生自评	同伴互评	教师点评
情境与问题 了解清明种植的原因	★★★ ★★★★ ★★★★★ （圈一圈）	★★★ ★★★★ ★★★★★ （圈一圈）	★★★ ★★★★ ★★★★★ （圈一圈）
合作与探究 探究清明时节有哪些 适合种养的植物	★★★ ★★★★ ★★★★★ （圈一圈）	★★★ ★★★★ ★★★★★ （圈一圈）	★★★ ★★★★ ★★★★★ （圈一圈）
体验与感受 种植薄荷	★★★ ★★★★ ★★★★★ （圈一圈）	★★★ ★★★★ ★★★★★ （圈一圈）	★★★ ★★★★ ★★★★★ （圈一圈）

活动2　踏青活动

活动目标：

1. 理解踏青的意义
2. 学习古诗《苏堤清明即事》,诵读相关古诗,在掌握阅读古诗方法的基础上读出古诗的韵味和感情,在理解诗句意思的基础上感受春日的美好,体会诗人外出寻春的愉悦心情和对春天的热爱
3. 学会观察和总结春天的景色,知道节日的时间、来历和风俗习惯,感受节日的气氛

续表

	活动2 踏青活动	
活动资源: 1. 文字资源(百度百科、百度文库等) 2. 多媒体资源(多媒体课件等)		
环节		实施要点
情境与问题	回忆春游,了解踏青	环节一:回忆并交流春游的情景 环节二:小百科——踏青的缘起
体验与感受	诵读古诗,了解古今踏青	环节一:诵读古诗,了解古人如何踏青 环节二:踏青诗词诵读会
表现与交流	学习古诗,创编童谣	环节一:学习古诗《苏堤清明即事》 环节二:讨论古人春游踏青盛况 环节三:小组讨论,合作编一编春日童谣

活动评价表:

春雨蒙蒙踏清明——清明与种植 活动评价单

班级:　　　姓名:　　　学号:

观测点评价标准	活动评价		
	学生自评	同伴互评	教师点评
情境与问题 回忆春游,了解踏青	★★★ ★★★★ ★★★★★ (圈一圈)	★★★ ★★★★ ★★★★★ (圈一圈)	★★★ ★★★★ ★★★★★ (圈一圈)
体验与感受 诵读古诗, 了解古今踏青	★★★ ★★★★ ★★★★★ (圈一圈)	★★★ ★★★★ ★★★★★ (圈一圈)	★★★ ★★★★ ★★★★★ (圈一圈)
表现与交流 学习古诗, 创编童谣	★★★ ★★★★ ★★★★★ (圈一圈)	★★★ ★★★★ ★★★★★ (圈一圈)	★★★ ★★★★ ★★★★★ (圈一圈)

活动3 缅怀英烈,珍惜当下

活动目标:
1. 缅怀革命先烈,发扬革命精神。利用多种形式对学生进行教育,弘扬光荣传统,让学生在革命精神的

续表

活动3　缅怀英烈，珍惜当下

激励下，努力学习，严格要求自己，全面发展，健康成长。
2. 学生把革命先烈的崇高精神作为勤奋学习的动力，为祖国的建设作出自己的贡献。

活动资源：
1. 文字资源(百度百科、百度文库等)
2. 多媒体资源(多媒体课件等)

环节		实施要点
情境与问题	介绍清明节扫墓的习俗	环节一：介绍清明节扫墓的来历 环节二：缅怀革命先烈
体验与感受	了解烈士陵园，祭扫烈士墓	环节一：通过查找相关资料，了解烈士陵园 环节二：学习祭扫烈士墓的一般活动程序和需要注意的礼仪事项
表现与交流	学习革命先烈事迹	环节一：小组合作，介绍革命先烈的事迹 环节二：学习精神，发表感悟

活动评价：

春雨蒙蒙踏清明——清明与种植　活动评价单

班级：　　姓名：　　学号：

观测点 评价标准	活动评价		
	学生自评	同伴互评	教师点评
情境与问题 介绍清明节 扫墓习俗	★★★ ★★★★ ★★★★★ （圈一圈）	★★★ ★★★★ ★★★★★ （圈一圈）	★★★ ★★★★ ★★★★★ （圈一圈）
体验与感受 了解烈士陵园 祭扫烈士墓	★★★ ★★★★ ★★★★★ （圈一圈）	★★★ ★★★★ ★★★★★ （圈一圈）	★★★ ★★★★ ★★★★★ （圈一圈）
表现与交流 学习革命先烈事迹	★★★ ★★★★ ★★★★★ （圈一圈）	★★★ ★★★★ ★★★★★ （圈一圈）	★★★ ★★★★ ★★★★★ （圈一圈）

三、课程实施

（一）清明轶事
活动1：感受节气

清明兼具自然与人文两大内涵，既是自然节气，也是传统节日。清明的习俗充分体现了中华民族礼敬祖先、慎终追远的精神。清明承载了丰富的文化内涵和历史背景，尽管全国各地因地域不同有习俗上的差异，但扫墓和踏青是共同的活动。

清明是二十四节气之一，其得名与此时天象、物候的特点有关。清明节气一到，气温升高，生气始盛，大地呈现春和景明之象，这一时节万物吐故纳新，洁齐而清明。通过查找资料，学生知道了清明有三个物候：一候桐始华，清明来到，白桐花盛开。春来万物复苏，到清明时节，阳气更盛，各种各样的花竞相开放。在古人心中，白桐花开的日子稍微迟一些，恰好又在清明之时，所以才以此作为清明到来的标志。二候田鼠化为鴽，田鼠因烈阳之气渐盛而躲回洞穴，喜爱阳气的鸟儿都开始出来活动了。三候虹始见，清明时节多雨，所以人们会看到彩虹。在阳光明媚的春季，有了雨水的洗涤，空气中水分增加，美丽的彩虹才可能出现在雨后的天空。

通过学习，学生还了解到中华民族自古就有清明踏青的习俗。踏青古时叫探春、寻春等，即为春日郊游，也称踏春。古人常常在初春时到郊外散步游玩。除了踏青，人们还会去郊外扫墓祭祖。除此以外，还有放风筝、打马球、蹴鞠等户外活动。蹴鞠，就是用足去踢球。这是古代清明节时人们非常喜爱的一种游戏。马球，是骑在马上持棍打球，也称击鞠。我国南方部分地区在清明节时有吃青团的风俗，青团又称清明粿、艾叶糍粑等。

在"感受节气"这一活动中，学生除了在课堂上学习与清明习俗有关的知识，还将活动拓展到户外，在操场体验现代蹴鞠游戏，也就是足球，在有趣的游戏中感受古人在清明踏青游玩时的乐趣。学生还和老师、伙伴一起诵读诗词，了解古人眼中的清明。这个活动的设计,主要是让学生学习清明节气的气候特征和风俗习惯。同时,通过诵读清明的诗词,增强民族凝聚力和文化认同感。

活动 2:探究清明既是节气,又是节日的缘由

很少有一个节日,像清明这样意蕴深厚。风清景明,慎终追远,这是一个悲伤的日子;放歌踏青,追逐春天,这是一个愉悦的日子。教师在做好铺垫后,启发学生思考:为什么只有清明既是节气又是节日呢?

通过听介子推的故事,学生了解了寒食节的由来,知道了寒食节的习俗是吃寒食、禁火。随后,教师引导学生思考、探究清明与寒食之间的关联。有学生问道:"我们不是在讨论清明节吗?为什么要讲到寒食节呢?"

随后,学生拿出自己查找的资料,开展小组讨论,了解到寒食节与清明节气日期非常接近,清明有吃青团的习俗,寒食节有吃寒食的习俗。此外,清明节还吸收了另外一个传统节日上巳节。上巳节的习俗有踏青、河边沐浴等,由于时间与清明临近,又都是在郊外开展活动,所以寒食节、上巳节逐渐和清明节融合到一起了。

活动最后,学生赏析了诗词,了解古人是如何过清明的,交流了探究后的感受。知道了在传统文化中,清明既是节气,又是节日,本次活动旨在引导学生探究其缘由,同时感受清明节的文化底蕴,增强民族自信。

(二)手工 DIY——青团

活动 1:探寻青团的来历

在本次活动前,学生听故事了解了青团的来历。

传说一:

传说有一年清明节,太平天国李秀成得力大将陈太平被官兵追捕,附近耕田的一位农民上前帮忙将陈太平化装成农民模样,和自己一起耕地。没有抓到陈太平,官兵并未善罢甘休,继续在村子里搜查,同时,每一个出村人都要接受检查,防止他们给陈太平带吃的东西。

回家后,村民在思索带什么东西给陈太平吃时,一脚踩在一丛艾草上,滑了一跤,爬起来时只见身上都染上了绿色,村民顿时计上心头,连忙采了些艾草回家。

他将艾叶洗干净,然后煮烂,把艾叶汁揉进糯米粉内,做成一只只米团子。然后把团子放在青菜里,带给陈太平。陈太平吃了青团,觉得又香又糯。天黑后,他绕过清兵哨卡安全返回大本营。后来,李秀成下令太平兵都要学会做青团以御敌自保。清明节吃青团的习俗从此流传开来。

传说二:

从前有个年轻人,名叫金兰。金兰父亲亡故,靠母亲在家纺纱织布度日。金兰从小骄横懒惰,还要打骂母亲。但朝廷命令,田地荒芜就要被处死,所以他只好硬着头皮去田里干活。

金兰在野地里无意中看到母羊给小羊喂奶的情景,他醒悟过来,决心要报答母亲的养育之恩。当母亲提着竹篮来送饭时,他主动迎上前去。母亲误以为自己送饭迟了,又要遭儿子打骂,一时想不开,投进水塘自尽。金兰立刻跳进水塘,但只摸到一块木板。伤心的他将木板拿回家中供奉在堂前。

为了纪念母亲,他将母亲放饭篮的地方长出的野草采回来,做成饼。故事中还说,这一天是小伙子清醒明理的日子,所以就把这一天叫做清明。并且每年清明日他都会带着苦饼到水塘附近的路边祭拜。

学生了解了青团是江南地区一带的传统特色小吃。青团都是青色的,做法是把艾草汁拌进糯米粉里,再包裹进豆沙馅,吃起来很香甜。青团作为祭祀的功能日益淡化,而更多被人用来当作清明节的小吃。

学生进一步通过看图猜一猜,了解青团由什么食材制作。通过视频学习了青团的制作方法和现代青团的种类,还一起观看了创新馅料的"网红青团"测评视频,知道了青团的口味也在不断推陈出新。

民间素来有清明吃青团的习俗,本次活动引导学生知道青团的来历和清明吃青团的原因,并通过活动初步了解青团的制作方法。

活动 2:动手做青团

在上一次活动中,学生已经通过图片和视频基本了解了青团的由来,也知道了青团是怎么制作而成的。在本次活动的"动手制作"环节,学生们进一步学习青团的制作方法,利用彩泥捏出了一个个可爱的彩泥青团。本次活动教会了学生青团的制作方法,也带领学生感受动手做青团的快乐气氛。

图 5.2 "手工 DIY——青团"课堂实景
(照片由学校提供)

(三)清明与种植

活动 1:种植养育

清明是节气,也是我国重要的传统节日。自古以来,中国就有清明植树的习惯。清明前后,春和景明,气候环境很适合种植,种植植物成活率高,成长快,所以农谚说"清明前后,点瓜种豆"。

人们将清明祭祖与植树结合在一起,慢慢形成了一种固定的习俗。到了唐代,清明踏青与插柳的习俗都十分盛行。当时人们在田野踏青和扫墓祭祖的过程中,往往会将柳枝往地上一插,插在地上的柳条很容易成活,无意中也起到了植树的作用。

在老师的介绍下,学生知道了清明时节有哪些可以种植的花卉以及有很多植物适合清明时节种植。学生通过多媒体资料,认识了许多生命力强、适合春天种植的植物。其中,薄荷不仅耐看而且好养,因此成为课堂教学的对象。通过本次活动,学生学习了如何扦插薄荷,也学习了扦插的注意事项。

在最后的"动手做"环节,学生亲自扦插了薄荷,进行水培养护。在活动课结束后一周的班会课上,学生也将已经生根的薄荷栽种到了泥土中,扦插十分成功。

本次活动旨在引导学生知道清明种植的原因,培养学生爱护大自然的美好品德。学生在活动中了解了植物的养护要点,自己动手扦插和养护植物,亲近大自然,培养了劳动能力。

活动 2:踏青活动

学生回忆春游的情景,用"有……有……还有……"句式来简单描绘春游时的情景。正如学生所言:"春天,有色彩斑斓的花朵,有郁郁葱葱的树林,还有飞来飞去的小鸟。"回忆春游场景之后,师生一起通过诗词了解古往今来踏青的故事。杜甫踏青,吟诗江边踏青罢,回首见旌旗。李白春游,吟《春夜宴桃李园序》。

接着,学生一起学习古诗《苏堤清明即事》。这是宋代诗人吴惟信描写春游景象的诗。"梨花风起正清明,游子寻春半出城。日暮笙歌收拾去,万株杨柳属流莺。"学生听老师讲解古诗的意思,一同想象并讨论古人春游时的热闹景象。

最后,学生小组讨论,合作编写春日童谣。

本次活动引导学生理解踏青的意义,学生不仅学习了古诗《苏堤清明即事》并知道意思,还学会观察和总结春天的景色,根据节气编写儿歌,体会人们热爱大自然的美好情感。

活动 3:缅怀英烈,珍惜当下

利用学校的十分钟队会课,开展"缅怀英烈,珍惜当下"的主题队会课,学生以小组为单位合作介绍革命先烈的事迹。

清明节是纪念祖先的传统节日,其主要纪念形式是祭祖扫墓。这个习俗流传已久。古人有许多描写清明情景的诗,例如唐代杜牧的名句:"清明时节雨纷纷,路上行人欲断魂。"这些诗句都十分真切地反映了清明时节的情景和氛围。学生一起观看诗歌动画,一起吟诵《清明》,感受清明时节的氛围。自古以来,清明扫墓,不光是纪念自己的祖先,也会祭扫为人民立过功、做过好事的英雄人物。祭扫烈士墓和革命先烈纪念碑也已成为了清明必做的事情之一。

通过资料,学生知道了清明扫墓的来历,并了解了烈士陵园以及祭扫烈士的一些注意事项和礼仪。革命烈士为了我们今天的和平生活付出了许多,到烈士陵园缅怀英烈,应着装整洁,少先队员要佩戴红领巾,态度要庄严肃穆,不能在烈士陵园嬉笑打闹,不能破坏烈士陵园的绿化环境。

最后,结合"缅怀英烈,珍惜当下"的主题队会课中学生介绍的英烈事迹,进行课堂小结,引导学生勤奋学习,掌握科学文化知识,做好共产主义接班人。

四、课堂评价

(一)体验现代蹴鞠:游戏评价

体验现代蹴鞠是"感受节气"这一活动中的环节,主要是让学生在课堂上学习过清明习俗相关的知识之后,亲身体验古人蹴鞠游戏的乐趣。学生在操场用体育课上学习过的足球开展分组比赛,获胜者被评选为"蹴鞠之星"。

(二)诵读清明诗词:诵读评价

在"诵读清明诗词"这一环节中,教师带领学生诵读诗人杜牧的《清明》、孟浩然的《清明即事》、黄庭坚的《清明》,之后请学生自读,同桌互读,小组合作读,随后鼓励学生上台进行诵读展示,形式是个人朗诵或小组合作朗诵。诵读展示后,请台下的学生做"小老师"进行点评,点评的维度有:字词发音、古诗停顿、情感表达等。对于上台进行诵读展示的同学,教师也会予以鼓励和表扬,评选为"诵读小明星"。

(三)制作彩泥青团:手作评价

学生在"制作彩泥青团"环节中用彩色黏土或橡皮泥制作青团的馅儿和皮,然后包成圆圆的青团。彩泥青团的成品会在班级中进行展示,评价形式有学生互评和教师点评,同时根据举手发言质量、课堂参与度和青团完成度给予星星奖励。

(四)清明春季种植:劳动评价

在"种植养育"活动的"种植薄荷"环节,学生在课堂上学习薄荷扦插的方法,了解植物养护的注意事项,随后在课堂上动手开展劳动种植活动,修剪和扦插薄荷。师生会对此次种植中的要点进行点评,如枝条选择、枝干修剪、扦插成功程度等。教师会对学生扦插的薄荷盆栽进行劳动作品展示,并请学生自评、互评,以此鼓励学生在生活中积极参与劳动,养护绿植,保护环境。

（五）创编春日童谣：创作评价

在"学习古诗，创编童谣"这一环节，学生学习古诗《苏堤清明即事》，并结合生活中的春游踏青活动进行春日童谣创编。童谣创编活动以小组合作为主要形式，学生也可以进行独立创作。此环节的评价以鼓励为主，主要目的在于激励学生将生活中的美好画面通过童谣记录下来，完成创编的小组即可得到星星奖励。

五、总结与反思

（一）课堂成效

"春雨蒙蒙踏清明"这一综合活动体验课程通过拓展游戏、问题探究、经典诵读、艺术手作、劳动体验等多种方式激发了学生的学习和探究兴趣。整个活动的设计通过对"清明"这一节气相关的资料进行重构，同时融合现实生活情境与跨学科内容，实现了从单一学科向多学科、从拼学科向跨学科的发展。

此外，本次活动将批判性思维融入活动设计，学生需要根据老师提供的资料分类、选择和对比。提到清明，有人认为是悲伤的，因为这是一个怀念先人、祭奠英烈的日子；有人认为是愉快的，因为这个日子可以全家出游踏青。对于学生而言，清明又是一个怎样的日子呢？学生对于清明的不同理解可以作为教师培养其批判性思维的切入点。要引导学生在学习的过程中，培养独立思考的能力，当对于清明有不同看法时，学生需要根据自身的情况作出适合自己的判断，这种辨析过程能够提高学生的基础思维能力。

总体而言，学生通过参与本次主题式综合活动课程，不仅在思维能力方面得到了提升，也提高了表达能力、合作能力和动手能力。本次主题式综合活动课整合了劳动操作、班团队课与校本课程，使课程更适合学生发展，为学生中高年级课程的学习和后续个人能力的发展奠定了基础。

（二）课程反思

首先，本次活动课的内容比较多，涉及的学科也很多，但课程的评价方式比较单一，主要是学生自评、互评以及教师评价，奖励机制也比较简单，基本以教师奖励为主。课程的评价系统可以更丰富、更多元,值得继续探索。

其次,大部分活动的设计是跨学科的,但活动所涉及的学科往往最多是二至三个学科,例如"感受节气"这个活动,所涉及的学科是自然、文学、历史,也有一些活动仅涉及单个学科,例如"诵读诗词"活动所涉及的学科是文学。如果在课程设计的时候能将更多学科的元素融合在一起,作为学习素材提供给学生,并在课堂互动的时候请学生将所习得的跨学科的内容展示出来,鼓励学生对作品进行自主的设计,内容和形式不局限于教师所提供的模板,可能对学生的综合能力训练会起到更好的效果。

(该课例由江远沁撰写)

课例二:秋雨将至观白露

一、课程目标

1. 认识自然物候:了解白露节气的时间、自然气候特征。借助"秋雨将至观白露"的主题,引导学生了解和露水相关的知识内容,包括露珠的形成、露珠的消失现象等。

2. 习民俗、知原理:知晓白露时节我国的传统民俗,包括喝白露茶、饮白露酒、吃龙眼等,并选取"找露珠、画露珠"进行深入学习,引导学生在生活中寻找露珠,了解露珠的形成过程及其背后原理;结合不同学科课程,了解水的多变。

3. 了解健康养生:使学生认识到,白露时节气温变化依旧很大,引导学生继续探寻白露时节的养生文化,包括节气起居、节气饮食等。在此基础上,对学生的日常行为习惯进行规范和指导。

4. 开展多元活动:在递进式活动与任务驱动下引导并提升学生参与实践的积极性,让学生在主题学习中找"趣",在探究实践中尝"趣",在成果展示中享"趣",最终实现在"玩"中"学",在"学"中"思"。

总之,"秋雨将至观白露"这一主题综合活动,以"白露"节气为着力点,以跨学科的视野带领学生形成对于"白露"这一节气的全方位认识,多层次多维度地满足学生兴趣与发展需要,充盈了低年段学生的体验与感受,让其在探究中身体力行地传承优秀传统文化,体悟学习和生活,在多元评价中发展素养。

二、课程内容

"秋雨将至观白露"隶属于"二十四节气"主题跨学科学习课程中的"品尝——秋的成熟"单元,包含了"白露轶事""寻找校园的'露水'""秋天的信——落叶"三项内容,每项内容又包含2—3个不同类型的活动。表5.2展示了各个活动的具体内容,以及所涉及的学科门类。

表5.2 课程内容框架及其学科门类

主题	活动	任务	具体内容	学科门类
秋雨将至观白露	白露轶事	猜谜互动"节气知多少"	1. 白露节气的时间、气候特征 2. 白露节气的风俗习惯 3. 白露节气的养生知识 4. 白露时节的雨水情况	地理 历史 人文风俗 生物 营养健康
		欣赏诵读"节气中的诗"	1. "白露"诗歌欣赏 2. "白露"诗歌朗诵	语文
		拓展延伸"由白露茶话茶文化"	1. 茶道中的规则 2. 校园生活中的规则	人文风俗
	寻找校园的"露水"	露水的形成	1. 露水的形成过程实验 2. 说露珠的形成原理	生物 语文
		找露水、画露珠	1. 找找露珠 2. 画画露珠	生物 艺术
	秋天的信——落叶	认识树叶	1. 找树叶 2. 观察树叶	生物 语文
		拼贴树叶画	1. 画树叶 2. 拼树叶	艺术 人文风俗

在以上内容的基础上,对每一个课程内容进行精细化设计,形成切实可行的课程操作方案。具体而言,包括确定活动资源、设计教学环节、明确实施要点等,

在过程中注重课堂的趣味性和有效性,运用多种教学形式,从而切实提升课堂实效。接下来,将依次展示各个活动模块的具体设计。

表 5.3 课程内容的具体设计

(一)白露轶事	
活动 1 猜谜互动"节气知多少"	
活动资源: 1. 文字资源(百度百科、百度文库等) 2. 多媒体资源(雨声音频、科普视频、多媒体课件等)	
环节	实施要点
情境与问题	环节一 创设情境:一年365天中有几个季节?一年有几个月?一年中还有 24 个节气,看图认识 24 节气 环节二 提出任务:感受白露节气的特点 环节三 引导学生了解关键问题 1. 白露节气的时间 2. 白露节气的气候特征 3. 白露节气的美食 4. 白露节气如何养生
合作与探究	环节一 猜一猜:白露节气的食品 红枣、茶叶、龙眼…… 环节二 小组讨论:你还知道哪些白露节气的时令美食? 根据老师讲述的谜语,学生自编与罗汉果、雪梨、山楂等相关的谜语。四人小组活动,全班交流。
活动 2 欣赏诵读"节气中的诗"	
活动资源: 1. 文字资源(百度百科、百度文库等) 2. 多媒体资源(科普教材、多媒体课件等) 3. 白纸、彩笔(用于制作书签)	
环节	实施要点
情境与问题	环节一 创设情境:出示谜面(与白露相关),集体猜谜 环节二 提出任务:白露节气有哪些文化和知识?
体验与感受	环节一 谚语知白露 1. 有关白露形成条件的谚语

续表

活动2 欣赏诵读"节气中的诗"	
	2. 有关白露的气候特点的谚语
	3. 有关白露的农业特点的谚语
	环节二 小组互动:交流自己知道的有关描写白露的词语
	环节三 出示白露诗歌,学习理解诗歌含义
	小组集体诵读,交流评价。
	环节四 白露之祝福
	抄写一句喜欢的诗句并制作书签。
	小组交流,互赠书签。

活动3 拓展延伸"由白露茶话茶文化"

活动资源:
1. 多媒体资源(茶壶图片、茶叶照片、多媒体课件等)
2. 茶壶、茶叶
3. 白纸、彩笔(用于制作广告牌)

环节	实施要点
情境与问题	环节一 思考问题:白露物候有哪些?
	环节二 回顾交流:白露饮食知多少?
	酿白露米酒、吃龙眼、喝白露茶……
体验与感受	环节一 交流自己知道的茶的种类
	环节二 交流不同种类的茶的喝法
	了解六大茶系中每种茶对应的茶壶。
	环节三 了解喝白露茶的好处
	提高肌肉耐力、抵抗紫外线、抵御辐射、保持身材、改善记忆力等。
	环节四 茶文化知识竞答赛,比比谁对白露茶了解多
表现与交流	环节一 茶楼"一日游"
	六大茶系对对碰,选择每种茶对应哪种茶壶。
	如果你是茶楼的老板,白露节气来临,最近店里新进了一批好茶,你会怎么介绍自己的茶呢? 制作一份茶楼广告牌。
	环节二 展示与交流
	在六大茶系中选择自己感兴趣的一种茶,想一想,喝白露茶的好处有哪些? 在客人来喝茶时你会怎么提醒他们? 动起手来画一份茶楼广告牌。
	向来茶楼喝茶的茶客们介绍自己的茶。

(二)寻找校园的"露水"

活动1 露水的形成

活动资源:
1. 文字资源(百度百科、百度文库等)

续表

活动1　露水的形成	
2. 多媒体资源(露珠图、多媒体课件等)	
环节	实施要点
情境与问题	环节一　猜谜语，导入主题 闪亮透明小圆球，不大不小像豆豆。 花草树叶作摇篮，摇来摇去真自在。 太阳出来去无踪，那是自然一奇观。(小露珠) 环节二　展示图片，问：这些都是什么呀?(引入露水)
体验与感受	环节一　观看露水形成的视频，感受露珠的美丽 环节二　了解小露珠的形成过程 老师用童声讲述露水的形成过程。 引导小朋友讲述此过程。 学生演一演露水形成的过程。
表现与交流	环节一　了解小露珠的消失 一会儿，太阳公公披着云霞，爬上了东山，染红了天空，照亮了大地。想一想，小露珠会怎么样?(蒸发) 环节二　小组合作：演一演小露珠的消失 环节三　学生上台表演剧本 环节四　教师点评与生生互评
活动2　找露水、画露珠	
活动资源： 1. 多媒体资源(儿歌、露珠图片、多媒体课件等) 2. 螃蟹(实物) 3. 白纸、彩笔	
环节	实施要点
情境与问题	环节一　导入情境：出示图片(大自然中的各种"水") 环节二　提出任务：什么是露珠? 它究竟是什么样的? 我们能在哪里见到它?
合作与探究	环节一　师生共读儿歌 环节二　小组交流：露珠如何形成? 环节三　出示媒体图片，教师补充介绍露珠形成原理 小结：热空气遇到冷空气凝结成了水珠。
表现与交流	环节一　画一画小露珠 环节二　展示与交流

续表

	活动2 找露水、画露珠
	小组内展示照片,说收获 ↓ 推选优秀照片进行全班展示 ↓ 将所有学生照片布置到成长资料袋中

（三）秋天的信——落叶

活动1 认识树叶

活动资源：
1. 多媒体资源(图片、多媒体课件等)
2. 学生课前收集落叶

环节	实施要点
情境与问题	环节一 学习儿歌、猜儿歌名称(落叶) 环节二 设情境,抛任务 同学们,双休日里你们都在哪里找落叶？ 落叶有什么特点？ 落叶的到来告诉我们什么？
合作与探究	环节一 观察落叶,品味秋天 环节二 小组交流落叶的特征

活动2 拼贴树叶画

活动资源：
1. 多媒体资源(贺卡样式、多媒体课件等)
2. 白纸、彩纸、画笔、胶棒等美术用品
3. 学生课前收集落叶

环节	实施要点
情境与问题	环节一 聆听故事,欣赏深秋的落叶美景 环节二 任务：如何留住秋天？
体验与感受	环节一 交流树叶外形 环节二 画一画你手中的树叶
合作与探究	环节一 欣赏精美的树叶贴画作品 播放多媒体资源：视频＋图片。 环节二 思考并交流 视频和图片中,树叶被拼成了哪些有趣的图案？运用了哪些不同颜色、不同形状的树叶？

续表

	活动2 拼贴树叶画
	除了直接拼贴,还有哪些艺术加工形式?(裁剪、涂鸦……) 环节三 小组互动:树叶还可以拼成哪些图案? 让学生和自己的组员进行交流,初步构思自己将要完成的树叶贴画作品。
表现与交流	环节一 动手制作树叶贴画 指导学生将树叶进行裁剪,构图摆放,并和同伴简单交流自己的设计方案。 环节二 动手粘贴,用胶水把作品固定在卡纸上 环节三 适当进行涂鸦,增添细节 环节四 成果展示、作品交流、多维度评价 请每个小组上台分享作品,教师进行点评,鼓励组内互评和学生的自评。

三、课程实施

(一)趣味引领——学生感知白露

一年级学生大多活泼好动,思维活跃,在考虑到这一因素后,教学团队最终设计与实施了"猜谜互动'节气知多少'"和"欣赏诵读'节气中的诗'"两项趣味性任务活动,带领学生整体感知白露节气。

四季轮回,十二个月份中的二十四个节气也在往复更替,这融于万物生长之中的和谐美学对于人们的生产、生活和学习同样具有指导意义。教师首先结合图片对二十四节气进行简单介绍,通过师生谈话的方式将"二十四节气"的概念带给学生。在了解完节气以后,教师请学生结合当月当日,对照节气图表猜测此时对应哪一个节气,顺势导入"白露"节气。其次,老师让学生提出自己对于白露节气有哪些疑问,再带着大家玩猜谜语的游戏——"小小身材圆滚滚,皱皱的皮肤红红的肉,甜甜的味道,硬硬的心,吃了肉,吐了心,泡茶炖汤能养生。"学生纷纷举手争先抢答"红枣"。猜谜语活动很好地激发了学生对白露节气的兴趣。以白露节气的美食为切入点,引导学生进一步了解和体会白露节气的气候特点,回应了学生有关节气的疑问。此外,学生也可以结合天气变化,组内交流生活经验,在此基础上自编有关白露节气美食的谜语,在小组内和班级中进行猜谜活动。这种学生的集体猜谜活动促成了良好的探究氛围。在班级交流之后，教师对白露节气知识进行系统的小结。课后，教师根据白露节气的特点布置任务，让学生提前查阅有关白露形成条件的谚语。学生们带着自己搜集的资料，回到课堂上进行小组交流，教师择机进行补充。这一部分结束后，教师还可以让学生一起诵读白露诗歌，感受白露节气的悠久历史与其文化的博大精深，激发学生对于古诗词的热爱之情。

一年级学生刚进入小学，熟悉并适应校园生活成为至关重要的事。因此，此时正是培养好习惯与规则感的关键时期。教师结合低年段孩子的行为特点，根据学生已有的生活经验，又设计实施了"拓展延伸'由白露茶话茶文化'"和"茶道中的规则"两项任务，来帮助学生在整体感知节气的基础上，进一步理解白露节气的变化。

《月令七十二候集解》说："八月节……阴气渐重，露凝而白也。"白露时节，天气转凉，清晨会发现地面和叶子上有很多露珠，故由此得名。通过回顾白露饮食文化和物候变化，教师引出为什么人们会在白露节气喝白露茶的问题，让学生了解白露茶的好处，从而激发学生对白露茶的兴趣。同时，举行茶文化知识竞答赛，比比谁对白露茶了解多，通过同学们交流对茶的了解，扩展茶文化的相关知识，并顺势拓展六大茶系及每种茶对应的茶壶的相关学习内容。最后设置了"茶楼'一日游'"的小任务，请学生做一次茶楼老板，介绍自己的茶馆和茶文化。教师在此基础上补充，其实茶道也有规则：茶三酒四踢桃二、二冲茶叶、茶满欺人、新客换茶……学生认真聆听，积极讨论，勇于思考。教师进一步追问生活中是否有规则，由"我与自然"落回到"我与社会"，引导学生自主探究校园中的规则，树立规则意识，进行自我管理与约束，做一个守规则、懂礼仪的"拂晓娃"。

（二）任务驱动——学生探究露水知识

大自然中的水世界非常奇妙，白露节气时的露水是怎么来的呢？围绕这个问题，教师团队又设计实施了"露水的形成过程实验"和"找找露水、画画露珠"两项任务，着重回应"我与自然"维度的活动目标。让学生在实际的探索中，用自己理解的方式将露水的形成过程演绎出来，以此唤起学生探究大自然的热情，形成和保持对周围世界的好奇心。

教师创设情境并提出任务：讲述露水的形成过程。学生带着这个任务学习，通过查阅资料、观看视频等方式，初步体会晶莹美丽的露珠是如何形成的。之后，教师讲述露水的形成："夜幕降临了，草叶上、花朵上、禾苗上出现了一颗颗小露珠。小露珠爬呀，滚呀，越来越大，越来越亮，到黎明的时候，已经有黄豆粒那么大了。"随后，教师将剧本文字投屏给学生，引导学生自己试着讲述露水形成的过程，再让学生彼此交流一下对于露水的印象。学生讲述完以后，教师诱发学生思考露水的作用：故事与图片中的小蝴蝶、小蟋蟀、小青蛙为什么喜欢露水？学生在小组内进行角色扮演来感受这一过程，一位学生担任朗读者，其他同学扮演自己选择的动物。学生经过亲身探索后发现，因为露水像钻石那么闪亮，像水晶那么透明，像珍珠那么圆润，有利于促进动植物的生长，所以各种小动物都很喜欢它。

"一会儿，太阳公公披着云霞，爬上了东山，染红了天空，照亮了大地。想一想，小露珠会怎么样？"在老师的提问下，学生们一起答："小露珠会光彩熠熠，把植物点缀得格外精神、漂亮。再过一会儿，小露珠就会消失蒸发。"此时，教师再请学生进行童声配音："小露珠爬着，滚着，笑着。她感到有一股热气袭来。渐渐地，太阳公公散发的热量越来越大，小露珠的身子也越来越轻了。她渐渐地变成了水蒸气，向空中飘去。"学生理解了露水形成与消失的整个过程后，再让他们用自己的话语描述出来。最后请学生组内合作，试着自编剧本，演一演露水的形成与消失过程。表演结束后，进行师生互评与生生互评。自由演绎的方式不仅很好地激发了学生的想象力，还能培养学生的创新素养。小露珠向大伙儿一一告别，她笑盈盈地说："我明天还会来的。"教师问："小露珠真的还会来吗？"学生异口同声："会！"

除了可以通过课本剧的表演感知小露珠的形成，还可以让学生观看露水形成的实验视频来感知这一过程。教师可以在之后的环节向学生抛出问题，引导他们自己去探索什么是露水以及它的模样。在这几个小任务的基础上，教师带领学生齐诵儿歌《露珠》，再次加深学生对于小露珠的印象。

教师带领学生进行朗诵："太阳刚出山，露珠圆又圆，拿来针和线，能穿一大串，还没拿来线，露珠不见了，太阳公公借去玩，明早就送还。"朗诵结束后，教师请学生从儿歌中找一找小露珠去哪里了，鼓励学生把自己想要表达的意思说清楚，扩展思维,驰骋想象。最后,让学生在交流过后画出自己眼中的小露珠,引导学生热爱大自然,热爱周围的生活世界。

(三)活动辅助——学生开展创意表达

白露秋转凉,风吹落叶黄。暑气渐退场,候鸟南飞忙。落叶飘是秋季白露时节的独有景象,在这一教学部分教师设计实施了"找树叶、观察树叶"和"画树叶、拼树叶"两项活动,旨在让学生在感知与探索节气的基础上,注重观察体验。教师鼓励学生融入想象,自信创意地展示和表达自己的想法。

图 5.3 "秋天的信——落叶"制作原材料

教师展示儿歌:"秋风吹,树叶摇,红叶黄叶往下掉,红树叶,黄树叶,片片飞来像蝴蝶。"借助儿歌导入,并引导学生学习儿歌后,猜儿歌的名称。教师借助朗读儿歌活动,吸引学生的注意力和兴趣,从答案揭示活动主题。随后教师再出示落叶图片让学生欣赏,引导学生热爱自然,品味秋天。在这一环节,教师可以顺势提问:双休日里你们都在哪里找落叶?落叶有什么特点?落叶的到来告诉我们什么?大部分的学生都能结合自己的经历畅所欲言。教师组织学生对落叶知识进行交流,鼓励学生大胆表达,从而体会秋天的美好。之后,教师让学生将提前收集好的落叶放置在桌面上,观察落叶的特征,区分落叶的形状和种类,鼓励学生大胆在组内交流。学生通过小组对比可以发现树叶的形状有椭圆形、圆形、心形、扇形、掌形等,树叶的边缘可以分为光滑、齿状、波状、叶裂等。在此基础之上,教师让学生局部观察叶脉细节,说说自己手中的树叶属于哪种叶脉,学生提出有平行脉、网状脉、分叉脉等。此外,学生还可以区分一下落叶的颜色,再画一画手中的落叶。在这一过程中,学生可以大胆发挥想象,自由进行创作。绘画完成后学生进行小组交流,分享收获,教师鼓励学生用自己的话把意思表述清楚。

之后,教师借助多媒体展示树叶贴画作品,引导学生观看视频后互动交流:作品中树叶被拼成了哪些有趣的图案?作品运用了哪些不同颜色、不同形状的树叶?除了直接拼贴,还有哪些艺术加工形式?学生根据任务思考以上关键性问题,并带着问题摸索,归纳出了可以通过裁剪、涂鸦等方式创作。然后,学生组内讨论树叶还可以拼成哪些图案,初步构思自己将要完成的树叶贴画作品。随后,教师组织学生动手实操,指导学生将树叶进行裁剪,构图摆放。学生初步摆好以后,可以与同伴简单交流自己的设计方案。伙伴之间交流结束后,学生开始动手粘贴裁剪好的树叶,用胶水把作品固定在卡纸上,再进行适当涂鸦,增添细节。

最后是成果展示环节,教师请每个小组上台分享作品,并组织点评,鼓励学生先在组内开展互评和自评,再由教师对其进行点评,实现多维度评价。交流结束后,教师选取优秀的学生作品进行展示,师生一同欣赏精美的树叶贴画作品,并推荐其作为学校新年游园活动的背景布置素材。

图5.4 "秋天的信——落叶"学生作品展示
(图片为学校提供)

四、课堂评价

实施有效的课堂评价是确保课堂效果、促进课堂质量提升的重要环节。在"秋雨将至观白露"中,本校遵循教师评价和学生评价相结合、过程性评价和终结性评价相结合、书面评价和可视化评价相结合的理念,针对不同的教学环节,采用多样化的评价手段,对学生的表现进行综合评定。接下来,将对各个环节的评价方式进行分别阐释。

(一)猜谜互动"节气知多少":游戏评价

"猜谜互动'节气知多少'"是"白露轶事"部分的游戏活动,主要是让学生在初步感知了白露节气的时间、气候特征、节令美食等知识后,通过自己编谜语、师生共同猜谜底的方式,进一步感受节气的美食与养生文化。为了充分调动学生参与的积极性,教师先做示范,带着大家一起猜谜语,之后又采取了学生自评、互评与教师评价相结合的方式确定评价结果。对于参与热情较高,或表现优异的学生,教师给予了额外的鼓励,并为其粘贴赞星纸。

(二)"拼贴树叶画":绘画评价

在这一环节中,教师指导学生对树叶画进行完善,包括树叶的尺寸裁剪、版面构图等,学生按照小组进行结对,互相提意见后再各自修改画作。之后,在小组内选择较为优秀的作品进行全班展示。教师会对各小组内的评价进行指导,小组内部评价的标准包括以下几点。

1. 创意与构思:这一标准主要考查学生在构思画作时的创意表现,评价他们的想象力、创造力,考察他们是否能够运用树叶元素构成不同的形状或景象。

2. 技术与技巧:这一标准主要考查学生在拼贴过程中的技巧运用,评价他们对于树叶的选取、树叶的裁剪是否准确、灵活和生动。关注学生对于树叶粘贴比例的把握,以及他们对于绘画工具的运用能力。

3. 表达与情感:这一标准主要评价学生能否通过有效地运用色彩、光影和绘画技巧,传达出他们对于雨中校园的情感和感受。

4. 作品的整体质量：这一标准主要考查学生的剪贴画是否符合预期目标，是否很好地将树叶素材融入画作中。关注树叶拼贴图案的协调性和画面整体效果的美感。

在课堂教学完成之后，教师收集了所有的学生作品，选择优秀的作品展示在节气游园活动的海报上，并将作品放置到每个人的成长资料袋中，对其成长的细节进行记录。

（三）欣赏诵读"节气中的诗"：诵读评价

在"欣赏诵读'节气中的诗'"环节中，教师首先带领学生集体诵读白露节气的相关谚语，之后请学生小组交流，有意愿的学生主动上台进行诵读展示。教师在课堂上对每位诵读的学生进行点评，同时鼓励学生之间进行互相评价。评价的标准包括：流畅度、发音与语调、情感表达等。对于每一位主动上台的学生，教师都给予鼓励，并赠送一份小礼物。

（四）总体评价

《义务教育课程方案（2022年版）》提出要"注重培养学生在真实情境中综合运用知识解决问题的能力"。因此，我们需要把学生放在一个真正需要综合运用知识、技能、态度价值观的任务挑战中，并且以素养评价的方式进行评价，才能真正提升学生的跨学科思维及素养。

在具体评价过程中，教师记录学生在"秋雨将至观白露"课堂中的表现，并在课程结束之后进行汇总整理，与最初的课程目标进行比对，得到对于学生学习效果的总体评价。此外，课程还将结合学生、家长以及教务人员的反馈，对课堂设计以及教学过程进行多主体评价，从而反思教学中的局限，进一步修改并逐步完善课程设计。

五、总结与反思

（一）弘扬传统文化，深化育人内涵

儿童的认知发展尚不完全，在小学刚入学阶段，教师将"二十四节气"的来历

和寓意传授给学生,不仅普及了中华优秀传统文化,还在无形中渗透德育,帮助广大儿童树立正确的世界观、人生观、价值观。学生可以借着二十四节气的更迭,感受中华民族厚重的文化底蕴,憧憬和畅想未来五年的小学生活,在平日的学习与生活中逐步养成充分珍惜时间、利用好时间的习惯,规范自己的言行,力求学有所成。

(二)满足学生发展,凸显学校特色

学校以"二十四节气"为主题设计实施的跨学科学习课程,结合多种实践方式,帮助学生体验探究的魔力,领略艺术的魅力,感受思维的引力。此外,结合寒暑假长作业以及节日游园会等活动也能够帮助学生初步形成对自我、社会和自然的科学认识,成长为"生活有心、交往有信、举止有型、求知有兴、健身有行"的华东师大附小"五有"少年,彰显我校办学特色。

(三)推动课程转变,促进教师成长

小学低年级主题式综合活动体验课程是让学生在真实的问题情境中综合应用知识解决问题的一种策略学习课程,它既区别于学科课程,又与学科课程相互联系。我校在原有校本课程的基础上,借助"综合活动"渠道,统整优势教育资源,超越了原有的知识技能体系课程。参与课程活动设计与实践的教师通过可视化、可进阶的过程性学习评价方式,更加尊重和爱护学生,也体会到了"单一学科思维"向"多元融合思维"转变的优势,课程意识与课程开发能力也日益见长。

(四)坚持儿童为本,深化"幼小衔接"

"节气课程"秉承"玩中学"理念,目的是让一、二年级的学生在升入小学后能够更快更好地适应校园生活。教师除了要从学生的生活出发选取主题,设计活动和任务,在课程实施方面也要始终遵循学生学习的心理发展阶段,若个别任务的难度高于学生的现阶段操作水平,教师除了需要提供必要的指导,也可以考虑适当降低评价标准。为了更好地追踪学生的入学适应情况并开发活动课程,未来还可以在小学课程实施中加入幼儿园、家长的角色,实现三方联动,共同加强深度交流与研讨,实现一生一档案的个性化过程评价,积极深化幼小衔接,扩大教学活动价值。

(该课例由丁雅婷撰写)

第二节 ‖ 中高年级超学科深化课程案例

中高年级超学科深化课程更加关注学生的高阶能力,以问题为中心,引导学生独立思考生活中的现象和问题,培养批判性思维、创造性思维等,这里选取了七个课例进行介绍。

课例一:冬至——走向环保

在教育过程中,跨学科教学被视为一种创新教学方法,引入这种新型教学方法有助于打破传统的学科壁垒,提高教学效果。本课例呈现了有关中华传统节气冬至这一内容的教学实践,旨在探讨如何将这一传统节气融入环境保护教育中,构建出一种全新的跨学科教学模式。冬至主题被用作探索气候变化和环境保护的教学载体,使学生在理解和体验传统节气的同时,也能够认识到环境问题的重要性,以及人类行为对环境产生的影响。这种跨学科教学使环保教育与传统文化教育的结合成为可能,进一步增强了学生的环保意识和文化认同感。本课例基于"冬至"教学实践,展示了这种跨学科教学方法在环保教育中的应用潜力,为教师改进教学方法和提高教育质量提供参考。

一、课程目标

(一)实现跨学科整合

在课程设计中整合了历史、科学、社会学、文化和环境科学等多学科内容,让学生能够从多元化的角度理解和解决问题。本课例将中华传统节气的知识和环保教育相结合,旨在使环保教育更加生动、贴近生活。

（二）提升环保意识

通过学习,希望提高学生的环保意识和责任感,理解并接受环保的重要性,培养他们在日常生活中实践环保行为的习惯。

（三）增强实践操作能力

本课例包含了一系列的实践活动,如制作冬至特色食品和环保艺术品,让学生能够通过动手实践,深入理解环保和节气文化的内涵。

（四）培养批判性思维和解决问题的能力

本课程将使用一系列教学方法(包括小组讨论、案例分析、项目设计等),以增强学生的批判性思维和解决问题的能力。学生将学习如何运用批判性思维,从多个学科的角度去理解、分析和解决环保问题。

（五）增强团队合作能力

通过小组讨论和项目实践,鼓励学生合作学习,培养他们的团队协作和沟通能力。

二、课程内容

（一）贯彻教学目标

本课程的教学目标设定并非孤立进行,而是在对冬至节气的文化内涵和环境保护教育的深入理解的基础上提炼而成的,因此,需要深入了解冬至这一传统节气的主要内容,寻找其与环保教育的连接点。冬至是中国古代农耕文化的重要体现,它不仅揭示了古人对自然规律的认知,还凝聚着丰富的民间习俗与风情。这种对天象的敬畏和对自然的尊重,恰恰是现代环保观念的重要组成部分。因此,让学生深入理解冬至的文化内涵,也就是让他们理解并接受尊重自然、保护环境的价值观。

其次,随着环境问题日益严重,环保教育的重要性不言而喻。我们希望通过学习,使学生了解环境保护的重要性,认识到人类活动对地球环境的影响,以及每个人对环境保护负有的责任。同时,我们还希望学生能够从中学习到一些环保知识和技能，比如怎样在日常生活中节约资源，如何评估活动对环境的影响等。

因此，我们的教学内容需要包含以下几点：一是帮助学生理解冬至的传统文化意义，并从环保的视角重新解读这个传统节气，从而增强学生的环保意识；二是让学生了解冬至节气的气候、民俗活动，以及人类活动，特别是气候变化对地球环境的影响；三是引导学生通过实践活动，如节约资源、减少垃圾等，将所学的环保知识应用到生活中。

我们的教学不仅限于教授知识，更重要的是培养学生的价值观和行为习惯。通过对冬至的学习，学生能够深刻体会到尊重自然、保护环境的重要性，形成良好的环保习惯，从而在未来的生活和工作中，成为环保的践行者和推动者。

（二）教学内容策划

在本次教学案例中，教学内容主要围绕冬至节气、气候变化，以及环境保护这几个主题展开。首先，在讲解冬至节气时，我们引入关于冬至的气候特点、民俗活动、天文意义等内容，让学生通过学习理解冬至的历史文化内涵，同时也能对传统节气和生活环境的关系有所理解。其次，在讲述气候变化时，我们利用实际的气温折线图，引导学生观察和分析全球的气温变化趋势，通过这种直观的方式让学生了解到地球气候正在发生改变。同时，引入温室效应的相关科学原理，让学生深入了解气候变化的科学依据。最后，在讲述环境保护时，我们引入人类活动对环境的影响，让学生明白人类行为和环境之间的紧密关系。我们还引入核武器和2004年印度洋海啸的案例，对比人类活动和自然灾害对环境的影响，使学生理解人类进行环境保护的重要性。同时，我们让学生了解环境被破坏后可能对人类造成的影响，比如海平面上升、臭氧层空洞等，以此鼓励学生思考如何减缓地球环境的改变，培养他们的环保意识。

总体而言，在策划几个教学主题时，我们注重将理论与实践相结合，强调学生的参与和体验。我们希望通过这种方式，让学生在理解和尊重传统文化的同时，深入掌握环保科学知识，培养对环保的热爱和尊重，让他们在实际生活中能积极践行环保行为。

(三) 跨学科教学活动设计

设计有意义的跨学科教学活动能使学生从不同的角度理解和感受主题内容。对于这节冬至课，我们以教学目标为导向，设计了一系列让学生深入探索冬至节气、气候变化以及环境保护的活动。首先，我们设计了复习活动，复习已学知识，帮助学生建立科学思维方式。活动通过讨论如何鉴别"民科"和理解科学精神，帮助学生形成正确的科学思维习惯，进一步培养他们提出问题、处理信息、得出结论的科学方法。接着开展"冬至——'数九寒天'的开始"活动。该活动主要让学生通过收集资料和分析气温折线图，了解冬至的天文意义、气候变化，以及由此产生的民俗活动。同时，通过观看视频和阅读资料，让学生了解温室效应，感知地球正在受到温室效应的影响。随后，我们进行"人类与自然——人类对地球环境的影响"活动，引导学生思考人类对地球环境的影响。活动主要通过呈现核武器影响和2004年印度洋海啸等案例，让学生理解人类活动与自然灾害对地球环境的影响，意识到人类的行为能力在大自然面前的局限性，从而引导学生尊重自然、爱护自然。最后，我们进行"冬至——凛冬将至"活动。这个活动主要让学生了解环境被破坏后会对人类造成的后果，以及如何减缓地球环境的改变。通过引导学生列举自己能做到的环保事例，培养他们的环保意识。

这些活动涵盖了历史文化、地理气候、环保科学等多个学科领域，鼓励学生进行批判性思考，引导他们对保护环境产生更加深刻的认识。通过这些跨学科教学活动的设计，我们希望学生能够培养自己的环保意识，并将这些理念落实到日常生活中，成为环保的践行者。

(四) 独特性和优势分析

1. 融合文化内涵和环保教育

课程设计充分利用了冬至这一传统节气的文化内涵，通过冬至的故事和习俗，引导学生理解和尊重传统文化。同时，我们将环境保护教育巧妙地融入其中，通过让学生认识到冬至气候变化与环境问题的联系，培养学生的环保意识，将文化教育和环保教育有机结合，增加了教学的深度和广度。

2. 跨学科教学设计

课程设计将地理、历史、科学等多个学科知识进行了整合,通过跨学科的教学方式,使学生能在多个领域中获取知识,提高了教学质量。

3. 提高课程中的学生实践性

课程设计突出强调实践性,通过让学生分析气温折线图、进行小组讨论、做出环保承诺等活动,使学生在实际操作中学习和理解知识,提高了学生的学习兴趣和动手能力。

4. 培养学生的环保意识

课程设计注重环保意识的培养,通过分析人类活动对环境的影响,让学生明白保护环境就是保护自己,这种理念的培养对于当前环境保护的紧迫性十分重要。

5. 独特的评价方式

课程采用的是过程性评价,注重学生在学习过程中的表现和改进,而不仅仅是结果,这种评价方式能够更好地激发学生的学习兴趣,培养学生的学习习惯。

三、课程实施

在进行冬至环保主题教学实践的过程中,我们以冬至节气为背景,秉持环保教育理念,设计并实施了一系列丰富而有意义的教学活动。接下来将详细介绍实践的具体内容和过程。

首先,教师让学生收集有关冬至节气的资料,以及与之相关的民俗活动,使学生建立起对冬至节气的基本认识。这种资料收集活动旨在引导学生通过独立研究了解并掌握相关知识,同时也让他们有机会从中认识和理解中国传统文化的深厚底蕴。此外,这一部分内容也可以让学生回忆起之前的一堂"二十四节气"课程中秋分这一课关于科学精神的论述,帮助学生用正确的科学态度来探究本课的内容。

表 5.4　活动一：复习

学生活动	指导要点
1. 复习：如何鉴别"民科"？	● 科学精神
2. 什么是科学精神？	● 提出问题 ● 作出假设 ● 搜集证据 ● 处理信息 ● 得出结论……

接着，教师通过引导学生观察和分析气温折线图，以及阅读与讨论温室效应相关资料，深入探讨了冬至节气的气候特点，以及气候变化对环境的影响。在这个过程中，学生不仅加深了对温室效应的理解，同时也激发了他们关注环境变化、保护地球环境的热情和责任感。

表 5.5　活动二：冬至——"数九寒天"的开始

学生活动	指导要点
1. 导入：冬至节气一般出现在公历的哪一天？	● 每年的公历 12 月 21—23 日。
2. 人们在冬至时一般会做些什么？	● 民俗：祭祖、吃饺子、汤圆。
3. 冬至时天气现象会发生什么变化？	● 气温逐渐下降；学习《数九歌》。
4. 气温真的在逐渐变冷吗？	● 阅读资料一：气温折线图。
5. 在资料一中获取了哪些信息？	● 历年来平均气温在逐渐升高。
6. 为什么会有这样的现象？	● 温室效应（厄尔尼诺现象）。
7. 视频：温室效应	● 什么导致了温室效应？/谁制造了温室效应？

随后，教师设计了一次核武器与印度洋海啸的对比活动，让学生从更广泛的视角去思考人类对地球环境的影响。这种教学方式，不仅可以提高学生的思辨能力和判断能力，而且能让他们更深入地认识和理解人类活动对环境产生的影响，从而增强他们的环保意识。

表 5.6　活动三：人类与自然——人类对地球环境的影响

学生活动	指导要点
1. 人类还会对地球环境造成哪些影响？	• 环境污染、乱砍滥伐、战争等。
2. 人类战争中使用过威力最大的武器是什么？	• 核武器。
3. 核武器的威力有多大？	• 阅读资料二：战争中的核武器。
4. 全球所有核武器一起引爆会如何？	• 观看《流浪地球 2》手机短信图片（算式）。
5. 这些炸弹爆炸的威力如何？	• 核武器所释放的能量与其他事件做对比。
6. 还有哪些事件也会释放巨大的能量？	• 自然灾害：地震、海啸、火山爆发等。 • 阅读资料三：对比 2004 年印度洋海啸。
7. 自然灾害如何与核武器释放的能量做比较？	• 地震、炸药能量级对比图。
8. 人类对地球能造成多大的影响？	• 认识人类能力的局限性。

最后，教师通过组织学生讨论环境破坏对人类的影响和后果，以及列举可以采取的环保行动，进一步引导学生认识到保护环境就是保护我们自己。在这个过程中，学生不仅深化了对环保重要性的理解，同时也提出了许多切实可行的环保行动方案，展现出积极参与环保的热情和决心。

表 5.7　活动四：冬至——凛冬将至

学生活动	指导要点
1. 为什么要保护地球环境？我们需要保护的是谁？	• 人类改变地球的能力有限，保护环境就是保护我们自己。
2. 环境被破坏后会对人类造成哪些后果？	• 海平面升高，臭氧层空洞……
3. 如何减缓地球环境的改变？	• 列举我们能做到的环保事例。
4. 总结：凛冬将至，居安思危。保护环境就是保护我们自己。	

总之，教师在实施冬至环保主题教学的过程中，着力打造了一个富有挑战性

和启发性的学习环境,通过引导学生主动探索和学习,提高了他们的学习兴趣和学习效果,同时也达到了提升他们环保意识和责任感的教学目标。

四、课堂评价

(一) 评估和分析教学实践的效果

为了评估和分析冬至环保主题教学的效果,教师进行了详尽的观察和深入的讨论,并收集了学生的反馈。以下是教师对教学实践效果的主要发现和分析。

首先,从学生的参与度来看,这种跨学科教学模式取得了显著的成功。学生在课堂上的互动和讨论活跃,积极参与到各项教学活动中。他们对与冬至相关的气候变化和环保议题表现出了强烈的兴趣,这在传统的教学模式下往往难以见到。如对于课堂中提到的"2011—2021 历年上海冬至气温"和"1873—2003 全球年平均气温走势",许多学生都发表了自己的意见,认为应该警惕气温变化,在生活中保护环境。

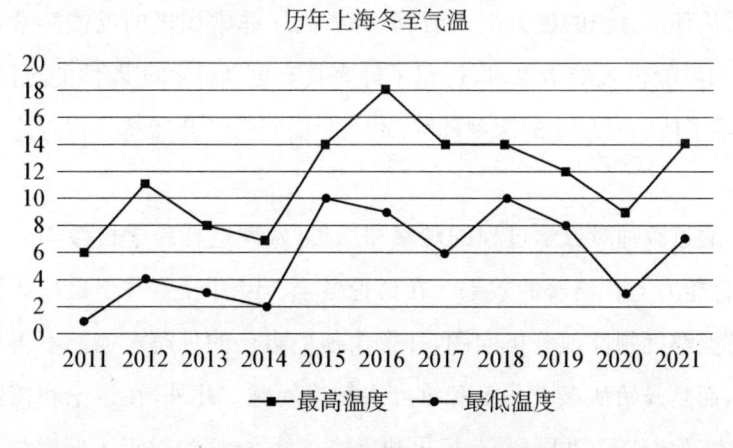

图 5.5　2011—2021 历年上海冬至气温

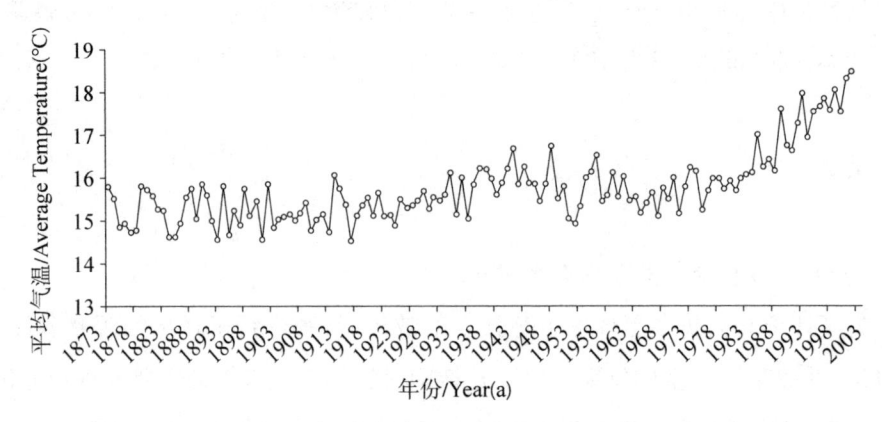

图 5.6　1873—2003 全球年平均气温走势

其次,学生在理解和掌握知识方面也有明显提高。通过教学活动,他们不仅理解了冬至和温室效应的相关知识,而且也更深入地理解了人类活动对环境的影响,以及保护环境的重要性。许多学生在看完课堂中的《温室效应》短片后,都在课后主动寻找更多相关资料进行深入学习,这充分体现了他们的学习积极性和主动性。

再次,从环保意识的提升上来看,教师得到了非常积极的反馈。学生在讨论环保行动和可能带来的结果时,提出了许多具有创新性和实践性的想法和建议。这不仅显示了他们对环保的深刻理解,也表明他们已经开始将环保理念融入自己的生活中。

最后,通过教师对教学过程的观察和反思,发现这种跨学科教学模式在提高学生的综合能力上有显著的效果。在讨论冬至、环境问题,甚至是核武器的影响时,学生都能够批判性地分析问题,并提出他们自己的见解。他们不再单一地依赖教科书,而是开始从多个角度和维度去解决问题。此外,在讨论和探索环保实践的过程中,他们需要共同研究,提出和反馈意见,这样的过程无疑增强了他们的团队合作能力。学生不仅拓宽了知识面,在问题解决和团队合作等方面也得到了全面提升。

冬至环保主题教学实践不仅提高了学生的知识理解和掌握能力,增强了他们

里氏震级	所需能量(用TNT释放的能量表示)
2.0 级	15 千克
3.0 级	477 千克
4.0 级	15 吨
5.0 级	480 吨
6.0 级	1.5 万吨
7.0 级	47.8 万吨
8.0 级	1 500 万吨
9.0 级	4.8 亿吨
10.0 级	320 亿吨
12.0 级	1 万亿吨

注：1吨TNT所释放的能量约为4.2×10^9焦耳

图 5.7　不同震级地震所释放的 TNT 当量

的环保意识，还培养了他们的批判性思维和团队合作能力。虽然还存在一些需要改进的地方，但总的来看，这种跨学科教学模式在教学实践中已经显示出了显著的优势和潜力。

（二）学生的反馈与学习成果

在对冬至环保主题教学实践进行评估后，教师收集和分析了学生对于这种教学模式的反馈。以下是他们的一些主要反馈和学习成果。

首先，学生普遍表示，将冬至节气和环保主题结合的跨学科教学模式让他们更加投入和专注。他们觉得这种教学方式更接近生活，更有意义，也更加引人入胜。许多学生表示，他们通过这种方式学到了很多在传统课堂上很难学到的知识和理念。

其次，学生对于环保的意识和理解也有了显著提高。他们开始意识到，环保不仅仅是政策层面的问题，更是每个人日常生活中的问题。他们开始主动地去思考如何在生活中进行环保实践，如何为保护地球环境做出自己的一份贡献。

此外，学生的学习成果也非常明显。通过对冬至、温室效应和环保等主题的深入学习，他们对这些主题有了深入的理解和熟悉。他们能够自己总结和解释这些主题，甚至能够把学到的知识应用到生活和社会实践中。许多学生在课后的自我评价中也表示，他们的学习能力、思考能力和创新能力都有了提高。

学生对这种冬至环保主题的跨学科教学模式给出了非常积极的反馈，并且他们的学习成果也证明了这种教学模式的有效性和价值。这为今后的教学实践提供了宝贵的经验和借鉴，也让教师对于跨学科教学模式的潜力有了更深的认识和信心。

五、总结与反思

（一）课堂成效

通过在我校实施的"二十四节气"课程中的冬至主题课程案例，我们展示了如何成功地将跨学科教学策略融入环保教育。通过将文化背景（节气）、科学理论（温室效应）、社会现象（环保）等多学科内容整合，教师进行了富有情景的教学，这极大地增强了学生对环保问题的理解和关注，提高了他们的问题解决能力。

在这个过程中，教师总结出了以下几个充分体现课堂成效的亮点。

1. 激发学生学习兴趣

教师采用以节气为主题的跨学科教学，融合环保教育，结合生活实际，提高学生发现问题、思考问题、解决问题的积极性和主动性，从而激发学生的学习兴趣，使他们能够更主动地参与到课堂活动中，提高学习效果。

2. 提升学生环保意识

通过对冬至环保主题教学实践的效果评估，学生的环保意识得到了显著提升，在相关理论知识掌握、问题分析和解决能力等方面都有所进步，能够形成对自然环境的保护意识，并在日常生活、一言一行当中践行。

3. 培养学生综合素养

跨学科教学在未来的环保教育中有着巨大的应用潜力和发展前景，这种教学模式对于培养学生面对未来环保挑战的综合素质具有重要作用。本课例不仅引导学生学习环境保护知识,更引导他们真正开始思考生活中的环境问题,以及解决问题的方式和手段,促进了综合素养的形成。

因此,我们可以看到,通过在课堂中运用这样的教学模式,能够达到一定的教学成效,为未来开展进一步的环保教育奠定了坚实的基础。

(二)课程反思

首先,整合不同学科的知识对教师的专业能力提出了更高的要求,我们发现不是所有的教师都能够灵活运用多种教学策略进行跨学科教学。其次,为了提高学生的学习兴趣和主动性,教师需要根据每个学生的学习情况进行个性化教学,然而深入理解每个学生的学习进度和反馈并非易事。

针对"二十四节气"综合实践活动课程实施中出现的问题,我们提出以下改进建议。

1. 教师应注重自我提升:教师应通过参加专业培训、阅读相关文献等方式,不断深化对跨学科知识的理解和掌握,提升多元教学策略的运用能力。

2. 教师应注重学生的个性化需求:教师在设计跨学科教学活动时,应更加注重每个学生的个性化需求,提供多元化的学习资源和教学方法,以适应学生的不同学习风格和节奏。

3. 学校应建立评估机制:学校应建立一套系统的评估机制,包括对教师跨学科教学能力、学生的学习进度和反馈的全面评估,这需要由学校教务部门牵头,定期进行教学质量检查和反馈,以便及时调整教学策略和内容。

4. 强化共享,深入交流:教师应主动与其他学校和教师进行交流和分享,吸取他们在跨学科教学实践中的经验和教训。同时,学校也应建立平台,鼓励并支持教师间的交流和学习,以丰富和完善教学方法和策略。

总的来说,我们相信,只有当教师和学校共同反思和改进,跨学科教学才能在环保教育中发挥更大的作用,帮助学生更好地面对未来的环境挑战。

(该课例由凌寅威撰写)

课例二:霜降——深秋味道

基于主题的跨学科学习课程提倡学生以跨学科的眼光、批判性思维的视角审视真实生活情境,思考更为抽象的知识问题,帮助学生构建联系紧密的知识网络并推动学生思维的发展。跨学科学习的能力,包括批判性思维在内的高阶思维能力,顺应了时代对人才的综合能力要求,并且越来越受到重视。

在此基础上,本课例以霜降节气为例,将基于主题的跨学科学习的课程理念融入二十四节气综合实践活动课程中,探讨如何在课程实践中运用批判性思维的相关理念与策略,改变学生的学习方式,提升学生的学习效果,进一步推动教师的课堂变革。

一、课程目标

批判性思维是当代学校教育的重点之一,是 21 世纪人才必须具备的关键能力之一。它是人类思维的核心部分,是培养健全人格的关键要素,是形成创新性思维的前提,是推动知识经济时代发展的动力。

国际文凭课程(IB课程)在全球范围内引起关注,原因是该课程一直把学生思维品质特别是批判性思维的培养作为重要内容。IB课程强调将学生培养成勇于探究、知识渊博、勤于思考、善于沟通、原则性强、视野开阔、关心他人、敢于冒险、均衡发展、善于反思的终身学习者。其将"How do you know"作为课程的主要研究问题,致力于探求"认知"的本质,引导学生批判性地思考问题,而不是被动接受所学知识。

我国教育改革也强调培养学生的批判性思维。教育部颁布的《国家中长期教育改革和发展规划纲要(2010—2020 年)》指出,要大力培养具有创新精神和解决实际问题能力的创新型人才[①]。《义务教育课程方案(2022 年版)》中强调要加强课

---

① 中共中央国务院.国家中长期教育改革和发展规划纲要(2010—2020 年)[S].北京:人民出版社,2010.

程内容与学生经验、社会生活的联系,强化学科内知识整合,统筹设计综合课程和基于主题的跨学科学习。学生应乐于提问、敢于质疑,学会在真实情境中发现问题、解决问题,具有探索能力和创新精神。① 这些政策应和了国际化的人才培养要求,契合面向现代化、面向世界、面向未来的宏观教育战略目标。

二、课程内容

基于二十四节气主题的小学跨学科学习课程立足基于主题的跨学科式学习的校本化推进,尝试在节气课程中激活学生的批判性思维。在此,以其中的霜降节气课程为例,尝试探讨课程的设计与实施对师生批判性思维的影响。项目问题设计思路与实施过程如下。

表 5.8 霜降节气课程设计思路表

框架问题
基本问题: ● 二十四节气对人类有什么重要意义?作为现代人的我们应该怎样传承?
单元问题: 1. 节气的变化,对人类有什么重要的意义吗? 2. 作为现代人的我们,还要遵循古老的节气习俗吗? 3. 应该以什么标准来衡量遵循或改变? 4. 我们在选择改变(权衡利弊)时,会受哪些因素影响? 5. 节气中的"美"是什么? 6. 我们该如何看待传统节气(节日)?
内容问题: 1. 霜降节气,大自然会发生怎样的变化(现象)?这些变化(现象)之间有什么联系? 2. 古人在霜降时有哪些风俗?为什么要这么做? 3. 现代人和古人的生活环境和生活方式发生了哪些变化? 4. 如今的我们还需要"贴秋膘"吗?(健康与审美)

---

① 中华人民共和国教育部. 义务教育课程方案(2022 年版)[S].北京:北京师范大学出版社,2022:2.

续表

5. 每个人的需求和选择是一样的吗？为什么？（差异与标准）

节气问题思维导图

古人有贴秋膘的习俗，现在还需要贴秋膘吗？
- 古人在霜降或秋分（特定的时间）有贴秋膘（特定的行为）的习俗，这是由哪些因素导致的？
  - 身体有需求：冬天寒冷
  - 具备满足需求的条件：
    - 秋收，物产充足
    - 节气历法帮助人们预知自然界的变化
- 导致古人贴秋膘的因素现代是否还存在？
  - 身体是不是还有这个需求？
    - 古今气候差异如何？
    - 古今人们身体素质差异如何？
    - 古今生活条件差异如何？
    - 古今人们的生活工作习惯差异如何？
  - 是否仍然只有这个时间能满足这个需求？（对应"经济水平"）
- 现代是否存在使人不便或不想遵从该习俗的因素？
  - 古今人们对身体的了解有何变化？
  - 古今审美有何变化？

在考虑要不要遵循某个习俗时，只需要考虑需求（健康与美）和条件（科学与经济）吗？还需要考虑什么？习俗还有什么意义（文化）？

三、课程实施

表5.9 霜降节气教学过程表

教学过程(1课时)	
活动1 查找资料，了解霜降节气的物候与习俗	
活动内容和模式 学习目标：通过自主学习，了解霜降节气的物候与习俗，提升信息处理能力和表达能力。 引导问题： 1. 霜降节气，大自然会发生怎样的变化(现象)？这些变化(现象)之间有什么联系？ 2. 古人在霜降时有哪些风俗？为什么要这么做？ 课前学生通过多途径的资料收集，初步了解关于霜降节气的基本知识，培养查找、整理、归纳信息的能力。 学生基本能够做到分类整理，完整反馈。教师需要启发学生思考自然现象变化之间	**信息技术应用：** 基于学生自主学习的多途径资料收集

续表

活动1 查找资料，了解霜降节气的物候与习俗	
的联系，及人类行为与自然之间的联系。帮助学生感受传统文化中天人合一的哲学理念。同时，为后续批判性思维的培养提供认知支持。	
活动2 思辨性地探讨"贴秋膘"	
活动内容和模式 学习目标：通过沟通与表达，学会辩证性地思考问题，并根据实际需求尝试权衡与选择，体会传统文化的时代价值。 引导问题： 1. 现代人和古人的生活环境和生活方式发生了哪些变化？ 2. 如今的我们还需要"贴秋膘"吗？（健康与审美） 采用磁性姓名贴的方式，呈现学生的权衡过程。数轴的最左边表示绝对不赞同"贴秋膘"，最右边表示认为必须"贴秋膘"，中间则表示相应的认同程度，可将标有姓名的磁铁贴在对应区域。学生根据既有认知进行首次自由选择，并阐述理由。在交流过程中，学生通过倾听、补充、反驳等方式更新相关概念，尝试辩证性地看待问题。随后，重新在数轴上移动姓名贴，进行再次权衡。	信息技术应用： 希沃白板多媒体投放功能
活动3 延伸与反思	
活动内容和模式 学习目标：总结活动收获，打破二元论观点，提升全局意识与决策智慧。 引导问题： 每个人的需求和选择一样吗？为什么？（差异与标准） 理解生活中许多事没有对错之分，学会尊重差异，能够迁移认知，形成文化自信的同时，也要"因人而异、因时而变"，保持传统文化的生命力。	

四、课堂评价

（一）培养学生批判性思维

1. 帮助学生初步整合思维技能，提升其跨学科解决问题能力

在霜降主题的项目活动中，学生的相关思维技能得到了较为全面的训练。结合基于主题的跨学科学习课程的目的，可将学生课堂活动与批判性思维技能进行对应梳理，如表5.10所示。

表 5.10　霜降节气课学生活动、基于主题的跨学科学习课程目的、批判性思维技能三者关系表

霜降节气课学生活动	基于主题的跨学科学习课程目的	批判性思维技能
基于学生自主学习的多途径资料收集,了解霜降节气的物候与习俗,体会自然现象变化之间的联系和人类行为与自然之间的联系。	在建构知识的关键方法、学科和更广泛的世界之间建立联系。	解释
了解习俗是如何形成的,感受传统习俗的智慧与时代意义。体会古今生活的变化,审视传统文化的现代价值。	了解个人和社区如何建构知识,以及如何对此进行批判性思考。	解释、分析、评估、推论、说明
探讨中,学生可保留自我意见,根据自身实际选择对"贴秋膘"的赞同程度,并理解古今差异、个体差异,从文化传承、健康、美学等多角度阐释,学会倾听他人的理由,保持对他人选择的理解与尊重。	培养对文化观点的多样性和丰富性的兴趣,以及对个人和意识形态假设的认识。	解释、分析、评估、推论、说明
思辨性地探讨"贴秋膘"时,学生首次自由选择与再次权衡之间大多发生了变化,是对既有自我认知进行了反思与更深入的思考。	批判性地反思自己的信仰和假设,转向更深思熟虑、负责任和有目的的生活。	自我校准
探讨中,学生多次提及部分习俗虽然在现代生活中已不具备实用性和必要性,但仍然有极强的文化含义与仪式作用,表达了自己有传承中华文化的责任。	理解知识带来的责任以及这将导致承诺和行为。	自我校准

此次尝试是对基于主题的跨学科学习课程的一次本土化实践。活动中,解释、分析、评估、推论、说明的过程,更是为打破学科壁垒的综合性应用厚植土壤。例如针对霜降节气会结霜这一特点,有些学生指出有些地方不会结霜,在教师的引导下,他们进一步思考南北地区的差异,以及节气的变迁过程,能够将知识与生活实际结合起来。

这种知识的碰撞和融合在课堂中还有很多。学生通过调动自然、历史、语文、美术等多学科的知识,结合自身生活经验,对观点进行分析、评估、推论,充分锻炼了学生的批判性思维和辩证看待问题的能力。学生努力采用自我控制、自我要求、自我监控、自我修正的思维方式,不仅能够克服自我中心和社会中心的影响,还逐渐开始具备有效的沟通和问题解决能力。

2. 为传统文化提供合理的张力空间,重塑创新意识

在学校教育的背景下,我们需要为批判性思维的课程设计提供本土化语境。

在研究实施过程中,也能够较好地体现中华传统文化与批判性思维的交汇点。

传统文化本身就与批判性思维有着千丝万缕的契合点。首先,儒家文化中肯定"质疑"精神,体现了批判性思维的特点。孟子云:"尽信书,不如无书。"《礼记·中庸》更有"博学之,审问之,慎思之,明辨之,笃行之"的提法,充分诠释了批判性思维的认识论基础和行为指征。其次,传统文化中的整体性思维方式为批判性思维提供了存在的必要基础。如天人合一,就是整体性思维方式,从社会生活的各方面全局化地看待人与自然的关系。表面上,批判性思维关注事物的特殊性,而整体性思维要求把握事物的普遍性,而深入研究后,会发现批判性思维对特殊情况的研判,最终更利于全局观的形成。只有形成把握大局、理解和关怀特殊群体的全局意识,才能做出有效的质疑和严谨的判断,两者呈现的是对立统一的关系。

结合来看,选择以二十四节气为代表的传统文化语境作为批判性思维的研究背景,恰能为传统文化提供合理的张力空间。学生不仅传达出文化自信,更能够开始思考传统文化蕴含了先人怎样的智慧,传统文化有何现代意义等深层问题。在教学过程中,学生在关注个体需要时,也能够考虑到文化传承的整体性与仪式感,同时,理解并找寻平衡继承与创新的方式,探讨如何对传统文化进行适合现代生活的保留、改变。文化不仅需要继承,更是与时俱进的,今天的创新,就会成为明天的文化。这样的思维根基,也让创新思维不再是无根之木,能够立足需要,有的放矢。

(二)润养教师综合素养

1. 提升教师核心素养,推动问题意识发展

(1)课前:善用思维导图,梳理问题脉络

我们明确以问题为引领开展教学设计,抓住核心问题,以思维导图梳理全课逻辑,在课前组织教师对问题设置及学生讨论进行预设。以霜降课程中的问题为例。

问题1:霜降节气,大自然会发生怎样的变化(现象)?

问题2:这些变化(现象)之间有什么联系?

问题3:古人在霜降时有哪些风俗?

问题4:现代人和古代人的生活环境和生活方式发生了哪些变化?

这样的问题不存在太多争论空间,是基于事实的问题。学生往往可以通过阅读资料进行自学,获取确切的答案。因此,教师进一步设计了以下问题作为引入(见图5.8),帮助学生掌握霜降节气的基本知识,便于开展更深入的讨论。

■ 霜降——深秋味道

霜降节气,大自然会发生怎样的变化(现象)?这些变化(现象)之间有什么联系?
- 深秋景象明显,冷空气南下越来越频繁。
- "霜"不是从天而降的,而是水汽遇低温凝结而成的。霜降为何得名?
- 霜降不表示"降霜"而是表示气温骤降、昼夜温差大,它是一年之中昼夜温差最大的时节。
- 霜降是秋天最后一个节气,过后,则逐渐入冬。

古人在霜降时有哪些风俗习惯?为什么要这么做?
- 北方:秋收扫尾;南方:三秋大忙。
- 赏菊:温度适合菊花开放。
- 吃柿子:霜降是丰收的季节,除了柿子,还有许多农作物成熟收获,古人认为:不仅可以御寒保暖,还能补筋骨。许多地方还有吃鸭子、吃牛肉的习俗。
- 登高望远:秋高气爽,气候适宜。
- 进补养生(贴秋膘)
  - 恰逢秋收。
  - 强身健体,为"冬藏"做好准备,"补冬不如补霜降"。
- 起居:《黄帝内经》提出:"顺应自然节律早卧早起,与鸡俱兴。"

现代人和古人的生活环境和生活方式发生了哪些变化?
- 经济水平
  - 物资更丰富多样。
  - 科技进步,食物得以储存、保鲜。
  - 道路交通方便,食物可以被运输。
  - 有更方便完善的保暖措施。
  - 医疗卫生更健全。
- 生活方式
  - 古人在霜降节气后会调整作息,早卧早起。
  - 在城市,工作和学习的压力比较大。现代人生活起居的方式不一定是最顺应节律的。
  - 现代人有更多的选择,对食物可以更多地按照自己的喜好来选取。

如今的我们还需要"贴秋膘"吗?为什么?
- 健康:秋膘贴多了,容易造成肥胖、三高等健康问题。
- 审美:太胖就不好看了。
  - 瘦就是美吗?
  - 欣赏中外名画感受不同时代和不同地域的审美是有差别的。

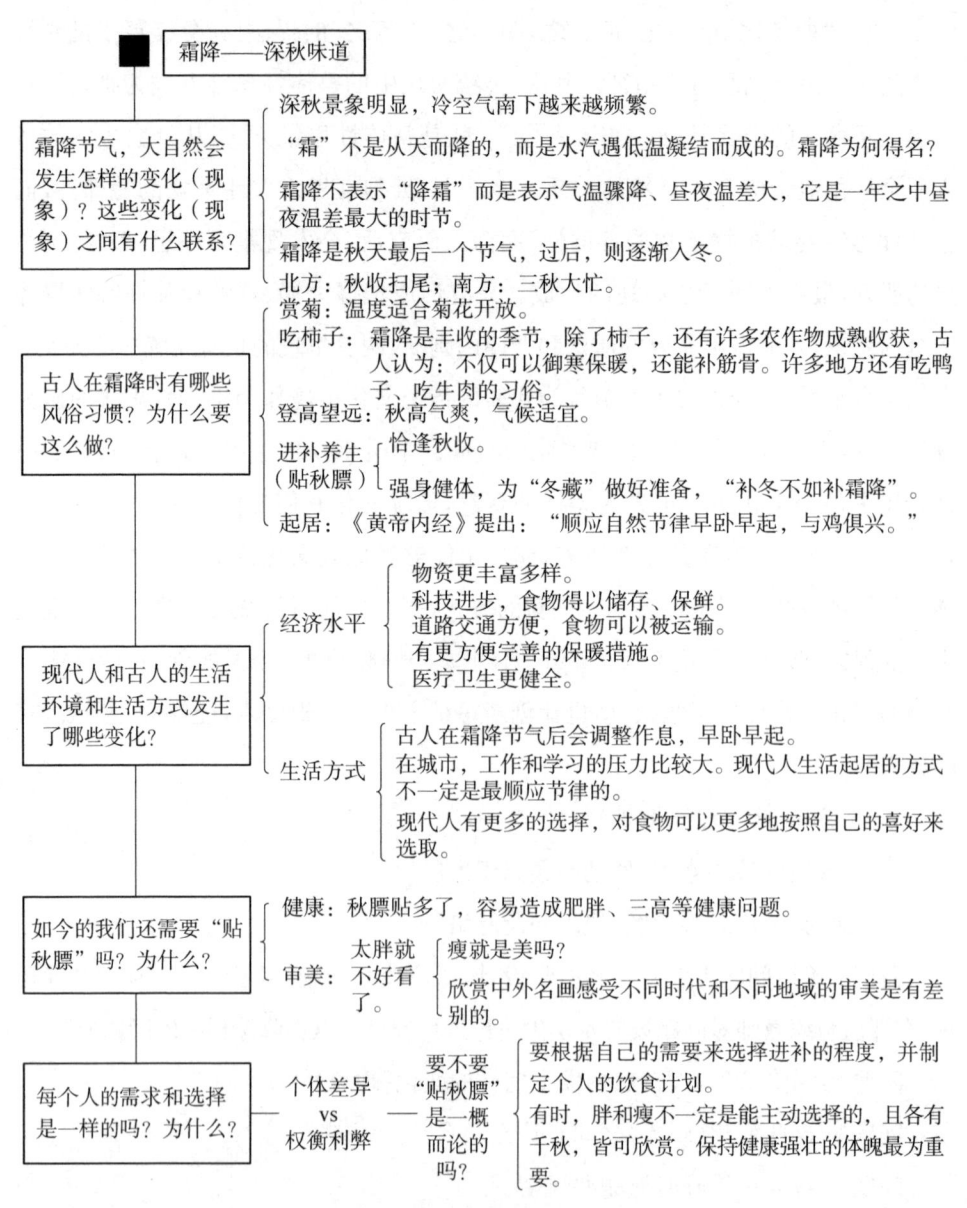

每个人的需求和选择是一样的吗?为什么?
- 个体差异 vs 权衡利弊
  - 要不要"贴秋膘"是一概而论的吗?
    - 要根据自己的需要来选择进补的程度,并制定个人的饮食计划。
    - 有时,胖和瘦不一定是能主动选择的,且各有千秋,皆可欣赏。保持健康强壮的体魄最为重要。

图 5.8 霜降节气问题前思维导图 1

但初次实践后发现,在以上问题上花费较多的时间是无意义的,还会影响后续讨论的充分度。因此,教师对问题进行了精简与整合(见图 5.9),修改后的问题从自然、人文、方法三方面引导学生思考,逻辑较清晰,但重点不够突出。

全课的核心问题"如今的我们还需要'贴秋膘'吗?为什么?"是基于判断的问题。这类问题最有争论空间,存在多个答案,需要进行择优。经过反复讨论与修正最终才形成了"项目问题设计"中的第三稿思维导图(见图 5.9)。第三稿中,直接提问"古人'贴秋膘'的习俗,是由哪些因素导致的?"为核心问题的讨论留出更多时间。围绕这一多体系问题,教师进一步分解,设计了一套环环相扣的批判性问题,引导学生开展论证。除此以外,我们还尝试把问题从单一情境中剥离,提出"考虑要不要遵循某习俗时,要考虑哪些因素?习俗还有哪些意义",推动思维深度发展。

我们将问题整理成简明扼要、逻辑清晰的思维导图,提升了教师整合信息、提出问题的能力,使教师进一步转变传统教学观念,发展问题意识。

(2) 课中:优化问题引导,提升生成性评价能力

教师以磁性姓名贴的方式收集学生对核心问题的不同态度。经过第一轮表态,学生间出现了观点的分歧。教师需要时刻保持思路清晰,根据学生的不同回答灵活应变。顺着学生的思路进行引导,将问题层层分解,引导学生以比较系统的思维模式细致地分析问题。学生在教师的引导下对比自己的论据,整合其他学生的观点,对自己的观点进行反思。

批判性思维是品德的塑造,需要教师言传身教才能实现人的转化。在与学生互动时,教师要起到引路人的作用,而非传统意义上现成知识的给予者。随着问题不断深入,要培养学生从多个角度与层面分析问题,从表象挖掘问题的本质。在教学中,教师要注重对学生进行批判性思维的培养,引导学生更加理性客观地看待传统习俗,不再把传统看成是一成不变、需要全盘接受的事物。教师的教育教学行为不仅仅是在课堂上的行为,还包括教师课上、课下的言行举止,教师在学生提问时的微笑,对学生不成熟意见的倾听姿态,对自己不知道的事情的坦率承认,对学生的探究和不同答案的引导和认可等。

霜降——深秋味道

自然 — 霜降节气，大自然的变化与相互联系有哪些？
- 深秋景象明显，冷空气南下越来越频繁。
- "霜"不是从天而降的，而是水汽遇低温凝结而成的。霜降为何得名？
- 霜降不表示"降霜"而是表示气温骤降、昼夜温差大（全年最大）。
- 霜降是秋天最后一个节气，过后，则逐渐入冬。
- 北方：秋收扫尾。南方：三秋大忙。

人文

古人在霜降时有哪些风俗习惯？为什么要这么做？
- 赏菊：温度适合菊花开放。
- 吃柿子：霜降是丰收的季节，除了柿子，还有许多农作物成熟收获。
- 登高望远：秋高气爽，气候适宜，恰逢丰收。
- 进补养生：强身健体，为"冬藏"做好准备，"补冬不如补霜降"。
- 起居："早卧早起，与鸡俱兴"顺应自然节律。

古人"贴秋膘"的习俗是由哪些因素导致的？
- 身体的需求：冬天寒冷。
- 客观条件的局限：
  - 秋收，物资丰富。
  - 缺乏食物的保鲜、运输措施。
  - 缺乏保暖的技术。

如今的我们还需要"贴秋膘"吗？为什么？

导致古人"贴秋膘"的因素，现代是否还存在？
- 身体是否有需求？
  - 古今气候差异。
  - 古人今人的生活习惯差异。
  - 古人今人的身体素质差异。
- 客观条件的改变：
  - 物资更丰富多样。
  - 科技进步，食物得以储存、保鲜。
  - 道路交通方便，食物可以被运输。
  - 有更方便完善的保暖措施。
  - 医疗卫生更健全。

如何权衡是否需要遵从传统习俗？
- 安全、健康：
  - 平日营养比较丰富的人群，秋膘贴多了容易造成肥胖、三高等问题。
  - 平日身体虚弱的人群，可乘着时令，选择合适的食物进行调理。
- 文化传承：
  - 仪式感：到了某个节令，必须要做些事情。
  - 现代人吃反季食物，社会性活动的季节性差异消失，这样好吗？
- 个人趣味 — 审美 — 太胖不好看了：
  - 瘦就是美吗？
  - 欣赏中外名画感受不同。
  - 时代和不同地域的审美是有差别的。

方法

每个人的需求和选择是一样的吗？为什么？
- 个体差异 vs 权衡利弊 — 要不要"贴秋膘"是一概而论的吗？
  - 根据自己的需要来选择进补的程度，甚至还要根据健康制定个人的饮食计划。
  - 保持健康强壮的体魄最为重要。有时，胖和瘦不一定是能主动选择的，且各有千秋，皆可欣赏。

传统文化的传承与个人选择发生矛盾时，要怎么办？
- 尊重vs个性：
  - 理解传统文化中的闪光点，形成全局意识与文化自信。
  - 理性选择适合自己的行为方式。

图 5.9　霜降节气问题前思维导图 2

评价伴随教学进行,贯穿探究过程。只要学生敢于表达想法,教师就应及时鼓励、肯定。教师无需针对学生回答直接给出价值判断,引导学生形成自己的观点之余,更应认识到答案的非唯一性,尊重他人观点,宽容不同意见,不断修正自己,从而推动批判性思维的发展。此外,还应兼顾学生自评与他评,给学生反思的空间,以及思辨与表达的机会。

(3) 课后:积极反思小结,调整改进教学

活动中学生讨论氛围浓厚,在教师的问题引导下,取得了较好的教学效果。课题组通过后期回顾,找准有效改进点,找出可继续深入改进之处。如在本堂课的课后反思中,教师们逐渐认识到:在尊重学生发言的同时,要有意识地引导学生,把讨论的方向进行修正汇聚;在选择学生回答问题时可以把机会给更多学生,板书也可以借鉴思维导图的形式,把发言内容提炼呈现出来,这样能够使学生对前面回答的内容更加清晰,不会因为发言内容的重复而拖慢讨论节奏;有些学生在表达时会明确说"我同意"或"我反对",说明他们也认真倾听了别人的发言内容,思考他人观点的合理性,进行自我修正与引申等。

课前运用思维导图整理问题链,能帮助教师形成缜密的逻辑思维,优化课堂对话的引导。学生的表现也可圈可点,针对他人发言的记录习惯与明确完整的表达习惯得益于教师在日常教学中有意识地培养与训练。

研讨发现,教师在板书方面需要改进。学生发言较为零散,常常出现观点重复的现象,教师难以把控好讨论节奏。对此,教师可以通过充分预设学生回答,制作关键词贴纸呈现学生观点,同时,在教学过程中将学生回答以思维导图的形式实时呈现,便于学生梳理思路。

2. 转变固有教学思路,打破传统教学模式

(1) 打破学科界限,开展融合教学

此次教学实践重构了教师的知识与技能,改变了教师的授课方式。中华优秀传统文化体系庞大,兼容不同领域,霜降一课就涉及语文、美术、自然、探究等。这需要教师对各个学科的知识与方法有一定的认识,并能够整合多个学科和多种方法来实施教学,以应对教学过程出现的各种问题。

(2) 立足校本内容,创新课程实践

学校立足实际,结合小学生身心特点与学习兴趣,从文化资源、地域资源的有效利用出发,将以"二十四节气"为主题的跨学科学习作为校本实践的研究项目。这一项目研究是在深化基础教育课程改革的背景下,打破传统学科边界,将核心素养有效转化,促进多学科沟通融合的课程变革。

实践中,课程经历了"单学科—多学科—跨学科"的跨越,这实际上是以知识为核心的程序化课程变成以培养人为目标的活课程的过程。这样的探索意味着学生要面对更多的问题和困惑、挫折和失败,意味着他们要花费很多时间和精力,而这恰恰是个人学习、发展和创造所应经历的过程。通过霜降一课的探究,教师在促进中华优秀传统文化教育之余,引导学生更加理性、全面、多角度地看待传统文化。这样的学习过程能让知识真正地内化为生生不息的精神力量和生活智慧。

(3) 秉承开放态度,传达尊重理解

设置开放性的问题不仅能提高教师教学技能,让教师以全新的方式进行批判性思维教学,也能提高思辨的质量。教师要鼓励学生得出富有创造性、思想性的答案,鼓励学生找出问题间的联系并进行比较;或者帮助学生提炼总结,进而得出结论。

对于教师和书本之类的权威的绝对服从,往往降低了学生自身努力的意愿。开放性问题的提出体现了对于不同观点的尊重与理解,能够鼓励学生进行广泛参与,并能得出更富有思想性的答案。此次课程实践不停留于现成知识,而是由学生自主思考问题,发现事实与法则,客观冷静地审视自己的思维过程,及时修正错误。教师在此过程中以身作则,尊重学生的选择与判断,倾听学生的各项发言,承认自身认知的局限,以开放平等的姿态推动教师自身与学生批判性思维的发展。

3. 优化教研合作模式,推动学习型校园文化

在开展项目活动的过程中,各学科教师密切合作,开展集体备课与讨论学习,体现了跨学科团队合作的优点。课程统整有利于教师跳出学科局限,提升"课程创生"能力。集体讨论备课的过程中,教师之间体现出知识的关联性,形成学习共

同体。如霜降时节,气候现象与风俗的教学需要自然学科提供专业指导;对于"贴秋膘"相关的审美评判可以由美术组教师从"什么是美"的角度加以深入探究;探究学科教师从问题的探究方法与角度入手,分析学情,提出相关建议。学习共同体使得各学科教师之间的合作更加紧密,提升了课题组的专业能力,推动学习型校园文化的创建。

五、总结与反思

要培养全面发展的学生,需要教师本身具有较高的综合素养。此次项目活动中,教师能够融汇学科知识,加强教研组合作,尝试设计问题链,打破常规教学思路,鼓励并尊重学生的想法。

然而,一旦回归日常课堂,这样的综合素养还能保留多少?能否通过实践,真实促进课堂全方位改革?这些问题仍有待研究。教师批判性思维教学技能的获得来源于批判性思维习惯的获得。而批判性思维习惯则需要教师在实践中总结经验、积极反思,只有将批判性思维运用于工作和生活,才能养成良好的思维习惯。

(该课例由严黎俊、詹佳颖撰写)

课例三:小满——小得盈满

一、课程目标

本课程旨在设计和实施一种以"小满"为主题的思辨教学实践,其主要目标如下。

(一)了解与探索小满节气的哲学智慧

了解小满节气的由来,探索小满节气蕴含的中国传统哲学智慧。课程将中华传统节气的知识和中国传统哲学思想相融合,让学生体会古人的处世哲学。

（二）体验小满式人生态度对现实生活的启发

联系实际，体会小满式人生态度对现实生活的启发。本课例通过真实案例引发一场如何看待"小满式人生"的头脑风暴，在交流中增强学生的批判性思维能力。

（三）培养权衡的思辨能力

培养学生权衡的思辨能力。通过课程的学习旨在帮助学生从单一思维逐渐过渡到"权衡"的思维方式，提高认识自己、理解世界和解决问题的能力。

二、课程内容

首先，我们需要深入了解小满这一传统节气的主要内容，寻找其与中国传统哲学思想的连接点。小满这个节气名字的含义是"开始变满"。它不仅标志着夏季作物的成熟，也象征着人们对生活的态度和追求。它表达了一种适度的态度。既不过于空虚，也不过于饱满。这种状态恰到好处，给人以舒适和平衡的感觉。这种人生态度和处世哲学是中国传统哲学智慧的组成部分，因此，让学生深入理解"小满"的文化内涵，也就是引导学生进一步走近中国传统哲学智慧。

其次，我们需要引导学生客观地认识"小满"式的人生态度。俗话说"小得盈满"，即过度的追求往往导致身心疲惫，而过于安逸则会使人失去动力。同时，小满节气也提醒我们要珍惜眼前的点滴收获。在追求更大的成功和成就之前，我们应该学会欣赏每一个小小的进步和成果。这些看似微不足道的收获，却是我们成长和进步的基石。它们不仅给了我们信心和动力，还让我们更加坚定地走向目标。因此，我们应该学会珍惜每一个过程，感受每一个细节的美好。

当下是一个机遇与挑战并存的时代。因此，我们的课程内容设置为：(1)思考为什么有"小满"但没有"大满"之说。(2)谈谈对"躺平"的看法。(3)谈谈对"吃苦"的理解。(4)制定升入中学后的目标。

教学目标不仅限于教授知识，更重要的是引导学生从小树立积极向上的人生态度,培养学生的思辨能力。要让学生在传统文化中领悟到人生智慧,明白只有把握好平衡,才能更好地迎接未来的生活和学习。

三、课程实施

任务一:结合你搜集到的关于小满节气的资料,说说为什么只有"小满",没有"大满"。

培养学生发现问题、提出问题、解决问题的能力是思辨性课程的目标之一。在任务一中,教师先呈现出二十四节气的名称,引导学生从这些节气的名称中发现"为什么只有'小满'没有'大满'这一说法",然后进一步引导学生自己推测,再通过搜查资料论证,最后得出相应的结论。

首先,学生通过各种途径查找关于小满节气的资料,了解到小满是一个表征物候的节气。其关注点不在气,而在物。《月令七十二候集解》记载:"小满,四月中。小满者,物至于此小得盈满。"夏熟作物的籽粒在此时开始灌浆,渐趋饱满,但还只是"小得盈满"阶段,仍需一些时日才能完全成熟,故称小满。所以小满也是最接地气的节气。

随后,学生在了解了小满节气的由来后,在整合资料的基础上,经过讨论总结出没有"大满"之说的理由。其一,和降水有关。古人认为,小满时节,天气降雨较多,大江河流,这时已经开始涨水。民谚有说"小满小满,江河渐满",而小满就是说河流湖泊的水已经满了,但是不能大满,大满了就会引发洪水。其二,和农业生产有关。这个"满"不是指降水,而是指小麦的饱满程度。此时夏熟作物的籽粒开始饱满,但还未完全成熟,意味着收获的前奏。其三,和儒家思想有关。我国文化内敛谦虚,人们素有谦虚的性格。人们普遍认为"小满小满,小得盈满",意思是满得刚刚好,这样就足够了。在民间日常生活中,人们比较忌讳大满,古人认为"满招损,谦受益""物极必反",所以如果有大满,显然太高调,不符合儒家文化。

在搜集资料的过程中,学生对小满的内涵有了更广泛的认识——其与自然气候、农业生产和儒家思想都有关联。这个任务完成的过程不仅丰富了学生的知识面,更加拓宽了学生的思考维度,逐步使他们养成从多角度思考问题的习惯。

任务二:近几年,出现了一个词——躺平,即不为激烈的社会竞争洪流所裹挟,保持一份把握自己的能力,通过主动降低欲望而自存自适。学校里出现了一类"躺平"的学生。这类学生最大的特点就是对学习失去了信心,认为自己已经成为学习的弃儿,努力与否结果都是考不好,还不如得过且过,给人一种破罐子破摔的感觉。请联系对小满的理解,谈谈对这个现象的看法。

这一问题的设置可以帮助学生更准确地理解小满的哲学含义。小满是介于内卷和躺平之间的处世哲学。有的学生说"躺平"的心态是不对的,应该尽自己的全力,向知识的高峰攀登,不能得过且过。有的学生认为小满不仅提醒我们离收获已经不远了,同时也提醒我们人生还有进步和成长的空间。所以小满并不是"躺平",而是要时刻提醒自己奋斗,用"小满"成就更"饱满"的人生。有的学生在"躺平"和"奋斗"之间做了比较后说,小满代表的是一个生命力旺盛,生长发育迅速的时期,同时也必须保持平衡和适度。按此哲学理解,可以得出对此现象的看法:虽然自我保护和放松心态很重要,但不应放弃努力和追求进步。对于学生来说,只有通过持续的努力和学习,才能保持自己的竞争力和未来的发展空间。把握好自己的能力和欲望,找到适合自己的学习方法和目标,坚定信心并持之以恒地努力,才能真正做到"水满则溢,月盈则亏"的平衡状态。还有的学生从学校角度进行思考,认为学生需要定下适合自己的目标来激发学习兴趣和动力。但如果学习难度过高或感受到挫败,他们也会失去信心。

任务三:马上要进入初中了,学习之旅重新启程,面对新的学校、新的老师、新的同学,一切都是新的起点。请结合自己的实际情况,制定中学目标。

思辨的意义在于它能够帮助我们更好地理解世界,更好地认识自己,更好地解决问题。五年级的学生毕业后就要去初中学习了,进入初中后他们将面对新的学习环境、新的师生关系以及新的学习内容。学生能否在短时间内适应初中学习生活的节奏呢?于是,教师设计"制定中学目标"的环节,让学生在懂得小满蕴含的哲学含义后制定一个适合自己的目标。有的学生在学习方面制定了目标,如学科成绩年级排名前50、回家作业不超过2小时完成、一年阅读30本书籍;有的学生在生活中对自己提出要求,如竞选上中队主席、每天自己上下学、自己整理房间、学会做二十道家常小菜;还有的在兴趣方面为自己定了目标,如进入区篮球队、成为校乐队首席、一年阅读20万字文学作品等。从学生的反馈中可以看出,大部分学生能根据自己的实际情况,制定切合自己发展的目标。

四、课堂评价

(一)学生评价

在小满系列课程中,教师充分运用过程性评价。在任务一中,教师为学生布置查找节气资料的任务,培养学生主动搜集资料、筛选信息的能力,并且在已有信息的基础上做出推测、判断,并进行论证,最后得出相应的结论。根据学生查找资料、课堂发言的情况对学生进行评价。评价内容包括资料查找的主动性、内容的丰富性、课堂讨论发言的流畅性、观点的合理性等。在任务二中,教师给学生设置思考问题,让学生结合对小满节气的认识进行回答;在任务三中,教师将问题引入学生的日常生活,让学生谈谈自己的目标。对于这些问题,教师在学生交流讨论的过程中,要注意观察各小组同学在交流中的表现,从讨论的积极性、讨论内容以及最终观点的合理性、论述的逻辑性和层次性等方面进行评价。

(二)课程反馈

小满系列课程从教师设计的问题链展开,从学生的讨论中可以看出,学生对于小满节气内涵的认识逐步深化,从最开始的了解基本信息,到联系生活实际,感悟节气文化内涵,学生对节气文化的认识逐层深入,并且能够联系自己的日常生活,为自己的生活确定目标,这是一个不小的进步。此外,学生逐渐从"非是即否"的单一思维过渡到"权衡"的思维方式——并不是直接肯定或是否定。例如在任务二中,学生先分析"躺平"和"激进"两方面的好处和坏处,再经过权衡,最后表达出更全面的观点。可以看出学生的思维模式已经开始向高阶思维迈进了。

五、总结与反思

批判性思维是指"对于某种事物、现象和主张发现问题所在,同时根据自身的思考逻辑地做出主张的思考"①。因此,教师在实施跨学科课程教学时,应注意通过各种方式引导学生高阶思维的发展。在论述"小满"式人生是否就是"躺平"的人生态度时,教师要注意观察学生的阐述是否客观,能否看到"躺平"和"激进"的优劣方面,理性地做出权衡,让学生正确认识到小满不是满足现状、不思进取,而是给未来的发展留有空间和遐想,激发出不断努力的人生态度。此外,在教师一开始抛出问题时,学生对于"躺平"的态度比较极端,通过教师引导下的深入探讨,学生逐步意识到"躺平"背后的无奈,也看到完全"躺平"后的悲哀,最后对"躺平"的看法逐渐趋于理性。在教师引导学生思考的这些过程中,学生的批判性思维水平不断提升。

其次,在上课的过程中,教师要意识到学生始终是主动的、兴致勃勃的,思维是活跃的,课堂是动态生成的。比如,在回答为什么有"小满"而没有"大满"这个问题时,学生能够从农业、自然、习俗和哲学思想方面阐释。在讨论如何看待"躺平"现象时,学生也没有一味地否定——有的同学联系到社会上一些因对自己压力太大,导致患上抑郁症的名人案例,提出要制定力所能及的目标,不能盲目制定"高大上"的目标;还有的学生提出满足感是从达成一个个小目标中获得的,如果完全"躺平",没有了目标,长此以往也会逐渐失去幸福感。从学生的课堂反应可以看出,学生的反馈是动态的,教师需要灵活应对,充分尊重学生的思考与创意。

(该课例由崔文瑜撰写)

---

① 钟启泉."批判性思维"及其教学[J].全球教育展望,2002(1):34.

课例四:冬至——岁末感恩

一、课程目标

1. 通过自主学习,了解冬至的相关信息,养成记录、获取以及处理信息的能力。
2. 联系生活实际,阐述对于冬至的了解。
3. 通过交流表达,了解东西方节庆习俗的异同,发现人类不同习俗背后共通的情感,学会包容理解其他文化。
4. 能从正、反两个角度去思考,突破个人思考框架,发现对象的多维性,学会辩证地思考问题。
5. 总结活动过程中的收获与不足,对个人学习成果给予评价。

二、课程内容

表 5.11 冬至节气课程框架表

课程框架问题
基本问题: 二十四节气对人类有什么重要意义?作为现代人的我们应该怎样传承?
单元问题: 1. 节气的变化,对人类有什么重要的意义吗? 2. 作为现代人的我们,还要遵循古老的节气习俗吗? 3. 我们应该以什么标准来衡量遵循或改变呢? 4. 我们在选择改变(权衡利弊)时,会受哪些因素的影响? 5. 节气中的"美"是什么? 6. 我们该如何看待传统节气(节日)?
内容问题: 1. 为什么会出现"过洋节"的现象?

顺"时"而为 礼赞生命

续表

课程框架问题

2. 应该如何对待我们的传统节日和"洋节"？

本课内容问题思维导图

你过冬至吗？
- 过——怎么过？
  - 吃饺子
  - 祭祀祖先
  - 早点睡觉
- 不过——为什么？
  - 家里不重视
  - 学习工作忙，冬至不放假
  - 饺子随时可以吃
  - 有取暖设备，感受不深
  - 不下雪，没装饰，没有氛围不好玩

你过圣诞吗？
- 过——怎么过？
  - 逛街、聚餐、购物、参加活动
  - 装饰环境、装扮自己
  - 赠、收礼物
- 不过——为什么？
  - 家里没有这个习惯
  - 学习工作忙，圣诞不放假
  - 我觉得不需要过洋节

现实中有人会选择：
- 都不过
- 只过冬至
- 都过

国际化大环境：商业宣传；新奇好玩；……

为什么会出现"过洋节"的现象？应该如何对待我们的传统节日和"洋节"？

参照问题：我们希望外国人如何对待我们的春节等节日？

- 我们的传统节日有重要意义。不能为了"洋节"，忽视我们的传统节日
- 我们的传统节日也有很多有趣的活动

接下一环节：重新认识冬至——意义与活动

- 理智对待"洋节"相关的商业宣传
- 了解"洋节"背后的文化，而不是只图新鲜好玩
- 理解我们的节日和"洋节"中互通的情感：珍惜季节，感恩自然，思念亲人，亲友团聚

接下一环节：重新认识

本课活动时间线

项目实施前	项目启动	项目实施中	项目实施后
活动1：冬至调查	活动2：收集冬至的资料	活动3：思辨性地探讨"如何对待传统节日和'洋节'？"	活动4：延伸与反思

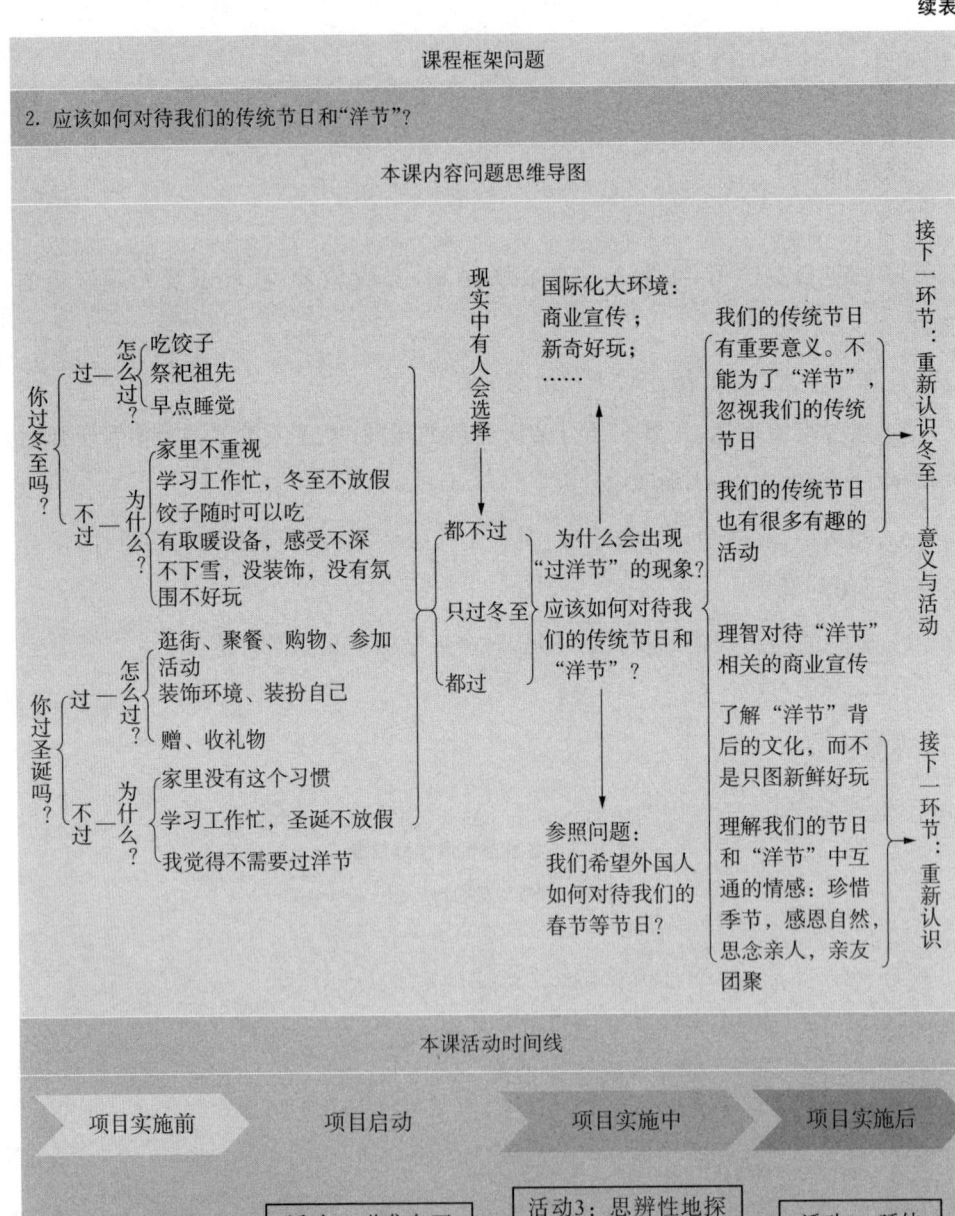

三、课程实施

表 5.12　冬至节气课程实施表

项目实施前
活动 1:冬至调查
活动内容和模式 学习目标:引导学生联系生活实际,阐述对于冬至的了解。 引导问题:关于冬至你知道些什么？关于冬至你还想了解什么？ 课前通过调查,了解学生对于冬至节气的了解远远少于"洋节"。在外来文化的冲击下,传统文化正在经受着巨大的挑战,很多人了解"洋节",但对冬至的传统文化内涵没有共鸣。
项目启动
活动 2:收集冬至的资料
活动内容和模式 学习目标:通过自主学习,了解冬至相关信息,培养学生记录、获取信息,以及处理信息的能力。 引导问题:冬至有哪些风俗习惯？冬至有什么意义？ 课后利用网络、书籍等形式,收集有关冬至的资料,可以用思维导图形式整理反馈。
项目实施中
活动 3:思辨性地探讨"如何对待传统节日和'洋节'？"
活动内容和模式 学习目标:通过交流表达,了解东西方节庆习俗的异同,发现人类不同习俗背后共通的情感,学会包容理解其他文化,学会辩证地思考问题。 引导问题:为什么会出现"过洋节"的现象？应该如何对待我们的传统节日和"洋节"？ 通过课堂交流,学生了解出现"过洋节"的现象大多是因为国际化的大环境下频繁的文化交流、过度的商业宣传,以及许多新奇好玩的习俗,使得"洋节"受人欢迎。在小组讨论"应该如何对待我们的传统节日和'洋节'"后,全班进行交流。以冬至为例,理解传统节日有重要意义,也有很多有趣的活动,不能为了"洋节",忽视我们的传统节日,应该理智对待与"洋节"相关的商业宣传。我们的节日和"洋节"中有互通的情感,传承、发扬、保护中国传统节日的同时,也可以积极了解外部文化,融入世界大家庭,多元并存,兼容并蓄。
项目实施后
活动 4:延伸与反思
活动内容和模式 学习目标:总结活动过程中的收获与不足,对个人学习给予评价。 引导问题:我们该如何看待传统节气(节日)？明年你会过冬至吗？准备怎么过？ 节日是一个民族的文化象征。要挖掘节日的文化渊源,追溯它们的本真意义,保持它们的节日原味,并将其传承、发扬光大。

四、课堂评价

评价量规考察的是学生与同伴进行社会性互动和沟通的成效。以下评价量规进行了水平划分,在倾听和交流的维度上给出了具体的代表不同水平的观察描述,可以作为项目化学习的课堂规则提供给学生,作为学生自我评价和同伴评价的依据。

表 5.13 倾听与交流维度评价量规

维度	初级	良好	优秀
倾听	<ul><li>在他人发表观点时做自己的事,表现出冷漠或心不在焉的样子</li><li>在他人还没有讲完的时候插嘴或打断</li><li>在没有听清他人讲话内容的情况下就匆忙回答</li></ul>	<ul><li>在他人发表意见时安静倾听</li><li>耐心地听他人全部讲完</li><li>对他人所说的内容予以动作或口头上的回应</li></ul>	<ul><li>在他人发表意见时表现出积极倾听的姿态</li><li>耐心、鼓励式地听他人全部讲完</li><li>仔细倾听他人的想法,并给出回应性的思考(回应表现为与他人的互动或对自己内容的修改)</li></ul>
交流	<ul><li>不太主动交流</li><li>观点表述不明确</li></ul>	<ul><li>主动交流</li><li>有自己的观点,表述流畅</li></ul>	<ul><li>主动交流,且与他人有互动</li><li>有自己的观点,清晰并有逻辑地表达观点</li></ul>

五、总结与反思

(一)课堂实效

1. 基于真实问题开展有效探索

基于问题的学习有别于以教师为中心的传统教学方式,它以实际问题为起点,最终以解决问题结束。它强调以学生为主体,通过收集信息、获取知识、交流方案,展开一段时期的调研、探究,以此来解决具有现实意义的问题。

在冬至课程中,学生提出了一系列问题,如"中国人为什么要过冬至?""其他国家有没有冬至?""现在,还有必要过冬至吗?"这些问题让教师感到惊讶和惊喜,它们完全与学生的现实生活联系起来。在外来文化的冲击下,传统文化正在经受着巨大的挑战,很多人了解"洋节",会过"洋节",但却不重视传统节日、传统文化,让学生探究这些现象背后的原因正是我们这次活动的意义所在。这些问题是学生从内心深处想要研究的,而不是以往教师"让"他们来研究的。学生只有对一件事情感兴趣,才会有深入探索的动力。

2. 推进真实有效的小组合作

在本次课堂学习中,学生不仅向教师学习,还要在小组合作中向身边的同学学习;不仅要输出自己的观点,还要倾听别人的观点。教室中,每一个小组有6人围坐在一起。俗话说,众人拾柴火焰高,在这样的小组进行"应该如何对待我们的传统节日和'洋节'"的讨论,学生更有热情,观点更为多元,碰撞更有效率。

表5.14 小组讨论记录单

你的观点	为什么这样说	有哪些例子可以证明你的观点

在学生讨论时,教师发现,两极分化的现象比较严重,有人"引吭高歌",有人"默默无闻"。我们看到口才好的、语文学习能力较强的学生独当一面,害羞的学生只听不说,容易走神的学生依旧游离在外。这样的小组讨论毫无实效,永远都只有个别学生得到开口的机会。

当教师发现问题后,立马提出要求:每次小组讨论从组长开始,然后沿着顺时针方向逐一发表自己的观点,并请记录员记录。在过程中,教师不停巡视,为认真倾听的学生、发表自己见解声音响亮的学生、组织小组讨论井井有条开展的组长给予肯定和鼓励。教师还教给学生一些有效沟通的句式,比如:

"我同意你的观点……因为……"

"我不同意……因为……"

"我想要再加上一点……"

"我注意到……"

"所以,你刚才说的是……这个意思吗?"

"你可以解释下为什么吗?"

交流是不同个体间达成相互理解和合作的必要能力。教师为学生提供小组交流沟通的方式和方法,指导学生聆听同伴的发言,正确表达,让每个学生融入集体交流中,给予学生更多发现、探索和表达的机会,让学生得到锻炼和思考。

3. 培养学生的批判性思维

批判性思维是一种反思性的、具有高标准的思维,是创新思维的基础,包括思维过程中洞察、分析和评估的过程。① 《礼记·中庸》提到学生学习应做到"博学之,审问之,慎思之,明辨之,笃行之",其强调的就是批判性思维。

在本次课堂学习中,学生思考:当传统节日与西方节日相遇,你如何看待传统节日和"洋节"? 学生在小组讨论后,表达了以下一些观点:

"传统节日重要,因为它们是祖先留下来的。"

"因为我们是中国人,就应该过中国节。"

"尊重每个节日,既要传承,也要交流互通。"

"节日是人们智慧的结晶,都应该尊重。"

在学生的交流中,我们发现有些学生支持中国传统节日,有些则更喜欢西方节日,还有部分学生以辩证的方式看待问题。其实,对于这个问题的讨论并没有所谓的标准答案,我们的目的也不是为了对节日和文化进行纯粹的批评,而是为了通过组织学生之间的交流,启发学生用批判的眼光分析、解决问题,以此促进学生的思维品质发展。当学生出现不同的观点时,教师不必急于进行评价,而应当肯定学生敢于质疑的表现,并尊重他们的意见,营造出一个民主、平

---

① 刘娟. 项目式学习在小学语文阅读教学中的应用——以三年级"海底世界"项目为例[J]. 课外语文,2020(21):26.

等、和谐的课堂氛围。在这样的课堂上，学生能够自由地表达自己的问题和看法，通过观点的碰撞和思想的交流，探寻事物的真相。教师鼓励学生主动地用批判的眼光去观察、思考、判断、分析，阐述自己的观点，并引导学生了解西方节日背后的文化，理解我们中国传统节日和西方节日中共享的情感。在传承、发扬、保护中国传统节日的同时，我们也可以积极了解外部文化，融入世界大家庭。

（二）课程反思

1. 需要进一步利用有效提问激发思考

批判性思维是一种通过自己的思考去判断信息的能力，也是保持理性思考的思想独立的基石。教师应当尊重学生的独立思考，鼓励学生进行开放的思考。中高年级学生已经初步具备一定的逻辑思维能力和判断思考的空间。在课堂中，教师应该多抛出此类提问："我们是否需要从另一个视角来看这个问题？""我们是否要从另一个观点来考虑？"通过提问引导学生说出自己的观点，在学生提出自己的观点和主张后，再追问学生："你如何来证明你的观点""你能举个例子吗？"这就是在探查学生对问题的理解，帮助学生发现自己思维的结构，培养学生思维的清晰度、准确度、相关性，开发学生的思维技能。

对于本次课堂学习而言，如果课上有一位学生提到"传统节日可以借鉴'洋节'的模式"，教师追问"那以冬至为例，你打算如何借鉴"，那么学生就会继续思考如何在当下吸引人们去参与传统节日的各项活动，把我们的节日过得更有意思。通过提问，教师不断与学生对话，激发并引导学生进行思考，通过分析、推导、比较、论证等高水平的认知活动，引发学生的探究兴趣，训练学生的批判性思维能力。

2. 鼓励学生继续实践探索

在活动中思考，在交往中学习，在合作中探究，往往是学生最喜爱的学习方式。在本次课堂学习中，最后一个问题是："明年你会过冬至吗？准备怎么过？"当学生交流结束后，教师可以打铁趁热，建议学生在课后继续以小组为单位设计一份冬至节气的海报介绍给家人，甚至可以结合学校的"二十四节气游园活动"，以小组为单位进行冬至场馆设计,鼓励学生继续展开这场关于传统文化的学习之旅。

(该课例由周阳撰写)

课例五:秋分——平分秋色

一、课程目标

1. 深入探究节候特点:通过月相变化模拟实验,知道月相变化的规律,学习用实验来验证观点;知道秋分曾是祭月节,中秋望月由秋分祭月演变而来。

2. 感受历史风俗文化:通过阅读资料等形式,知道国内外的传统节日,虽然庆祝的形式不同,但是情感意义是相同的,理解文化无国界的概念。

3. 培养辩证思维能力:通过交流,知道四季和节气的不同,辩证讨论是否还需要遵循传统的节气。

我们以跨学科的方式带领学生形成对于秋分的全方位认识,引导学生将不同学科的概念相互关联,加深对于课堂内容的理解。同时拓展学生的视野,培养其从多方面思考问题的习惯以及合作沟通的技能,提升其综合思维水平和解决问题的能力。

二、课程内容

我校的中高年级超学科深化课程,从超学科主题课题设计与教学实践的角度,落实基于主题的跨学科学习。在原五年级已进行的课堂实践课例基础上,继续开展同课异构的超学科主题式课程实验,在课程中加入一些对更深层次问题的探讨,引导学生思考问题的本质和背后的学科联系,锻炼学生的跨学科思维。其中,秋分课程主要包含了"知晓中秋望月的由来""感受国内外过节方式""辩证讨论是否还需要遵循传统节气"三个主要内容。我们将多学科的知识内容渗透到具体的活动当中,使学生在潜移默化中形成跨学科的思维素养。表 5.15 展示了各个活动的具体内容及其涉及的学科门类,表 5.16 展示了各个活动模块的具体设计。

表 5.15　课程内容框架及其学科门类

主题	活动	任务	具体内容	学科门类
秋分	知晓中秋望月的由来	交流习俗,猜测变化的原因	1. 理解秋分的含义 2. 交流中秋、秋分习俗 3. 交流现代人在秋分做什么 4. 猜测原因	语文 历史 人文风俗 自然
		月相变化模拟实验	1. 模拟实验,展示结果 2. 交流课前学习任务单,知晓中秋望月的由来 3. 辩证讨论部分地区祭月,部分地区不祭月的原因	自然 人文风俗
	感受国内外过节方式	感受文化无国界	1. 阅读资料,发现有一些国家也有中秋文化 2. 交流没有中秋文化的国家怎么欣赏中秋文化 3. 人们会过国内外的传统节日	自然 人文风俗 语文 历史 艺术
	辩证讨论是否还需要遵循传统节气	探寻遵循节气的方式	1. 交流先订立节气还是先有四季的划分 2. 辩证讨论是否还需要遵循传统节气 3. 课后设计华东师范大学附属小学娃庆"中国农民丰收节"活动方案	历史 人文风俗 营养健康 语文 艺术

表 5.16　课程内容的具体设计

(一) 知晓中秋望月的由来

活动 1　交流习俗,猜测变化的原因

活动资源:
1. 文字资源(百度百科、百度文库等)
2. 多媒体资源(科普视频、多媒体课件等)

续表

活动1　交流习俗,猜测变化的原因	
环节	实施要点
情境与问题	环节一　创设情境:我们刚经历了秋分节气 环节二　提出任务:古人在秋分节气的时候做些什么?古人为什么要这样做?现代人在秋分节气又做些什么?有什么变化吗?秋分祭月为什么逐渐转变为中秋祭月? 环节三　引导学生了解关键问题 1. 秋分习俗 2. 中秋习俗 3. 猜测变化的原因
体验与感受	环节一　交流中秋、秋分习俗 感受习俗。 环节二　读古诗,感受诗人眼中的月亮 读古诗,感受中秋月圆。 环节三　交流现代人在中秋做什么 交流现代人在中秋做什么,思考变化的原因。

活动2　月相变化模拟实验	

活动资源:
1. 文字资源(百度百科、百度文库等)
2. 多媒体资源(科普教材、多媒体课件等)
3. 实验资源(平板电脑、乒乓球、任务单等)

环节	实施要点
情境与问题	环节一　验证设想 验证秋分祭月转变为中秋祭月的原因是不是因为中秋的月更圆。
合作与探究	环节一　模拟实验 模拟月球公转,拍下照片。 环节二　投屏交流,月相变化规律 引导发现八月十五的月亮是圆的。 环节三　交流课前导学单 引导发现秋分开始的时候,月亮不一定是圆的,所以慢慢地,祭月活动就移到了中秋。 环节四　辩证讨论现在有的地区祭月,有的地区不祭月的原因 明白节气衍生了大量相关的岁时节令文化,有人不喜欢一些活动,但仍然会去做,这是一种文化的传承。

续表

	(二)感受国内外过节方式	
	活动 感受文化无国界	

活动资源:
1. 文字资源(百度百科、百度文库等)
2. 多媒体资源(多媒体课件等)

环节		实施要点
情境与问题	环节一	阅读资料
	环节二	思考:那国外的人过不过中秋呢?他们会做些什么呢?
表现与交流	环节一	没有中秋文化的国家是怎么了解与欣赏中国传统文化节日的呢?
	环节二	视频欣赏
	环节三	国外的人也尊重我国其他传统的节日
	环节四	我们有时也会过国外的传统节日

	(三)辩证讨论是否还需要遵循传统节气	
	活动 探寻遵循节气的方式	

活动资源:多媒体资源(图片、多媒体课件等)

环节		实施要点
情境与问题	环节一	四季和节气有什么不同呢?是先订立节气还是先有四季的划分呢?
	环节二	对现代人而言,有了四季的划分,还需要遵循传统的节气吗?
体验与感受	环节一	小组讨论,交流
	环节二	视频欣赏"中国农民丰收节"
	环节三	小组讨论设计华东师范大学附属小学娃庆"中国农民丰收节"活动方案

三、课程实施

(一)知晓中秋望月的由来

活动1:交流习俗,猜测变化的原因

教师引导学生讨论古人在秋分节气的时候做些什么,古人为什么要这样做,现代人在秋分节气又做些什么,有什么变化,发现其中的不同。总结出古人会在秋分祭月、秋补、早睡早起等,而现代人会中秋望月。引导学生知晓从秋分祭月到中秋望月的转变过程,通过朗读古诗,感受中秋月圆的美好,猜测秋分祭月逐渐转变为中秋的原因是中秋的月亮更圆。

图 5.10　课程材料——古诗诵读

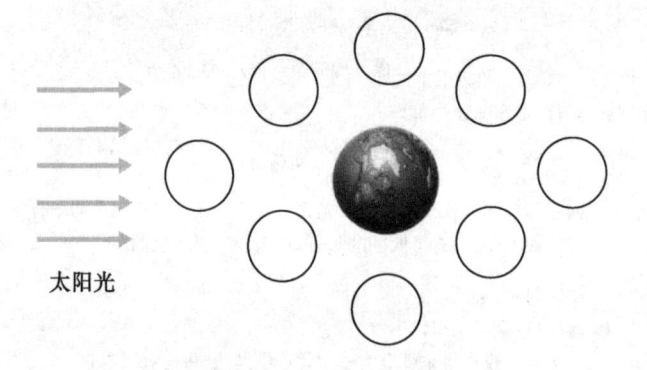

图 5.11　课程材料——月相变化记录单

活动 2：月相变化模拟实验

学生通过月相变化模拟实验，拍下照片，在任务单上画下月相的图案，得出月相变化的规律。

学生在课前调查过去 5 年秋分的日期，根据月相变化规律，画下秋分当天的月相。通过分析得出结论，秋分的月亮不一定是圆的。

学生通过实验得出结论，秋分的月亮不一定是圆的，慢慢地，祭月活动就移到了中秋。

教师提出，在广东部分地区还保留着祭月活动，但是大部分地区和上海一样，

秋分起始日	日期	阴历日期	月相
2020年	9.22	初六	○
2019年	9.23	廿五	○
2018年	9.23	十四	○
2017年	9.23	初四	○
2016年	9.22	廿二	○

图 5.12　课前任务单——过去 5 年秋分日期

中秋不祭月,变成中秋望月,学生思考原因。通过交流研讨,学生明白了节气衍生了大量相关的岁时节令文化,有人不喜欢一些活动,但仍然会去做,这是一种文化的传承。

(二)感受国内外过节方式

活动:感受文化无国界

学生通过阅读资料等,了解到国内外过传统节日的方式,知道一些国家也是有中秋文化的,他们在历史上与中国交往密切,和中华文化有连接。当然,一些没有中秋文化的国家也愿意参加中国华人的中秋庆祝,而我们也会过国外的一些传统节日。我们的表达形式虽然不一样,但我们的美好愿望是相通的。

(三)辩证讨论是否还需要遵循传统节气

活动:探寻遵循节气的方式

教师引导提问,四季和节气有什么不同呢?是先订立节气还是先有四季的划分呢？在七十二物候典籍中，能看到先订立节气，再划分了四季。学生小组讨论，交流有了四季的划分，还需不需要遵循传统的节气，说说原因，在纸上记录关键词。通过辩证讨论交流，探寻遵循的方式。

收集资料，利用网络视频，让学生欣赏秋分这一天的"中国农民丰收节"，课后请小组讨论设计华东师范大学附属小学娃庆"中国农民丰收节"活动方案。

四、课堂评价

在"秋分"这门课中，本校遵循前述评价原则，将评价过程渗透在课堂教学的过程当中，下面是针对课程实施中各个环节的评价内容。

（一）古诗《春江花月夜》：教师诵读评价

教师带领学生集体诵读古诗《春江花月夜》，教师在课堂上对诵读进行点评，评价的标准包括流畅度、发音与语调、情感表达等。

（二）月相模拟实验学生自评

月相模拟实验是学生非常感兴趣的部分，学生2人小组合作，观察并用平板电脑拍下模拟月相，观察月相，记录在任务单上，通过分析任务单上的月相，得出月相变化规律，通过规律完成过去5年的秋分当天的月相的绘制，通过一步一步的探索，得出结论。为了充分激发学生的积极性，学生进行了自评，评价"摘星"，并比一比摘星数。

表 5.17 模拟月相评价表

活动	评价
能正确用平板电脑拍下模拟月相	☆☆☆
能在任务单上正确记录月相	☆☆☆
能正确查出过去5年秋分的日期	☆☆☆
能正确画出过去5年的秋分对应的月相	☆☆☆

(三) 学生探寻遵循节气方式评价

学生探寻以下问题:需要遵循传统的节气吗?觉得具体应该怎样遵循呢?在起居饮食等方面,怎样算遵循呢?是遵照古人的方式,处处一样才算遵循吗?此评价并不做等次之分,目的在于让学生通过讨论与探寻,激发认知冲突并推动批判性思维形成。

(四) 教师总体评价

基于主题的跨学科课程要求学生破除单一学科的视野局限,在面对实际问题时,能够将多学科领域相关的内容进行联结,具备综合性思考的能力。因此,对于学生的整体评价不依赖于具体的分数,而是注重学生在课堂的实际表现,关注其在完成任务、解决问题的过程中体现出的跨学科思维水平。在具体评价过程中,教师记录学生在课堂中的表现,并在课程结束之后进行汇总,与最初的课程目标进行比对,并结合学生、家长及教务人员的多主体评价结果,最终得到对于学生学习效果的总体评价。

五、总结与反思

(一) 课堂成效

1. 培养学生科学思辨的品质

(1) 进一步学习秋分节气知识体系,拓展学习深度广度

课程中,学生对于秋分进行进一步地了解。为了深入探究节候特点,充分理解节气要义,培养学生科学素养,教师在课程中设置了科学实验环节。学生通过月相变化模拟实验,知道月相变化的规律,学习用实验来验证观点;学生也知道了秋分曾是祭月节,中秋望月由秋分祭月演变而来的相关知识点。

(2) 培养小学生的问题意识,鼓励小学生表达不同的意见

二十四节气是我国古代劳动人民经验的积累和汇总,衍生了大量文化习俗活动,其中有些活动在现代已经有所改变。通过课程,学生于中秋望月有了一定的了解,但对于各地的节气活动并没有十分深刻的认识。教师可以引导学生思考为

什么有的地方还保留着祭月活动,有的地方没有这一问题。通过观察与比较,学生会提出各种各样的解答。有了问题的推动,不仅可以提升学生参与的积极性,推动相关交流与探讨,而且可以进一步激发学生自主观察和思考的兴趣,形成良性循环。久而久之,学生的问题意识便大大提升,就有了深入细致观察、探究的内驱力。教师可以刺激学生做进一步的质疑,开展辩论,进行自主的或合作的探究与判断。

(3) 培育小学生理性精神

中国人擅长系统思考,中国人的科学是观察和分析天、地、人与万物之间互生互动关系的科学,注重整体性和直观性。不同于西方的科学,中国人会将万事万物对象化,做更冷静、更客观地观察、分析和判断。学生在教师的指引下,探究现在还需不需要遵循传统的节气等。通过做一些初步的比较,培养学生的分析、综合、推理和判断能力,培养理性精神。

2. 提升教师综合素养

基于主题的跨学科学习注重学生的主体性、主动性和积极性,激发学生的学习需求和兴趣,通过灵活调整教学内容和方法,以满足学生的个性化学习需求,提升其批判思维、问题解决和创新能力。在课程设计和教学过程中,教师需要整合多个学科的知识和资源,学习和运用各种教学策略,提供多样化的学习活动,激发学生的学习兴趣和参与度。教师在融合不同学科的教学方法和技巧的过程中,拓宽了自身的知识广度,学习到更丰富的教学方法,从而提升了自身的综合素养。

(二) 课程反思

1. 需进一步挖掘提升学生批判性思维的节气元素

在课程反思中发现,学生的有意注意少于无意注意,思考与动手能力也相对较弱,批判性思维培养与提升的空间有限,难度较大。就秋分节气课程而言,并不是所有的内容都适合进行批判性思维的训练。未来,仍然需要挖掘有利于激发学生批判性思维的节气元素,探寻能够激发认知冲突的方式与方法,优化课程指导过程,提升教师的教育教学能力。

2. 评价方式有待进一步改进

尽管我们综合运用了多种评价形式，但整体的课程评价仍旧缺乏系统性，评价标准不够严谨，对于学生的综合表现评价仍有待改进。未来应当进一步设计完整的、系统性的课程评价体系。

（该课例由丁琼、张云松撰写）

课例六：清明——踏青觅风

一、课程目标

1. 本次教学从节气和节日两个角度一起出发，基于批判性思维理论，从"清明溯源"和"我与清明"这两个维度引导学生通过问题探究、经典诵读、游戏体验等方式获得积极的实践体验与丰富的学习经验，旨在帮助学生跨学科了解清明，多角度激发学生对中华传统文化的热爱之情。

2. 继承清明中的优秀传统文化，不仅有利于弘扬孝道亲情，还可以增进学生的文化归属感。

3. 学生不仅需要自行辨认所看到的资料、图片，思考教师提出的各种观点，还需要评估不同的证据。本课教学中教师与学生共同收集了大量与清明相关的史料，其中所涵盖的史料形式也是多样的，有照片、图片、文献、诗词等。学生需要运用批判性思维的方法与小组成员一起判断和评估不同的史料证据，得出自己的结论。除了对证据进行评估，学生还需借助批判性思维有条理地思考问题，做出具有洞察力的判断。

总体而言，本次教学旨在带领学生对清明追本溯源，借助史料研究清明习俗的由来和传承，引导学生通过资料认识到它是由一个节气和两个节日融合而成的传统节日，实现人文与自然的兼容。教师教会学生学习收集资料、分类归纳的方法，通过查阅文献、品读诗词、鉴赏书画等方法来解决问题，锻炼学生寻找证据、选择最佳证据的能力，引导学生用科学的、辩证的思维来看待清明，在传承中赋予清明新的时代价值,增强文化自信。

二、课程内容

我们以批判性思维训练为抓手,以清明节气为主题,师生通过比较、排序、分类、精读、筛选等方法,引导学生确定论证所需要的关键信息和证据。在这一过程中,提高学生分辨信息的能力,训练学生在已有资料的基础上提出自己的观点、罗列出相关证据的能力,基于课堂实践实现批判性思维的应用。

(一)课程设计

1. 罗列关键问题

在上课前,教师需要对与清明相关的信息进行整理和重组,梳理核心知识列表,罗列关键问题,形成问题链。

核心知识分为事实性知识、概念性知识等[①]。事实性知识属于既定事实,它能独立存在,具有分散性和独立性。以清明为例,学生在回答"清明有哪些习俗"时,会回答踏青、扫墓、放风筝等,这就是具有分散性的事实性知识。如果学生能说出"清明是一个节气""清明是一个传统节日",就表明学生已经掌握了一些文史类的事实性知识。

概念性知识适合作为驱动性问题引导学生进行项目化学习,其更为复杂、更为系统,具有概括性、组织性和解释性的特点。以清明为例,可以提出的批判性问题有:"苏轼以怎样的心情过清明?为什么?""为什么清明时节,人们会有截然不同的心情?"这类问题能够引导出需要由学生解释并概括说明的概念性知识。

整理、重组了清明相关资料后,教师可以在课程目标的基础上,罗列出问题列表,构成驱动性问题链,以此训练学生的批判性思维能力,以下为"清明"一课的关键问题:

(1)你是以怎样的心情状态迎接清明的?

---

① 王荣生.事实性知识、概括性知识与"大概念"——以语文学科为背景[J].课程·教材·教法,2020(4):77.

(2) 读了清明三候相关资料,你知道了什么?

(3) 清明三候与"清明"二字的构成有什么关联?

(4) 古人踏青时还会做些什么?

(5) 读了上巳节相关资料,你知道了什么?

(6) 读了寒食节相关资料,你是否有什么疑问?

(7) 为什么禁火的规定取消了又恢复,恢复之后在清代又取消了?

(8) 元代、清代为什么会取消禁火的规定?

(9) 为什么曲水流觞、河边洗浴这些习俗渐渐消失了?

(10) 如果让你自己了解清明,你可以从哪些方面入手?有哪些途径呢?

(11) 诗人苏轼又是以什么样的心情过清明的?他为什么会这么悲伤?

2. 设计思维导图

基于已有资料、课程目标与关键问题,可以形成本课程实施的思维导图,如下图所示:

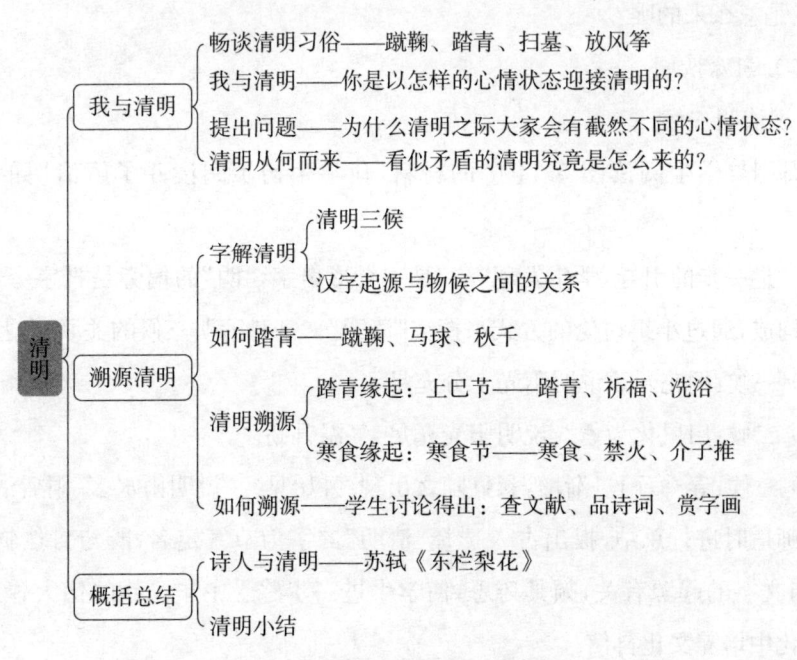

清明
- 我与清明
  - 畅谈清明习俗——蹴鞠、踏青、扫墓、放风筝
  - 我与清明——你是以怎样的心情状态迎接清明的?
  - 提出问题——为什么清明之际大家会有截然不同的心情状态?
  - 清明从何而来——看似矛盾的清明究竟是怎么来的?
- 溯源清明
  - 字解清明
    - 清明三候
    - 汉字起源与物候之间的关系
  - 如何踏青——蹴鞠、马球、秋千
  - 清明溯源
    - 踏青缘起:上巳节——踏青、祈福、洗浴
    - 寒食缘起:寒食节——寒食、禁火、介子推
  - 如何溯源——学生讨论得出:查文献、品诗词、赏字画
- 概括总结
  - 诗人与清明——苏轼《东栏梨花》
  - 清明小结

图 5.13 课例"清明"的思维导图

三、课程实施

（一）我与清明

课程开始时，教师通过放风筝、青团、祭祖扫墓等学生所熟悉的清明习俗，自然而然激发学生的兴趣，引入清明这一主题。继而讨论关键问题：你是以怎样的心情状态迎接清明的？

有的学生认为清明是轻松、愉悦的，因为踏青、放风筝等习俗使人身心愉悦。另一些则认为清明是悲伤、严肃的，因为清明人们会扫墓祭祖、追思故人、缅怀英烈等。这一具有批判性色彩的问题能让学生从不同视角看问题，而不是仅围绕事实展开讨论。学生有不同的看法，但不管提出哪种观点都有理有据，他们能够结合自己所掌握的知识并整合在一起佐证自己的观点。在此基础上，教师进一步提出：清明不仅是一个春天的节气，也是一个传统节日，那清明这样一个特殊的日子，究竟是怎么来的呢？

（二）溯源清明

1. 识清明三候

教师引导学生阅读图 5.14 中的材料，让学生初步阅读并了解清明的三个物候。

通过进一步的引导，学生发现"清"是一个形声字，"明"的偏旁是日字旁，结合二字的构成，通过小组讨论的方式来探究"清明"二字和清明三候的关联，包括：

(1) 一候：桐花开。说明阳光十分充足。

(2) 二候：田鼠化为鴽。说明阳光充足，气温升高。

(3) 三候：春季，雨量渐增，彩虹随之出现（虹始见）。说明雨水多、雨后清新。

教师适时进行总结，提出古人选择"清明"二字为节气定名，既与自然物候有关，又与文字的起源有关，颇具巧思，使学生进一步感受中华民族的伟大智慧，在潜移默化中培养文化自信。

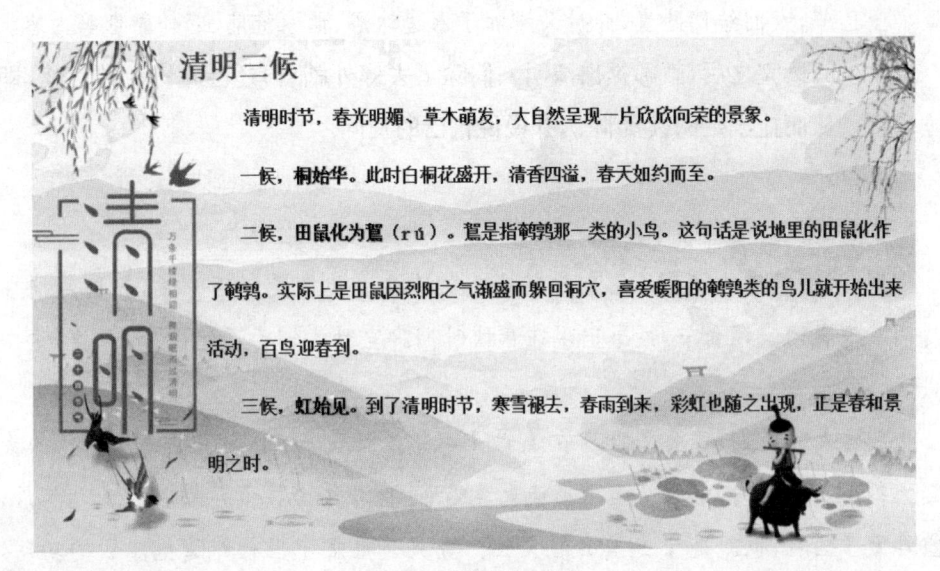

第五章　"二十四节气"综合实践活动课程案例精选

清明三候

清明时节，春光明媚、草木萌发，大自然呈现一片欣欣向荣的景象。

一候，桐始华。此时白桐花盛开，清香四溢，春天如约而至。

二候，田鼠化为鴽（rú）。鴽是指鹌鹑那一类的小鸟。这句话是说地里的田鼠化作了鹌鹑。实际上是田鼠因烈阳之气渐盛而躲回洞穴，喜爱暖阳的鹌鹑类的鸟儿就开始出来活动，百鸟迎春到。

三候，虹始见。到了清明时节，寒雪褪去，春雨到来，彩虹也随之出现，正是春和景明之时。

图 5.14 "清明三候"

2. 辨清明习俗

在了解清明自然物候的基础上，教师与学生进一步了解清明的人文风俗。教师首先以清明踏青为例，讲述古人常在清明时节外出郊游，并提问道：在清明，古人除了踏青还会做些什么？学生的回答以清明节的游戏为主，包括蹴鞠、打马球、荡秋千等。

学生共同探讨了清明的常见习俗，对这一节气有了更加完整的认识。此时，教师开始引导学生深入了解清明的起源。首先，以踏青为例，提出踏青融合了上巳节的习俗，并让学生阅读资料 1 的内容。

资料 1：

清明节在历史发展中还融合了另外一个较早出现的节日——上巳节。

"上巳"一词最早收录在汉初的文献里，东汉的郑玄在《周礼》中作注："岁时祓除，如今三月上巳如水上之类。"魏晋以后，上巳节的节期改为三月初三，俗称"三月三"。

上巳节，人们结伴踏青，此后又增加了水边沐浴、曲水流觞、郊外游春等内容。

学生阅读完之后，教师提出清明人们除了去郊外踏青，还会吃青色的食物，即吃寒食。从而让学生阅读资料2，并说说自己的疑问。

资料2：

寒食，一般指的就是不用生火就能吃的冷食。就像是江南一带，普遍习惯在清明节吃青团。寒食节，最早出现在春秋时期。当时人们为了纪念"介子推"这个人，吃寒食、禁火。

相传春秋时期，晋公子重耳在流亡途中又累又饿，大臣介子推就从自己的大腿上割下了一块肉，煮了一碗肉汤让重耳喝了，重耳渐渐恢复了精神。十九年后，重耳做了国君，也就是历史上的晋文公。晋文公重赏了当初伴随他流亡的功臣，唯独忘了介子推。介子推隐居山林，晋文公听说后，羞愧莫及，亲自带人去请介子推，然而介子推和母亲早已离家去了绵山。绵山山高路险，找寻两个人谈何容易？有人献计，从三面火烧绵山，逼出介子推。大火烧遍了绵山，却没见介子推的身影，火熄后，人们才发现背着老母亲的介子推已坐在一棵老柳树下死了。人们还在树洞里发现一封血书，上写道："割肉奉君尽丹心，但愿主公常清明。"为纪念介子推，晋文公下令将这一天定为寒食节。

汉代的寒食节，很多地方要禁火一个月。到了唐代，寒食节变成禁火三天。到了元代，朝廷取消了寒食禁火三天的规定，而明代又恢复寒食禁火三天，清代则又取消禁火，因而寒食节逐渐消失，但寒食节祭祖扫墓的习俗得以保留。不过民间一些地区依然保留寒食吃冷食的习俗。

根据资料2，学生开始提出了各种各样的疑问，如：为什么禁火？为什么禁火的时间从一个月缩短到了三天？为什么禁火的规定取消了又恢复，恢复之后在清代又取消了？元代、清代为什么会取消禁火？最终大家得出结论：原来清明习俗的形成与历史发展、文化背景都息息相关。

教师也总结道：节气清明、上巳节、寒食节的日期非常接近，所以在宋元时期逐渐形成了一个以祭祖扫墓、踏青、吃冷食为中心的传统节日。

3. 会自我探究

在了解清明的起源之后,教师提出问题:如果让你自己了解清明,可以从哪些方面入手?有哪些途径呢?请同学们看一看资料3,小组讨论一下。

资料3:

(西汉)刘歆《三统历》:"清明者,谓物生清净明洁。"

(元)吴澄《月令·七十二候集解》云:"三月节……物至此时,皆以洁齐而清明矣。"

(南北朝)梁宗懔《荆楚岁时记》记载:"去冬节一百五日,即有疾风甚雨,谓之寒食。禁火三日,造饧大麦粥。"

(宋)孟元老的《东京梦华录》中记录道,在宋代,清明时节,汴京的人们会上街逛集市,采买物品(包括"纸马")。这一天出城的人非常多,路上熙熙攘攘。京城四周的郊区,到了这一天就好像一个闹市,大家围坐在绿叶柔嫩的大树下,或是在田林馆舍之间,摆好杯盘和酒菜,互相劝酒应酬。郊区各个园林里,歌舞不休,大家都会玩到黄昏才想起回家。在郊外还有卖各种食品和泥土制成的纪念品的摊子,大家会买一些枣锢、炊饼等面点,也会买回来一些泥土捏造的小玩具,比如黄胖小泥人、玩具小刀、泥捏的花卉水果、泥捏的房屋模型、戏剧人物、鸭蛋、小鸡之类的。回家的时候,人们的轿子顶上插满了柳枝和野花。在清明节这天,各处集市里还都卖麦糕、乳酪、乳饼之类的小食。

(宋)杨杰《秀溪寒食》:游女践成芳草径,画船冲散碧溪烟。

(宋)吴惟信《苏堤清明即事》:梨花风起正清明,游子寻春半出城。

(宋)陆游《春日绝句八首》:忽见家家插杨柳,始知今日是清明。

(明)王磐《清江引·清明日出游》:问西楼禁烟何处好?绿野晴天道。马穿杨柳嘶,人倚秋千笑,探莺花总教春醉倒。

学生在阅读时提问:为什么曲水流觞、河边洗浴这些习俗渐渐消失了?他们

顺"时"而为　礼赞生命

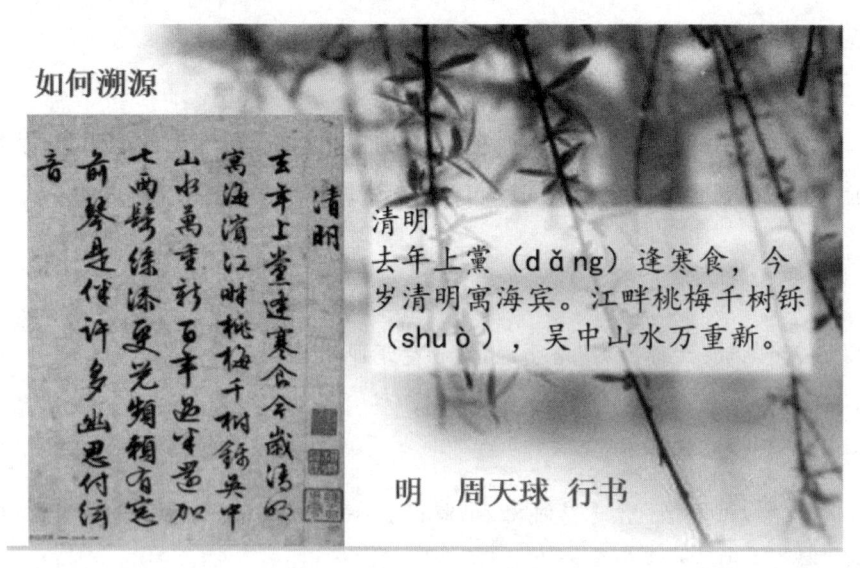

图 5.15 "资料 3"字画部分

对这一问题进行了讨论。教师在讨论结束后，适时指出：我们发现，除了文献会有详细记载，字画诗词中也蕴含着古人的智慧，可以让我们了解当时的历史风貌。我们可以查文献、品诗词、赏字画，通过多种途径了解清明、研究历史、解决问题。

（三）概括总结

教师首先对课堂进行小结，指出大家了解了为什么在清明时节有人欢喜有人忧愁，并知道了清明这个传统节日的来源。进而提出新的疑问：诗人苏轼又是以什么样的心情过清明的？让我们一起来品读苏轼的一首诗。

《东栏梨花》
宋·苏轼

梨花淡白柳深青，柳絮飞时花满城。

惆怅东南一枝雪，人生看得几清明。

教师带领学生共同品味这首古诗，并总结道：不管是用悲伤的心情还是愉悦的心情迎接清明，往者不可谏，来者犹可追。我们应珍惜当下，珍惜眼前和平而幸福的生活。很少有一个节日,像清明这样意蕴深厚。风清景明,慎终追远,这是一个悲伤的日子;放歌踏青,追逐春天,这是一个愉快的日子。在我们放歌逐春的时候,它是节气之一;在我们慎终追远的时候,它是传统节日之一。教师要引导学生珍惜当下,珍惜眼前和平而幸福的生活。

四、课堂评价

表 5.18　课堂活动评价表

<table>
<tr><td colspan="5">"清明"课堂活动评价表</td></tr>
<tr><td colspan="2"></td><td>班级:</td><td>姓名:　　学号:</td><td></td></tr>
<tr><td rowspan="2">评价内容</td><td rowspan="2">观察点</td><td colspan="3">课堂评价</td></tr>
<tr><td>☆☆☆☆</td><td>☆☆☆</td><td>☆☆</td></tr>
<tr><td>阅读资料并讨论物候与"清明"二字的关联。</td><td>是否能积极参与讨论,是否能将物候与"清明"二字关联起来。</td><td>能积极参与讨论,认真倾听,并能将物候与"清明"二字关联起来,得出自己的结论。</td><td>能参与讨论,认真倾听,能将物候与"清明"二字关联起来。</td><td>能参与小组讨论,认真倾听。</td></tr>
<tr><td>查找资料并交流古人踏青时的活动。</td><td>是否能收集相关资料,是否能总结踏青时的活动。</td><td>能在课前收集与清明有关的资料,整合资料,并在课堂上进行总结和概括。</td><td>能在课前收集资料,在课堂上交流收集到的资料内容。</td><td>能在课前收集资料,但资料内容单一。</td></tr>
<tr><td>阅读资料并对寒食节的习俗提出疑问。</td><td>是否能读懂资料内容,是否能对于寒食节的习俗提出自己的疑问。</td><td>能读懂资料内容,能概括寒食节的由来,并对资料内容提出3个问题,尝试答疑。</td><td>能读懂资料内容,能简单概括寒食节的由来,能提出1—2个问题。</td><td>能读懂资料内容,能提出1个问题。</td></tr>
<tr><td>讨论曲水流觞、河边洗浴等习俗逐渐消失的原因。</td><td>是否能对曲水流觞、河边洗浴等习俗提出自己的疑问,并尝试进行解答。</td><td>能对曲水流觞、河边洗浴等习俗提出疑问,并尝试结合现代人的生活经验进行解答,列出3点原因。</td><td>能对曲水流觞、河边洗浴等习俗提出疑问,能尝试解答,列出1—2点原因。</td><td>能对曲水流觞、河边洗浴等习俗提出疑问。</td></tr>
<tr><td>小组交流溯源清明的方法/途径。</td><td>是否能积极参与小组讨论,根据资料找到解决问题的方法。</td><td>能读懂资料的内容,归纳并总结出3个以上的方法,提出自己新的见解。</td><td>能读懂资料的内容,归纳并总结出2—3个方法。</td><td>能读懂资料的内容,归纳并总结出1个方法。</td></tr>
</table>

五、总结与反思

(一) 课堂成效

1. 有效提升学生综合能力

本课的教学以"节气清明"为切入点,师生共同收集大量与清明有关的资料,从"溯源清明"入手,将"为什么清明之际大家会有截然不同的心情状态?""清明这样一个看似矛盾的日子,究竟是怎么来的呢?"等关键性问题构成问题链,在解决问题的过程中有效提升了学生的综合能力。

(1) 批判性思维能力

围绕"清明起源"这一关键问题,教师将学生的课堂活动与批判性思维技能的训练结合起来。

表 5.19 学生活动与批判性思维技能训练

学生活动	活动效果	批判性思维技能
阅读资料并讨论:清明的三个物候与"清明"二字的构成有什么关联?	学生通过查找资料,了解了清明的三个物候具体是什么,从自然学科的角度认识清明;接着,字解清明,从语言文字的角度分析清明名称之由来,发现汉字与节气之间的连接。	分析、归纳,得出结论。
查找资料并交流:古人踏青时还会做些什么?	学生通过网络检索和寻访老人了解到清明时节人们会外出踏青,放风筝。教师随后补充蹴鞠、马球、秋千等习俗。	文献检索,选择有代表性的资料。
阅读资料并概括:上巳节的起源。	学生在大段与上巳节起源相关的文献资料中摘取有效信息,分析出上巳节的节期、名称来源、俗称和节日习俗。	寻找证据,对比和选择具有真实性和有效性的资料。
阅读资料并质疑:寒食节为什么禁火?	学生能够根据与寒食节有关的资料提出质疑:寒食节为什么会禁火?介子推是谁?为什么寒食节禁火的规定会时而取消,时而恢复?	文献检索,结合历史背景作出判断。

例如,课堂上,学生结合清明三候与"清明"二字的构成,探寻古人为节气清明

定名的原因。学生能够借助自己学习过的语言文字方面的知识字解"清明",分析清明名称之由来,发现汉字与节气之间的关联。同时,结合物候的介绍文字,选取和分析资料内容,得出自己的结论。学生也能从与寒食节有关的资料中发现问题,独立思考并自主尝试求证和解决。

(2) 学会归纳和整合可靠的信息来源

在讨论非事实性问题的结论时,需要学生具备选择最佳证据的技巧。如何选择最佳证据?应参考怎样的资料?如何判断资料的有效性?如何将相关的证据筛选出来?学生需要对自己和老师查找到的资料进行非常仔细的考评和思量。围绕"清明起源"这一关键问题,教师将学生的课堂活动与批判性思维技能的训练结合起来。

表5.20 学生活动与批判性思维技能训练

学生活动	活动效果	批判性思维技能
小组交流:你可以用哪些方法、哪些途径了解清明?	学生能根据教师提供的资料3寻找证据,将资料进行梳理和整合,找到可靠的信息来源,并选择最佳证据进行归类整理,用总结出的方法解决问题,了解历史风貌。	寻找最佳证据,概括,得出试探性的结论。
讨论:为什么曲水流觞、河边洗浴等习俗逐渐消失于历史的长河中。	学生能结合现代人的生活习惯和环境,对比古人的生活,从生活经验中选取有效证据,推断此类习俗消失的原因。	选取有效证据,合理推测原因。

例如,学生能够在资料3中寻找证据,将资料进行梳理和整合,找到可靠的信息来源,并选择最佳证据进行归类整理。教师依据整合过的资料3预设了三种解决问题的方法:查文献、品诗词、赏字画。而在课堂实践中,学生进一步发散思考,提出了观察文物这一方法,说明学生已经具备了批判性地寻找证据的能力,能够以可靠的证据来支持自己合理的预测,得出试探性的结论。

(3) 增强文化自信自强和民族归属感

古诗词是中华文化的宝库,也是中华民族的精神财富,本课通过"清明"引入文献与古诗词,将诗词植根于每一位学生的心中。在声声诵读中,在句句吟咏中,赋予清明新的时代价值。

2. 对教师课堂教学产生进一步启发

(1) 实行跨学科教学

以"清明"一课为例,批判并不是否定,批判性思维训练的课堂需要利用不同学科的知识来解决各种问题。可以是诗词与字画的结合,可以是美术与文献学的结合,也可以是历史与地理、艺术的结合。在课中,教师在教学设计时预设了学生会提出"为什么禁火?""为什么禁火的时间从一个月缩短到了三天?"以及"为什么禁火的规定取消了又恢复,恢复之后在清代又取消了?元代、清代为什么会取消禁火?"这些问题。在课堂实践中,学生果然提出了这些质疑。依靠单一学科知识来回答这些问题是不够的,学生需要结合文学、历史两方面的有关知识解决问题。

(2) 在课堂中深化师生互动

在学生与学生进行思维碰撞的同时,老师和学生也产生了思维碰撞。对于学生而言,不同于传统的单一学科的课堂只需要听老师授课,批判性思维的课程需要学生全程参与。教师不仅需要在课前进行知识与资料的整理、归纳、重组,还要在课堂上随时对学生提出的观点进行梳理和提炼。例如"清明"一课,在教师的预设中有查文献、品诗词、赏字画三种解决问题的方法,但是在真实的课堂实践中,学生还提到了观察文物这一方法,所以教师在课堂上需要针对学生提出的新思路,及时提炼和整合,给予学生反馈,鼓励其进一步思考。

(二) 课程反思

1. 批判性思维的训练不够

为了训练学生的批判性思维,教师应积极引导学生根据已有的资料展开思考和质疑,敢于得出自己的结论。本课的设计虽运用了批判性思维中的文献检索、寻找证据、判断来源等技能,但其他方面的技能训练还不够,如判断信息来源、识别证据真伪等。

2. 课外实践与课程内容融合不够

这节课通过问题探究、经典诵读、游戏体验等多种方式有效激发了学生的学习和探究兴趣,对"清明"相关的资料进行重构,同时融合现实生活情境与跨学科内容,将语言文字、美术、书法、自然、历史等学科融合在一起,培养学生热爱中华优秀语言文化的感情,提升认同感,坚定文化自信。但学生课后活动与课程融合度还不够,可以增设课后的延伸和拓展活动。

(该课例由江远沁撰写)

课例七:小雪——人生修葺

一、课程目标

1. 通过自主学习,了解小雪节气的相关信息,养成记录、收集以及处理信息的能力。
2. 通过欣赏雪景,感受雪景之美,探讨"美"是否有一定标准。
3. 通过交流表达,了解中西方关于"雪景"主题的绘画作品,发现相同主题下不同的绘画方式与作者的经历、学习方式、观察角度、心情有关。学会包容、理解中西文化的差异。
4. 能多角度去思考、理解、分析问题,学会辩证地去解决问题,养成批判性思维。
5. 通过小组合作,交流总结活动过程中的收获与不足,领会形式美、情感体验与价值意义在审美中的作用。

二、课程内容

本课基于真实问题的探索,结合二十四节气主题的小学跨学科学习课程的深化研究,立足于相关理论研究的校本化推进。在课前,教师首先讲解小雪节气的气候特点,随后提出问题:"在这个节气里,气候、环境和景物应该有什么变化呢?"学生根据自己搜集的资料进行交流与分享。教师归纳总结:"小雪"就是"雪小",地面上又无积雪,这正是小雪这个节气的本意。古籍《群芳谱》中说:"小雪气寒而将雪矣,地寒未甚而雪未大也。"这就是说,小雪节气时,由于天气寒冷,各地开始下雪,但此时"地寒未甚",所以雪下得次数少,雪量还不大,故称为"小雪"。在学生交流有关雪景的感受后教师组织学生探讨"雪之美",并进一步提出问题:"美"

是有标准的吗？学生结合自己的生活经验展开讨论。

表 5.21 项目课程问题设计

框架问题
基本问题： 1. 二十四节气对人类有什么重要意义？作为现代人的我们应该怎样传承？
单元问题： 1. 作为现代人的我们，还要遵循古老的节气习俗吗？ 2. 节气中的"美"是什么？ 3. 我们该如何看待传统节气（节日）？
内容问题： 1. 探讨"雪之美"——"美"是有标准的吗？ 2. 美是否存在共同的、公认的标准？每个人心中美的标准是一样的吗？
节气思维导图

小雪——审美倾向

- 学生创作"雪"
  1. 雪花
  2. 雪景
  3. 白纸
  4. 其他

- 关于"雪"的主题创作（画家笔下的"雪"）
  - 场景：王维《江干雪霁图卷》
  - 特写：关山月《雪梅图》
  - 赵景伟《踏雪寻梅》
  - 吴大恺的雪景创作
  - 老彼得·勃鲁盖尔《雪中猎人》

- "雪"的表现形式（为什么相同景色会有不同的表现方式？）
  - 材料
  - 地区、地域不同
  - 作者的生活经验
  - 文化

- "美"在作品中的表现（如生活中的场景——小雪节气校门口落叶的照片，这样的场景你觉得美吗？）
  - 美：落叶的颜色很丰富，很漂亮
  - 不美：因为这样的场景代表了枯萎和衰亡
  - 总结：美与不美是否一定要有标准？有时候美与不美是否也会和我们的心情有关系呢？

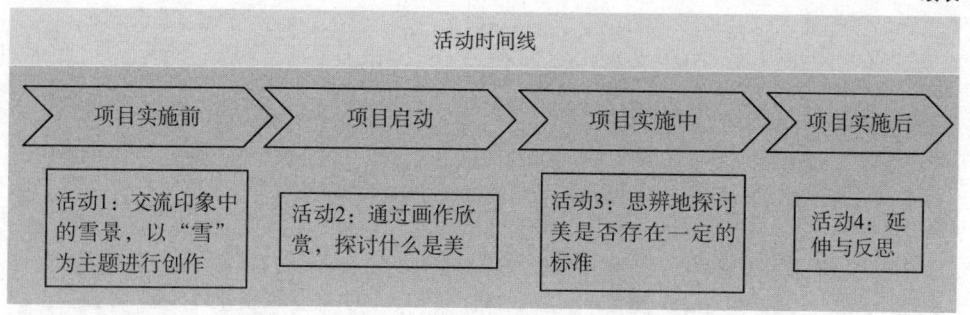

第五章 "二十四节气"综合实践活动课程案例精选　　191

续表

```
活动时间线
项目实施前 → 项目启动 → 项目实施中 → 项目实施后

活动1：交流印象中的雪景，以"雪"为主题进行创作
活动2：通过画作欣赏，探讨什么是美
活动3：思辨地探讨美是否存在一定的标准
活动4：延伸与反思
```

三、课程实施

表5.22　小雪节气课程实施表

项目实施前
活动1　交流印象中的雪景，以"雪"为主题进行创作
活动内容和模式 学习目标：引导学生联系生活实际，阐述对于小雪节气的了解。并尝试回忆交流印象中的雪景，以"雪"为主题进行创作。 引导问题：说起下雪，大家有看到过雪景吗？你觉得雪景美吗？如果让你以"雪"为主题进行创作，你会画些什么呢？ 学生借助纸笔开始绘画自己心中下雪的场景，同时也可以结合自身经历与想象，以文字的形式记录下自己对于雪景的感受。通过学生的相互交流可以发现，大多数学生的表达都和自己的生活经历有关，相同的雪景主题下学生的表现是不同的，但大多数学生都觉得雪景很美。   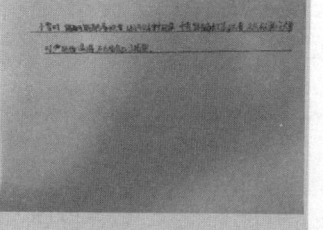

续表

项目启动
活动2 通过画作欣赏,探讨什么是美

活动内容和模式
学习目标:通过欣赏、交流画作,培养学生收集和分析信息的能力。感受由于受到个人生活和经历、地域、文化理解等因素的影响,不同画家对于相同雪景的表达方式有所不同。
引导问题:欣赏画家笔下的雪景,为什么面对雪景,画家会有不同的表现方式?你觉得哪一幅最美?
通过课堂交流,教师发现学生对于这一系列的雪景作品都有着自己的想法,也有自己独特的偏爱。有的同学觉得中国画美,有的则更喜欢西方的油画。大多数学生觉得,美的作品都有一个共同点,即作者笔下的作品能和自己的解读产生共鸣。同时,教师引导学生对以雪景为主题的中国画、现代画、油画作品进行比较,从而归纳出相同主题下作者的不同表现形式和个人经历、地域、观察角度、创作风格、血脉文化、情感、表现技法、绘画工具材料有关的结论。

项目实施中
活动3 思辨地探讨美是否存在一定的标准

活动内容和模式
学习目标:通过交流表达,发现画家创作背后共同的情感,学会倾听他人的观点和大胆表达自己的想法,并辩证性地思考问题。
引导问题:美是否存在共同的、公认的标准?每个人心中美的标准是一样的吗?
在讨论美是否有公认的标准这一问题时,鼓励学生立足于自身的生活经验和价值观,表达自己的观点和看法。通过倾听、交流,使观点相互碰撞,让学生明白每一个个体的差异性与个人进行选择的自由,提升学生的同理心和共情能力。
在讨论的最后,教师进行总结:艺术源于哲学。哲学是思想,是一个人对世界的认识。人类关于美的本质、美的感觉、美的定义、审美活动等问题进行的讨论和认识,具有悠久的历史。古希腊哲学家苏格拉底和柏拉图对美有许多论述。柏拉图在《大希庇阿斯篇》中记叙了苏格拉底最先提出了美是什么的问题,并对美的本质进行了系统的探讨,最后承认未能最终解决美的问题。
当你认定一样事物是美的时候,美就是有标准的。而每个人的文化、年龄、阅历、成长背景等都不同,导致美的评判标准也是不同的。因此,"美是难的"。

项目实施后
活动4 延伸和反思

活动内容和模式
学习目标:总结活动过程中的收获与不足,尝试从不同的角度去解决问题。
引导问题:小雪节气,对于在校门口拍摄的一张落叶照片,有人认为落叶颜色很丰富很漂亮,有人觉得树叶被风吹落代表衰败,还有人认为这是春天要来临的象征,意味着新生命的诞生。对此你怎么看待?为什么同样的场景,大家的感受却大相径庭?
针对这一问题,教师引导学生进行思考:面对生活场景时,大家对美也同样会有不同的感受,这是因为大家看待问题的角度、立场不同而已。

四、课堂评价

新课标指出,要建立"以生为本"[①]的教学理念,积极开展学生自我评价、活动表现评价等多种评价,关注学生的个性发展。小雪节气课程将教师评价和学生评价相结合,将评价过程渗透在课堂教学过程中,针对不同的教学环节,采用不同的评价方式,对学生表现进行综合评定。接下来将阐述对于课堂各个环节的评价。

(一)小雪节气绘制雪景活动评价

小雪节气是二十四节气之一,学生在前一轮的主题课中已经对节气知识以及物候现象有所了解。在课程开始前教师提出问题:"根据关键字'雪',你会联想到什么?尝试用笔在纸上表现出来,不局限于画图,还可以是文字表达,要求能结合自己的生活情境展开创作。"为了充分激发学生的积极性,并对学生的活动表现进行评价,教师使用了表 5.23 所示的工具量表,从"文字"和"绘画"这两个方面展开。

表 5.23 结合主题"雪"创作评价量表

维度	一般	良好	优秀
文字	能结合"雪"进行简单的文字梳理记录,但故事略显牵强。	联想和想象自然恰切,比较合情合理,能结合自己的生活情境展开。	能结合自身学习经历或生活经历展开,文字表达清晰,介绍时吐字清晰,语言流畅富有感染力。
绘画	能简单用图形符号来表现创作。	画面完整,合情合理,能从实际出发表现出作者的创意。	画面主题明确,有细节刻画,主次明确。构图层次分明,作品故事情节合理,表现突出。

通过课堂交流,我们发现部分同学的创作有相同之处。在第一轮组内交流中教师发现学生的创作和他们自己的学习经历有关。在第二轮交流中各小组派代

---

① 江秀芳.以生为本打造灵动课堂[J].第二课堂(D),2023(6):72.

表选出组内觉得比较有意思的创作进行班中交流,说出自己的观点,如表 5.24 所示。

表 5.24 主题"雪"的创作各小组交流汇总表

第一组	A同学:自己老家在东北,过年回去的时候那边雪下得很大,可以铺满整个街道,最大的时候积雪厚得可以盖过人们的膝盖。
第二组	B同学:我和组里另一位同学都画了积雪,用绘画小圆点来表现下雪。
第三组	C同学:画了一条小径,画面中还有雪人,冬天很寒冷,路面上没有人,这就是我想象中下雪的场景。
第四组	D同学:自己去东北旅游,当时带了显微镜,透过显微镜来观察雪花的造型,以绘画六角形的雪花造型来表现下雪。
第五组	E同学:我是以文字记录的方式来表现的,主要写了下小雪的时候,路面上只有少量的积雪;中雪的时候,地面积雪开始增加,气候变得更加寒冷;大雪的时候路面结冰会很滑,不能奔跑玩耍,容易摔跤。

通过学生的相互交流可以发现,五年级学生的表达都和自己的生活经历有关,可以归纳出结论:相同的雪景主题下,学生的表现是不同的,但大多数学生都觉得雪景很美,充满无限的美好。有的同学能根据以往的学习经历在绘画作品中融入诗词,可见大家的思维是很宽广的。教师认为在项目化学习中还可以融入美术批评,从而提升学生的思维能力。

(二)融入批判性思维的评价——中西画家雪景创作对比

美术教育是学生陶冶情操、传承文化以及培养批判思维的重要途径,美国艺术教育家艾斯纳认为,美术能帮助人们批评社会,并以隐喻的方式传达某种价值观[1]。学生一生中绝大部分时间都将生活在校外的现实世界中,在这个世界里,不可预见的、偶然性的因素与使人困顿的未知事物交织在一起,这就导致学生在学校中被动接受的知识和技能并不是万能的。所以,在教学过程中,学生的学习不应该是"接受式"的,教师应允许他们带着批判性思维去认识信息、判断信息、筛选信息以及获取对自己有利的信息。在课堂中,教师引导学生欣赏美术作品的活

---

[1] 刘广滨.美术教育概论[M].长沙:湖南美术出版社,2014:86.

动,就是一种培养学生批判性思维的途径。

  课堂中,教师分别选用了中西方画家的雪景作品作为鉴赏内容,引导学生思考问题:为什么面对雪景,画家会有不同的表现方式?你觉得哪一幅最美?说出理由。

图 5.16 王维的《江干雪霁图卷》(局部)

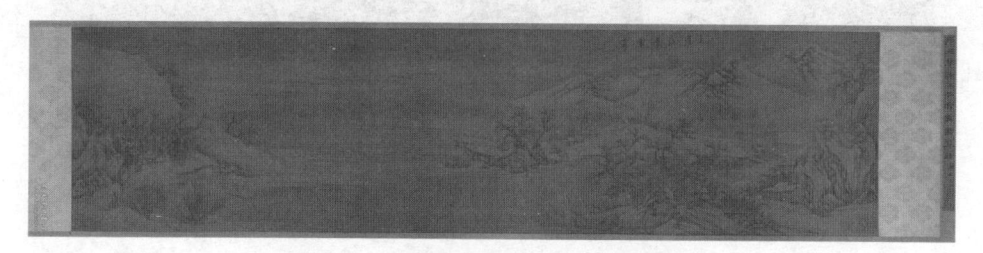

图 5.17 王维的《江干雪霁图卷》(整卷)

图 5.18 关山月的《雪梅图》

图 5.19 赵景伟的《踏雪寻梅》

图 5.20 吴大恺的雪景创作

图 5.21 老彼得·勃鲁盖尔的《雪中猎人》

在这个环节中,教师鼓励学生大胆说出自己的评判理由。以下是学生所采用的几类评价方式。

1. 直观表现评价

学生结合作者的生平以及自己的理解进行评价。如有学生说:"我觉得王维的《江干雪霁图卷》是作者为了表达思乡之情、留下美丽的雪景所作的。"

2. 进阶表现评价

学生结合作者的生活经历猜测作者创作的意图,并总结创作规律。如有学生说:"关山月的《雪梅图》感觉是作者打开窗户后发现梅花上堆积的雪很美,就画了下来;赵景伟的《踏雪寻梅》,我猜想是他在山里赏梅时的创作;吴大恺的雪景创作可能是他经过寺庙时正好看到有两个和尚在雪地里聊天就画了,这些绘画内容的不同应当和作者所处的地区地域有关。"

3. 综合表现性评价

学生尝试站在作者的角度去分析,学会换位思考,同时结合时代背景与创作情境展开分析。如有学生说:"有的画家喜欢画山水,有的喜欢画静物,所看到的东西不一样,观察角度不同。不同画家学习绘画时候的技能和方法不一样,个人的文化认知也不同。"

教师要在教学中创建一个轻松自由、可以畅所欲言的氛围,引导学生观察作品后,踊跃表达自己的理解和情感,不带任何偏见和约束地进行评价表述。从学生的表述中可以发现,由于学生的生活背景、知识积淀和审美经验的不同,观看作品后产生的各种反应也就不同。在这个教学环节中,教师面对学生的各种回答都不加以个人的评判和定论,而是让学生自由地表达对这些艺术作品的认识和情感评价,所以,此时学生的表述都是非常自由和感性的。在学生与学生之间、学生与教师之间的对话式交流中,问题的质疑性因素逐渐增加,一些学生开始在评价中深化思考,逐渐产生质疑,如:真的是像那位同学所说的这样吗?我感觉作者这样表现也可能和他的观察角度有关。又或是这幅作品作者似乎想要通过画作来告诉我们一些什么事情?有没有可能是想让我们去猜测他是在干什么?这样的疑问和猜测,激发了学生对艺术作品的价值内涵甚至艺术家本人进行更深入探究的欲望。

五、总结与反思

(一) 教学素材应当贴近学生日常生活

奥苏贝尔认为,学校学习应当是"有意义的接受学习"[1],也就是说,学生在接受新知识时,需要调动自己的知识储备中已有的关于新知识的适当认知,这些已经存在的认知来自日常生活的积累或一些隐性知识。在教授新知识后,教师要让

---

[1] 董文,刘万伦.奥苏贝尔接受学习与布鲁发现学习的比较[J].池州师专学报,2001(1):96.

学生将这些新内容与自己已有的认知结构相互作用，让这些知识通过自我建构的方式留在学生的脑海中。所以，在选择课堂呈现的美术作品时，教师可多选择与学生日常生活接近的画作题材。这样不但有利于学生的理解，而且可以让学生更好地认识学习内容，从而激发他们学习和探究的兴趣。

本课中，在与同学交流雪景的感受时，学生都能对于熟悉的现象侃侃而谈，结合自己的生活经历来发表自己的观点。在对比雪景主题的中西画作时，学生能根据教师给予的相关信息材料进行梳理与分析，并且根据同学的回答以及自己的生活经验提出质疑。学生在讨论与自己生活有关联的事物时，其思维是活跃的。与之相对的是，教师在课堂中探讨毕加索作品的美与内在价值时，由于作品较为抽象以及作品的内容与学生的认知存在一定差异，学生很难引起共鸣，反馈明显减少。

因此，为了使教学内容更好地贴近学生生活，教师在选择素材时可以采用以下几种方法。

1. 了解学生的生活

教师需要了解学生的生活，包括他们的兴趣爱好、家庭背景、学习习惯等，这样才能更好地理解学生的需求和兴趣点，找到贴近学生生活的教学素材。"小雪"这节课主要围绕审美倾向展开，结合我校已经开展的二十四节气课程内容，学生已经学习并掌握了这个节气的气候特点、农耕文化、民俗活动，在语文课上学习了关于雪的诗词，美术课上也有绘画雪花。可见"小雪"这节课有关于"雪"的内容对学生而言很熟悉，非常贴近学生的生活认知。

2. 寻找生活中的实例

教师可以通过寻找生活中的实例来帮助学生理解知识点。在本课中，教师分别罗列了中国画家的雪景作品和西方画家的雪景作品，通过欣赏与解读画家的创作背景，引导学生开展学习探究活动。

3. 利用多媒体教学

教师可以使用多媒体教学工具，如图片、视频、音乐等，来丰富教学内容，让学生更直观地理解知识点，同时也可以提高学生的学习兴趣。在本节课中，教师通过采用高清大图以及绘画作品局部放大等展示形式,引导学生解读画家的创作意义,挖掘作品背后的故事,鼓励学生大胆思考。

4. 引导学生观察生活

教师可以通过引导学生观察生活中的现象,例如在自然课上让学生观察自然界中的动植物,在社会课上让学生观察社会现象等,来帮助学生发现生活中的知识。在本节课中我们可以看到一些学科的共性,无论是自然课还是美术课又或者是其他学科,都离不开观察。因为绘画表达、评价都需要在学生尝试观察后才能进行,所以学生在观察了雪景后可以结合真实情境交流感受。发现画家创作时候的观察角度、艺术技法不同等,这些都是学生仔细观察的成果。

5. 与学生互动

教师可以增加在课堂上与学生的互动,例如让学生发表自己的看法、与学生进行讨论等,激发学生的学习兴趣和课堂参与。在本节课中,教师设计了一系列的问题来引导学生讨论并说出自己的观点,比如说起"雪景"你会联想到什么?同样是画雪景为什么画家的表现方法不同?你认为哪一幅雪景最美?为什么大家选择最美作品的意见不一样?美是什么?美是否存在一定的标准?引导学生多角度思考、分析问题,从而促使学生积极地思考、解决问题。

总之,教学素材要贴近学生生活,教师要从学生的角度出发,以学生的需求和兴趣为出发点,寻找生活中的实例,利用多媒体教学,引导学生观察生活,注重与学生的互动,这样才能更好地帮助学生理解知识点,提高学习兴趣和参与度。

(二)利用提问引发思考,培养批判性思维

批判性思维要求学生持有质疑的态度,敢于对司空见惯的现象、权威等提出质疑。提问是培养学生批判性思维的重要策略,当学生产生质疑,会更加热衷于参与课堂讨论,学习效率也会随之提高。因此,好的课堂需要让学生产生更多疑问,教师要精心设计提问,让学生对授课内容进行深入思考。通过学习,学生需要对问题情境形成整体认知,利用问题情境思考问题来源,从而对问题形成自己的判断。在一堂课中,教师的提问应该随着教学内容的深入而逐渐提高专业程度。在开始阶段,简单情境的提问能引发学生的兴趣;随着教学的进行,学生掌握了足够多的相关知识,教师可以提出一些专业性、综合性强的问题,鼓励学生学以致用。值得注意的是,问题的答案需要具有开放性。提问是为了拓展学生的思维,让学生通过提问获得知识而产生更多的疑问,所以开放性问题必不可少。面对问题,学生会给出基于自己理解的不同答案。答案不是固定的,学生回答问题,教师对学生的回答继续提问,这是一个加深学生思考的过程,也是批判性思维的培育过程。

在本课中,教师引导学生结合校门口的一张落叶照片展开讨论。"有人认为落叶颜色很丰富很漂亮,有人觉得树叶被风吹落代表衰败,还有人认为这是春天要来临的象征,意味着新生命的诞生。对此你怎么看待?为什么同样的场景,大家的感受却大相径庭?"教师从课堂讨论中发现,学生在探究、讨论美是什么以后,已经开始逐渐学会深入思考问题并能够站在不同的立场来分析问题,学生能够意识到审美并没有标准的答案,只要能表达自己的观点即可。此类对话式教学通过学生自由表达,深化了学生对于课堂主题的理解和思考,培养了学生的批判性思维。

(该课例由石旭倩撰写)

第三节 ‖ 节气游园会综合活动

除了低年级综合活动体验课程和中高年级超学科深化课程以外,我校还开发了一些以二十四节气为主题的综合活动,从而架构了较为完整的课程体系,通过多种方式培育学生的综合素养。这里将以"二十四节气 时光的馈赠——'玩转附小'节气游园会综合活动"为例进行介绍。

一、活动目标

为了引领学生去进一步探索节气的文化魅力,让节气文化得以广泛传承,学校将节气进行深入拓展、创新融合,形成了项目化的"玩转附小"节气游园会综合活动,该活动旨在发展学生的探究式学习能力以及审辨式思维力,塑造其成长为具有创造力、行动力与社会责任心的优秀小公民。

二、活动内容

"玩转附小"节气游园会综合活动是一种基于真实问题和跨学科整合的学习方式,学生将在活动的探索实践中,经历体验、思考、设计、实施到推广的整个过程,学会团结协作,锻炼沟通能力和动手能力,培养团队意识,同时加深对二十四节气传统文化的理解,增强民族文化自信。

中高年级每班要建设以一个节气为主题的特色教室暨"节气场馆",围绕驱动问题"如何建设班级的节气场馆",学生变身室内设计师和体验活动策划员,将教室设计成受大家欢迎的"节气场馆"。在活动过程中,学生将节气知识与各学科相结合,设计场馆布置的思维导图或方案,制作场馆布置的道具以展示节气的特点。游园会当天,全校学生参观每个节气场馆,体验节气文化。

三、活动实施

(一)活动实施前

学校利用升旗仪式开启了"玩转附小——二十四节气 时光的馈赠"游园综合活动的启动仪式。在启动仪式上,提出了驱动性问题"如何建设一个节气场馆",通过问题调动起学生对于节气的探索热情。升旗仪式结束后,各班围绕驱动性问题组织开展十分钟队会,针对班级负责的节气场馆提出更具体的问题。学生提出的问题一般分为两大类,一类是围绕节气知识的,如"如何让来体验的同学了解立秋这个节气?""冬至的习俗有哪些?如何在游戏中体现?"……另一类是围绕场馆布置的,"场馆布置需要哪几个部门分工合作,每个部门主要做些什么?""如何在寒冷的冬天中布置出春意盎然的谷雨场馆?""怎样布置小暑场馆,能更吸引人?"……提问是一种有助于学生进行探究性学习的重要方法,学生提出的一系列问题,无疑形成了一面"问题墙",它揭示了学生认识中的疑问,引起学生探究知识的欲望,激励学生调动思维,使学生情绪处于最佳状态,有利于学生掌握知识、提升综合能力。

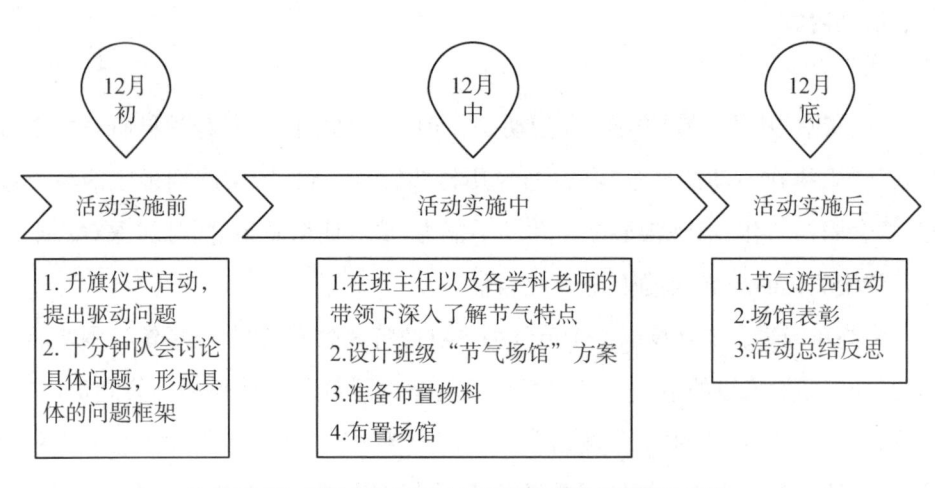

活动实施前（12月初）
1. 升旗仪式启动,提出驱动问题
2. 十分钟队会讨论具体问题,形成具体的问题框架

活动实施中（12月中）
1. 在班主任以及各学科老师的带领下深入了解节气特点
2. 设计班级"节气场馆"方案
3. 准备布置物料
4. 布置场馆

活动实施后（12月底）
1. 节气游园活动
2. 场馆表彰
3. 活动总结反思

图 5.22 "玩转附小"二十四节气游园综合活动时间线

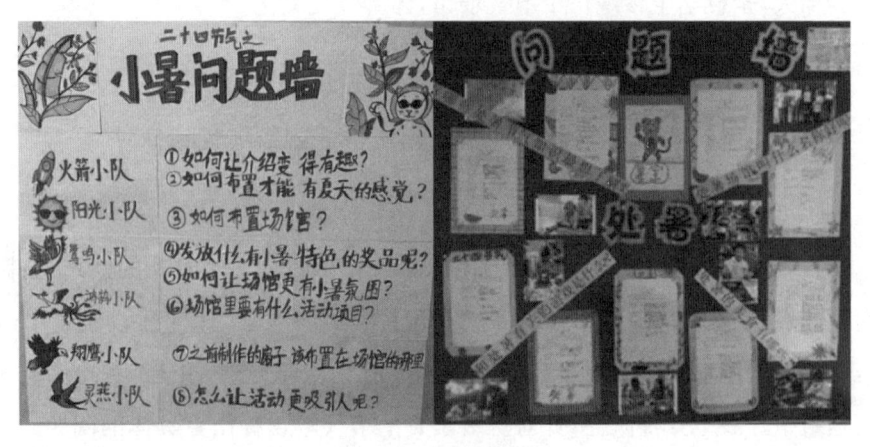

图 5.23 节气问题墙

（二）活动实施中

学生在班主任为主、学科教师为辅的导师团队的带领下,针对提出的问题思

考解决方案。学生在自然课上深入了解了节气的习俗和特点;在语文课上分享了节气诗词;在音乐课上唱了节气歌,学了节气舞蹈;在探究课上进行了场馆布置的小组讨论,体验思维的碰撞和交流。最后,学生在班级中以思维导图、PPT 演讲等形式汇报自己的解决方案。

图 5.24　节气思维导图

有的班级开展了一次"场馆方案投标会",小队成员陈述本队的设计方案,教师、家委会招标方和学生作为大众评审团,投票确定班级立夏馆的设计方案,评选出最具创意场馆名称、最具创意环境布置、最具创意游戏互动、最具创意礼品设置四大奖项。

图 5.25　节气场馆方案投标会

有的班级在进行场馆方案思维导图的交流中,学生和老师一起提出改进意见,如"是否具有可行性""主题是否适切"……提出问题后,再次规划,改进方案。在方案交流中,大家互相聆听,相互完善,交流、研讨、反思、改进,互学共进,同研共赢。

教室位置	雨水场馆布置
前黑板	布置问题墙
后黑板	制作雨水节气背景板
两侧板报墙面	张贴小队活动、家长进课堂活动照片
教室墙角	纸伞展示区、獭祭鱼
顶部	悬挂雨水节气挂饰材料
前后门	制作雨水节气贴纸
前门	场馆介绍KT板
教室外墙	结合思维导图布置

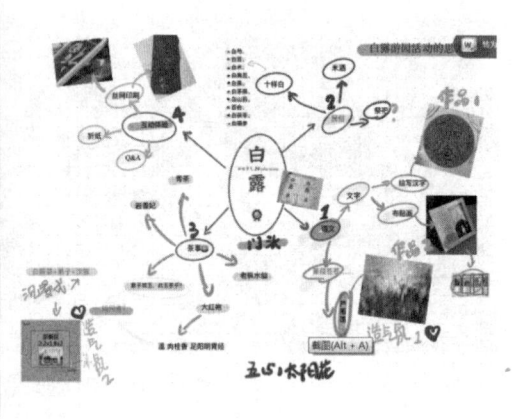

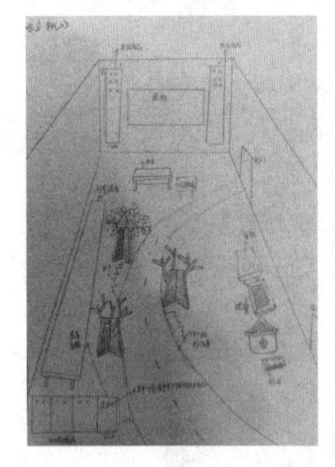

	前、后门	黑板	媒体	墙面	其他补充
前门:问题墙		秋天的落叶	学生写秋、找秋、画秋、拼秋的作品合集	农田、五谷丰登背景	三棵大树、稻田及五谷
后门:铺满落叶的林荫道		学生制作的立秋诗词、思维导图		学生制作的落叶贴图	

图 5.26 节气场馆方案

方案确定后,学生着手布置,各小队分头准备布置的物料、体验的互动游戏……有的班级学生在美术课上制作牡丹花(谷雨花),体育课上体验冬天玩的旱地冰壶游戏,音乐课上练习芒种舞蹈、节气走秀;有的班级利用家长课堂让学生参与绘制了游戏奖品——节气书签；有的班级利用课后的小队活动制作代表处暑节气的荷花插画；还有的学生在家学习做谷雨饭……在游园前一天下午，各班学生将各类布置道具带来学校，进行实地布置，打造节气场馆，大家干得热火朝天，不亦乐乎。

图 5.27　布置节气场馆道具
（照片由学校提供）

表 5.25　建设冬至场馆具体实施过程表

建设冬至场馆具体实施过程
任务1　了解冬至节气，绘制思维导图
学习目标：引导学生借助网络、书籍等途径充分了解冬至节气，通过绘制思维导图梳理所得到的文本资料，为活动开展做前期准备。 引导问题：你了解冬至吗？ 教师在信息技术课堂上指导学生如何在网络上搜索关键词"冬至"，记录自己认为和冬至有关的重要内容，利用道法课进行交流分享。课堂上教师对学生收集的内容进行归纳，可大致分为时间天气特征、历史文化流传、风俗饮食习惯等方面。结合探究学科，指导学生对冬至这一主题进行内容上的深挖和发散性的思考。最后进行分类和整合，绘制思维导图，并作交流展示。通过这样的活动，让学生对冬至节气了解得更加透彻，转"输入"为"输出"，更好地传播冬至节气文化。

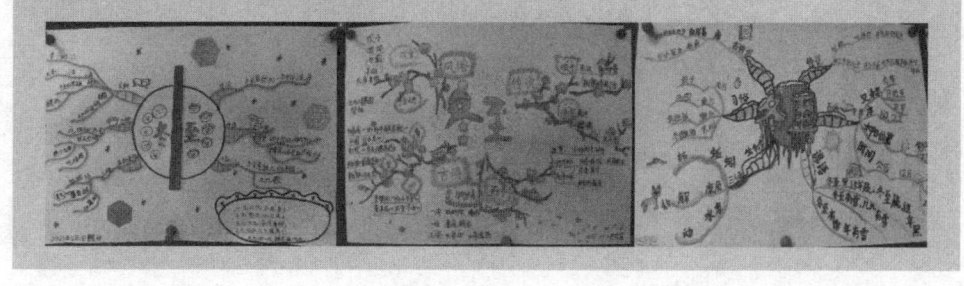

续表

任务2　基于布置要求，确立活动目标
学习目标：在有了一定知识储备的条件下，引导学生根据学校场馆建设要求，对"如何布置冬至场馆"这一问题进行思考，给出初步的设想。 引导问题：布置一个场馆需要什么？ 学生在班级中开展头脑风暴，思考"要想布置好这样一个场馆，我们需要什么"这个问题。学生的回答涉及方方面面。有的说要做一块大板，把一些冬至的知识印在上面给同学学习；有的说要煮饺子和汤圆给大家吃；有的问电视上该放些什么呢？有的提到了自己可以剪一些雪花贴在窗户上，装扮教室；还有的提出要做一些小游戏，兑换一些小奖品……学生的问题与想法是无穷无尽的，在学生一步步地深入提问与探索中，场馆雏形逐步形成。 教师对学生提出的问题进行归纳整理，最终将场馆布置安排给五个部门：采购出纳部、道具制作部、版面绘制部、游戏设计部、后勤保障部。

任务3　小组任务讨论，明确分工实施
学习目标：学生能在各自的小组中积极参与讨论，明确任务，并选择合理的方法进行实施。 引导问题：各个部门的成员都有什么任务，准备怎么做？如何体现我们的场馆特色？ 学生根据自己的特长选择加入的部门，根据实际需求，确定各部门人数：采购出纳部4人，道具制作部10人，版面绘制部10人，游戏设计部5人，后勤保障部9人。每个部门经过讨论，确定各部门任务，并推选一位部长，合理细化任务，分配给组员，协作完成。每个部门还会配备2位家长志愿者做辅助与提点，若存在危险与不当之处及时纠正，若需要其他保障，能及时提供帮助。 几个部门相对独立，又相互关联，只有相互配合，才能在协作中不断完善游园方案。例如后勤保障部在考虑到安全问题后，把原来在教室里煮饺子和汤圆的活动取消了，那该如何体现节日里的食物味道呢？经过讨论，他们决定用糯米糍代替，因为糯米糍和汤圆同样都有甜甜的、糯糯的口感。同时他们向游戏设计部抛出橄榄枝，用包装好的食品作为游戏的奖品，双方达成协议，由采购出纳部审核，选择安全有保障的店铺进行购买，并先试吃糯米糍，再批量购买。再比如，游戏设计部需要一个雪人道具，购买价格比较高，于是道具制作部挺身而出，在家长带领下，购买材料自制雪人。 在一次次的讨论和实践中，学生不断遇到问题，又不断解决问题，自主思考与动手能力全面提高。

冬至场馆各部门工作职责

部门名称	主要任务
采购出纳部	规划游园预算，审核购买物资，翔实记录收支。
道具制作部	制作展台和游戏道具（剪雪花、做雪人等）。
版面绘制部	油彩绘制KT版面，打造冬日氛围。
游戏设计部	设计游戏（活动）玩法和兑奖流程。
后勤保障部	吹气球、挂彩带、贴窗花等一系列布置教室的工作。

续表

任务4　结合多样活动,推进活动进展

学习目标:学生能在家长课堂、十分钟队会的活动中加深对冬至的体悟,为建设场馆提供更多产品。

引导问题:如果你是小小冬至宣传大使,你会怎么做?

冬至是我国二十四节气之一,是中华传统文化的重要载体,身为中国人有责任有义务传承和弘扬中华传统文化。如果你是小小冬至宣传大使,你会怎么做?学生在讨论中提可以在游园当天身穿汉服,向身边的人讲述冬至的由来、风俗、饮食;还可以利用"家长进课堂"活动,在家长志愿者的带领下一起绘制冬至徽章,游园当天学生可以佩戴在身上,成为一道亮丽的风景线。当然,一分钟汉服秀也是一个极好的舞台。大家购置汉服和道具,设计动作和走位,在忙碌中学习着、展示着。

语文课上,队员们一起朗读了古诗《小至》和《冬至夜》,还吟诵了《数九歌》,了解了"数九",引出"九九消寒图",也为游戏设计部创想"梅花团扇"做了铺垫。学生在课后还抄写了诗词和一些俗语,冬至节气氛围更加热烈。

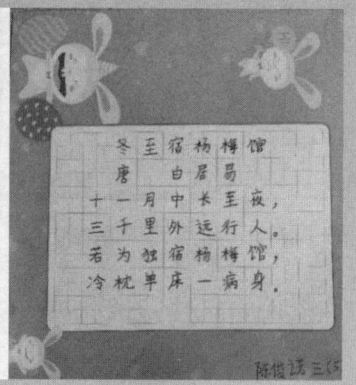

任务5　布置场地与现场管理

学习目标:学生学会分工合作,齐心协力布置环境,将设计图落到实处。

引导问题:布置如何进行?场馆内志愿者如何分工?

帮助学生对照原先的环境布置思维导图进行活动现场布置。调动学生积极性,在安排好志愿者的基础上,采取互助方式,保障公平。引导学生做好垃圾处理、物品整理等工作。

(三)活动实施后

游园活动当天,每位学生走进不同的教室,感受着不同的节气,从游戏里的节气风俗、食物里的节气味道、自然里的节气风景、生活里的节气知识、时光里的节气传承、全球化的节气等活动中体验不同的节气韵味。

此外,在本次游园综合活动中,学校的节气戏剧《我们的夏天去哪儿了?》也进行了展演。

图 5.28 节气游园活动

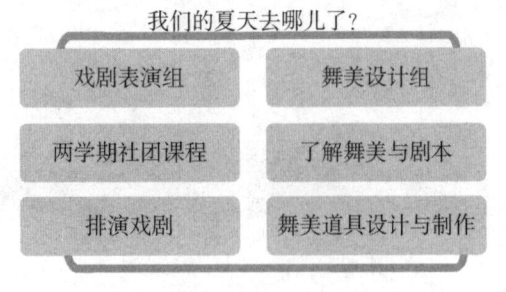

图 5.29 戏剧表演

在"玩转附小"节气游园会综合活动结束后,每位同学还评选了心目中的"创意无限场馆""绚丽多彩场馆""热情四射场馆""其乐融融场馆""玲珑心意场馆""趣味盎然场馆",学校也给予了表彰。同时各班也进行了活动的反思,总结本次活动的收获以及可以改进的地方。有的班级学生也提出了"怎样才能尽可能地减少游园环境布置的浪费现象""在小组(小队)合作过程中,有的同学游离在外,总是'躺平'怎么办"等问题。学生在反思自身、肯定自身的同时也在为下一次游园综合活动做准备。

四、总结与反思

（一）活动成效

"玩转附小"节气游园会综合活动以节气为媒，从真实的校园生活出发，通过解决真实问题，把"学"和"做"联系在了一起。学思结合，知行合一，串起多彩的学习体验。与以往游园活动不同的是，活动更侧重于学生前期准备的体验与实践，强调探索的过程。在整个场馆布置过程中，学生经历了从思考、设计到实施、成型的过程，经历了从零到多的生产过程，经历了从发现问题到解决问题的过程，更经历了团结协作相互帮衬的过程，能力得到了锻炼，友情变得更加深厚，还培养了团队意识。学生在发现中思辨，在想象中探索，在合作中创造。

教师在课程实施过程中也从主角转变为幕后编导，引导学生思考如何设计场馆，组织学生实施，为场馆的布置做准备，在欣赏学生操作的同时默默守护，并且及时反馈评价学生行为，从而收获学生成长。

（二）活动反思

节气游园会综合活动将学校传统活动转化为活动项目，更注重问题解决，因此教师需要克服传统的"教"的心态，让学生发现问题并尝试创造性地解决问题，这是将传统活动转化为活动项目的核心要义。综合活动中蕴含着学科融合与跨学科学习的思想，这对于教师特别是班主任来说无疑是一种挑战。教师需要不断丰富自己的知识储备，了解不同学科的概念和内容，不拘泥于单一学科领域，看到不同学科之间的联系。教师所具备的素养是实施高质量活动、取得可观教育成效的先决条件。因此教师需要打破学科界限，增强跨学科能力，在和学生共同参与的过程中跳出自己所教学科的局限，领略其他学科的美丽。

在活动实施中，教师需要给予学生学习支架。在学生设计节气场馆方案前，教师应设想学生可能遇到的问题以便及时提供方法指导。在解决问题过程中，教师要根据学生发展变化选择相应的方式方法予以帮助指导，最终促使学生解决问题。不管是活动的过程还是结果，教师都需要为学生提供自评或互评的机会和方法,提供评价型学习支架,让学生明确自身在各个阶段处于何种状态,离目标还有多远,最终目标是否实现,从而调控小组和个人的学习进程,维持学习动机,感知学习目标,促进反思与迭代。

高质量的项目化综合活动,能够促进学生高阶思维的发展。而这样的活动设计与实施,需要学校层面的谋定而后动以及教师团队的智慧与勇气。我们还需要不断行动与思考,通过不断挖掘资源,进一步探索实践,使学生的核心素养在学习中培育,综合素养在学习中沉淀。

第六章　"二十四节气"综合实践活动课程迭代改进

学校课程建设质量是深化课程改革、落实立德树人根本任务的关键。在学校课程建设中,通过评价了解课程的发展状态,探析学校课程建设问题,进而形成改进建议,并据此提升课程品质显得尤为重要,指向学校课程建设的评价对学校课程建设发挥着风向标和指挥棒的作用[①]。我校"二十四节气"综合实践活动课程作为学校自主开发的校本课程,需要有针对性地研制对应的评价工具,对课程实施效果进行评估,并以评估结果作为教师改进教学的依据。

上海市《小学低年级主题式综合活动课程指导纲要(修订稿)》指出,评价要更多强调过程性和多元化,发挥学生的主动性、创造性和兴趣特长。基于此,我校为该系列课程研制了更科学、更多元、更有针对性的评估工具,旨在为学生和教师提供更客观、多元的评价结果,为教师的教和学生的学提供实证依据。本章重点介绍我校基于"二十四节气"主题的综合实践活动课程的评价过程和评价结果,并结合评价结果对课程实践进行反思。

第一节 ‖ "二十四节气"综合实践活动课程师生跨学科素养发展评估

一、评估目的

本评估旨在检验"二十四节气"综合实践活动课程实施后,学生跨学科学习素

---
① 玄兆丹,王嘉悦,李凌艳.指向学校课程建设的评价:特征、挑战与优化[J].中国考试,2023(2):33.

养与教师跨学科教学素养的发展情况。对学生跨学科学习素养的评估从知识基础、思维能力、态度情感三方面展开,对教师跨学科教学素养的评估从教学知识、教学能力、教学情意三方面展开。评估开展有利于学生和教师根据评估内容和评估结果改进学习方式和教学方式,提升跨学科综合实践活动的开展成效。针对综合实践活动课程开展过程,对学生和教师进行访谈,能够帮助教师掌握课程开展情况,及时进行反思,改进教学。

二、评估方法

研究采用问卷调查法和访谈调查法进行资料收集。在问卷调查部分采用统一设计的标准问卷,向调查对象了解情况,收集可靠研究资料。研究问卷采用李克特五点量表,1—5分别代表"非常不符合"到"非常符合",每个维度的分数为各题项数据平均数,并转换为百分制呈现。访谈调查部分编制针对学生群体和教师群体的访谈提纲,向访谈对象提出相关问题,尽可能充分地掌握"二十四节气"综合实践活动课程开展的现状,对问卷调查所获数据进行辅助补充、交叉验证。使用描述性统计、相关分析、潜在剖面分析和主题分析等技术展开实证分析与结果解读。

三、评估工具

（一）师生跨学科素养评估量表

为评估基于"二十四节气"主题的跨学科学习校本课程的效果,本研究开发了相应的基于"二十四节气"主题的跨学科学习校本课程效果评估工具,旨在检验该校本课程对学生成长和教师专业发展的影响。

表6.1 学生跨学科学习素养评价维度

	节气基本常识
二十四节气跨学科学习知识基础	人文社科积淀

续表

二十四节气跨学科学习思维能力	自然科学基础
	知识获取与吸收
	知识整合与重组
	知识应用与创新
二十四节气跨学科学习态度情感	学习意愿与科学精神
	生活态度与社会价值
	国家责任和文化担当

针对学生成长的评估工具以国家教育部门提出的学生核心素养框架[1]为基础制定,主要考查学生在跨学科学习中所表现出的跨学科知识、思维和态度:(1)评估学生在跨学科学习过程中,对于各个学科领域的知识技能的掌握程度;(2)评估学生在跨学科学习过程中,是否能够发展跨学科思维,运用所学知识解决实际问题;(3)评估学生在跨学科学习过程中,是否表现出积极进取的态度以及兴趣等。

表6.2 教师跨学科教学素养评价维度

二十四节气跨学科教学知识	节气基础知识
	跨学科内容知识
	跨学科教学法知识
二十四节气跨学科教学能力	教学认知能力
	教学设计能力
	教学实施能力
	教学反思能力
	教学合作能力
二十四节气跨学科教学情意	跨学科教学信念
	跨学科教学态度

针对教师的评估工具则参考了教师跨学科素养框架的相关研究[2],主要考察

---

[1] 林崇德.21世纪学生发展核心素养研究[M].北京:北京师范大学出版社,2016.
[2] 朱德全,彭洪莉.教师跨学科教学素养测评模型实证研究[J].华东师范大学学报(教育科学版), 2023(2):1—13.

教师在设计和实施跨学科学习中所呈现出的跨学科教学知识、教学能力和教学情意，包括：(1)评估教师对"二十四节气"相关内容的掌握、整合、拓展和更新，是否具备相应的学科内容知识和教学法知识；(2)评估教师是否具备跨学科教学所需的教学认知、设计、实施、反思以及合作等能力；(3)评估教师是否具备对跨学科教学的热情与信念等。

（二）师生跨学科教学过程访谈提纲

为了近一步了解学生和教师对"二十四节气"跨学科课程的感受及反馈，探索这门课程的教学过程、困难点、能力收获、认可度和独特性等，本研究还对参与课程的师生进行访谈，设计了相应的半结构式访谈提纲，访谈内容包括课程设计、实施、评价和改进等方面，旨在从多角度深入了解二十四节气跨学科课程的实施效果和存在问题。

1. 学生跨学科学习过程访谈提纲

学生跨学科学习过程访谈提纲从课程印象、学生视角下的教学过程、跨学科性质、知识应用、课程记忆点、课程带来的收获、课程的实用性和认可度等方面对学生提问，了解学生在学习过程中的知识积累、能力锻炼、思维提升的情况，并从学生的回答中寻找课程改进的方向。

表6.3 学生跨学科学习过程访谈提纲

姓名：	性别：	所在年级：
年龄：	访谈时间：	
问题		备注
1. 你有没有上过二十四节气的系列课程呢？如果有，可以简单介绍一下吗？		课程印象
2. 在这门课程里，老师一般会从哪些方面带你们认识节气？（主要学习哪些内容，参与哪些活动）		学生视角下的教学过程
3. 这一过程里有没有涉及语文、数学、科学等多个学科内容的学习？有没有让你有更丰富的收获？		跨学科性质
4. 假如你要去了解一个新的节气，你会从哪些方面去学习呢？		知识应用
5. 在上这门课的时候，有没有一些你印象比较深刻的事情呢？（比如一起创作的作品，进行的课堂小活动，遇到的困难和挑战等）你在这些事里学到了什么？		课程记忆点

续表

问题	备注
6. 你觉得这门课给你带来了哪些改变?(如学到新的知识、技能,对某些事物的看法发生变化等)	课程带来的收获
7. 你觉得在这门课里学到的东西对你的学习和生活有帮助吗?	课程的实用性
8. 你喜欢上这门课吗? 为什么? 相比之下,你是更喜欢上这门课,还是其他的学科课程? 你觉得这门课和其他课程有什么不一样?	认可度

2. 教师跨学科教学过程访谈提纲

教师跨学科教学过程访谈提纲从身份任务与参与过程、参与意愿和满意度、对专业发展的影响、对学生的影响、课程独特优势、困难与挑战、课程不足与改进等方面对教师进行提问。针对"二十四节气"综合实践活动开展过程中可能遇到的关键问题,例如教师主动性、学生的接受度、课程实施障碍等,具有较强的现实针对性,能够引起教师的思考。

表6.4 教师跨学科教学过程访谈提纲

姓名:		性别:		教龄:	
年龄:		访谈时间:		所教年级:	
问题					备注
1. 您是通过什么契机加入到二十四节气跨学科课程中来的? 您在这个课程项目中主要负责了哪些内容? 这个课程是怎么安排到教学当中的?					身份任务与参与过程
2. 您一开始参加这个课程的意愿有多大? 之后是否发生了改变? 您觉得本课程最终的实施符合您的期待吗(是否满意)?					参与意愿和满意度
3. 您在本课程中学到了哪些新知识、新技能,产生了哪些新认识? 这些与您以往教学过程中学到的有何不同? 它们有没有深化或拓展您对自己所教学科和其他学科的理解,改变您对跨学科教学的看法?					对专业发展的影响
4. 您觉得学生对本课程的反应和评价如何?(能够适应这种跨学科的教学方式吗? 有没有表现出兴趣?)他们在本课程中有哪些进步和成长(或者困难和挑战)? 比如他们的知识、技能、态度、价值观等方面有哪些提升或改变? 这些成长、改变与他们在传统课程中经历的有何不同?					对学生的影响
5. 与其他传统的课程相比,这门课程是否成功地将不同学科整合在了一起? 相比之下,其最大的优势是什么?					课程独特优势

续表

问题	备注
6. 您觉得进行跨学科课程的教学有挑战性吗？与传统的教学相比，对您的能力有什么不同的要求？遇到过什么样的困难？最需要的专业支持是什么？	困难与挑战
7. 您觉得本课程的设计、实施、评估等方面有哪些需要改进或完善的地方？与此对应，您有哪些建议或意见？您对未来开展类似或延伸的课程有哪些期待或设想？	课程不足与改进

四、样本信息

（一）问卷调查对象基本信息

问卷调查部分的数据来自华东师大附小 156 名参与"二十四节气"跨学科课程的五年级学生以及 30 名参与课程教学的教师，采用描述性分析方法、相关分析方法与潜在剖面分析方法对问卷数据进行分析。

表 6.5　问卷调查对象基本信息

特征		频数	百分比
教师性别	男	5	16.67
	女	25	83.33
学历	大学专科	1	3.33
	大学本科	25	83.33
	研究生及以上	4	13.33
职称	二级	10	33.33
	一级	18	60.00
	高级及以上	2	6.67
年龄	25—29	8	26.67
	30—34	6	20.00
	35—39	9	30.00
	40—44	2	6.67
	45—50	5	16.67

续表

特征		频数	百分比
教龄	1—5	6	20.00
	6—10	8	26.67
	11—15	9	30.00
	16以上	7	23.33
学生性别	男	73	46.80
	女	83	53.20

（二）访谈调查对象基本信息

访谈调查的对象同样来自于参与课程的师生，共有26名，其中教师11名，学生15名。访谈过程中采用录音设备和文字记录两种方式，收集后采用主题分析的方式分析访谈文本。

表6.6 访谈教师基本信息

	学科	所教年级	教龄	年龄	性别
LJY	语文、道德与法治	二年级	13	37	女
SLZ	语文、道德与法治	三年级	14	36	女
YZ	数学、探究拓展	二年级	6	28	女
JY	语文	五年级	15	37	女
JY	自然	一、二年级	12	34	男
YWL	自然	三、五年级	15	37	男
QZL	语文、道德与法治	二年级	5	28	男
YFH	数学	一年级	26	46	女
YQJ	语文	三年级	8	33	女
XQS	美术	三、四年级	11	34	女
YL	美术	一、三、五年级	13	32	女

参与访谈的教师所教授学科包括语文、道德与法治、数学、美术等课程，具有较广的学科背景。同时，教师群体的教龄均在五年以上，绝大多数教师教龄在十

年以上,为跨学科综合实践活动课程的设计与实施打下良好的基础。

表 6.7　访谈学生基本信息

	性别	所在年级
RC	男	五年级
SYC	女	五年级
ZCC	女	五年级
ZMC	男	五年级
JQD	男	五年级
PYG	男	二年级
XLG	女	二年级
XL	女	五年级
CGL	男	五年级
KYL	男	二年级
KRW	男	五年级
RJW	女	二年级
YYZ	男	二年级
DZ	男	五年级
XYZ	女	五年级

参与访谈的学生来自各个年级,均参与过低年级综合活动体验课程或中高年级超学科深化课程。

五、评估结果

(一) 基于问卷调查的评估结果

1. 学生跨学科学习素养评估

(1) 学生跨学科学习素养得分

通过学生的跨学科素养自评发现,其跨学科知识基础、思维能力与态度情感整体处于较高的水平,每项内容的得分均在85分以上(满分100)。其中,跨学科态度情感得分最高(91.81),跨学科知识基础(87.37)和思维能力(87.84)较为接近。该结果说明,整体来看,参与课程的学生在学习过程中不仅掌握了必要的知识内容,而且培养了灵活运用知识、解决问题、创新思维的能力,以及积极主动、持续探究的学习态度。

表6.8 学生跨学科学习素养得分

维度	总分	内容	得分
二十四节气跨学科学习知识基础	87.37	节气基本常识	88.30
		人文社科积淀	86.83
		自然科学基础	86.99
二十四节气跨学科学习思维能力	87.84	知识获取与吸收	89.36
		知识整合与重组	88.08
		知识应用与创新	86.09
二十四节气跨学科学习态度情感	91.81	学习意愿与科学精神	90.13
		生活态度与社会价值	91.79
		国家责任与文化担当	93.49

在跨学科知识基础中,学生对节气基本常识的掌握最高(88.30),其次为自然科学基础(86.99)和人文社科积淀(86.83),说明从知识基础方面看,学生对于节气知识的掌握较为全面,同时,在人文社科和自然科学方面的知识储备也比较均衡,反映了学生在这门课程的学习中已经初步具备了跨学科的知识基础;在跨学科思维能力中,学生在知识获取与吸收方面得分最高(89.36),在知识应用与创新维度则相对薄弱(86.09),知识整合与重组能力处于中等水平(88.08),说明从思维能力方面看,学生在知识获取与吸收方面的表现最为突出,基本都具备相应的自主学习能力和信息素养,能够有效地利用各种渠道和资源来拓展知识面。然而,学生在知识应用与创新方面的表现相对较弱,说明了学生在将学得的二十四节气相关内容运用到实际问题解决中的能力还有待提高,也反映了当前的课程中对创新实践培养不足的问题。因此,教师应该加强对学生的跨学科知识

应用与创新能力的培养,通过设计更贴合实际的任务,让学生有机会将所学知识整合重组并运用到实际情境中去。在跨学科态度情感维度中,学生的国家责任与文化担当意识最强(93.49),在学习意愿与科学精神(90.13)和生活态度与社会价值(91.79)方面的表现也较为优秀,这说明学生具有较高的爱国情怀和文化自信,实现了跨学科教育的重要目标之一。此外,学生在学习意愿与科学精神、生活态度与社会价值方面也表现出了较高的水平,说明了学生对于跨学科学习的态度是较为积极的,对于探索未知领域和解决复杂问题的挑战能保持兴趣。

(2) 学生跨学科知识、思维能力与情感态度的相关性分析

通过相关分析发现,学生的跨学科知识、思维能力和态度情感之间存在较高的正相关,其中,思维能力与态度情感之间的关系最为紧密($r=0.893, p<0.01$),其次是思维能力和主题知识之间的关系($r=0.876, p<0.01$),以及主题知识和态度情感之间的关系($r=0.795, p<0.01$),这些数据表明,学生的跨学科知识、思维能力和态度情感是相互促进的,跨学科教学在提高学生对不同学科之间联系和规律的认识的同时,还能够培养学生的创新思维和积极情感。因此,在设计和实施跨学科教学时,要关注这三个方面发展的关联性,使学生能够在知识、能力和情感上都得到全面的提升。

(3) 潜在剖面分析

采用潜在剖面(Latent Class Profile)分析方法,可以根据学生在跨学科基础知识、能力思维以及情感态度三个维度上的得分,将学生划分为三类:第一类为素养薄弱类,该类学生占比为5.8%,其特征为各维度得分均较低,在三个维度上的得分分别为53.36分、51.68分以及51.52分;第二类为素养中等类,该类学生占比为28.2%,其特征为各维度得分中等,但跨学科情感态度得分明显更高,在三个维度上的得分分别为74.26分、73.95分以及83.25分;第三类为素养优秀类,该类学生占大多数,比例为66.0%,其特征为各维度得分均较高,三个维度上的得分分别为96.04分、97.06分以及99.07分。

对学生的类别分析能得出以下几点发现:首先,本校学生的跨学科素养整体

第六章 "二十四节气"综合实践活动课程迭代改进

图6.1 学生跨学科素养水平类别

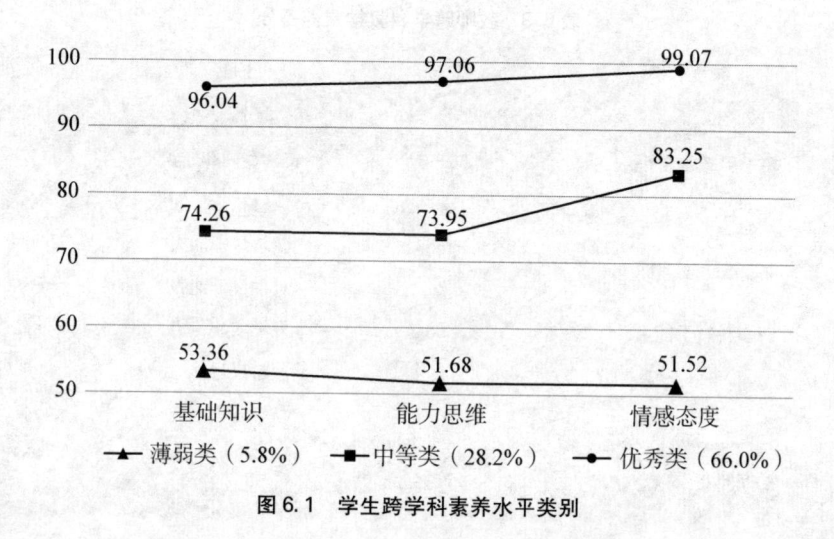

水平较高,超过九成的学生达到了素养中等或优秀的水平,说明本校在跨学科教育方面取得了显著的成效;其次,本校学生在跨学科情感态度方面整体最为积极,说明大多数学生对跨学科学习有着较强的兴趣和热情,也有着较高的自信和责任感;最后,本校学生在跨学科基础知识和能力思维方面表现出了较高的一致性,素养优秀类的学生在这两个维度上均达到了近满分的水平,说明大多数学生具备了扎实的跨学科知识储备和灵活的跨学科思维方式,能够有效地应对不同领域和问题的整合和创新,也印证了已有的课程支持能够帮助学生充分利用各种资源和平台,进行深入探究和实践。此外,仍有5.8%的学生在跨学科素养方面的各维度都表现得十分薄弱,后续的课程中应关注这一群体,有针对性地发掘其在跨学科学习中的困难点,精准解决困难,帮助这类学生跟上群体的学习节奏。

2. 教师跨学科教学素养评估

通过教师对自身的"二十四节气"跨学科教学素养评估发现,教师的素养得分整体水平较高,均在85分以上,其中,在教学情意维度的得分最高(94.44),其次为教学能力(88.84),在教学知识维度的得分最低(86.33)。

表 6.9　教师跨学科教学素养得分

维度	总分	内容	得分
跨学科教学知识	86.33	节气基础知识	86.22
		跨学科内容知识	85.67
		跨学科教学法知识	87.11
跨学科教学能力	88.84	教学认知能力	86.22
		教学设计能力	86.67
		教学实施能力	87.11
		教学反思能力	90.00
		教学合作能力	94.22
跨学科教学情意	94.44	跨学科教学信念	95.33
		跨学科教学态度	93.56

在教学知识方面,教师的跨学科教学法知识相对更高(87.11),节气基础知识(86.22)和跨学科内容知识(85.67)差别不大。从数据中可以看出,教师对于跨学科教学法的理解较为深入,这说明教师能够运用不同的教学策略和方法,激发学生的兴趣和动机,促进学生的跨学科思维和能力的发展,而节气基础知识和跨学科内容知识的水平相对较低,这表明教师对于节气文化和相关的跨学科知识有一定的掌握,但还有提升的空间,教师后续可以通过更多的阅读和研究,增进自身对其他学科知识的了解,拓宽知识面。

在教学能力方面,教学认知能力(86.22),教学设计能力(86.67),教学实施能力(87.11)水平都较为接近,值得注意的是,教师的教学反思能力(90.00)和教学合作能力(94.22)水平较高。这说明教师能够根据节气文化和跨学科课程的特点和要求,进行有效的教学分析、规划、组织和执行,而教师在教学反思能力和教学合作能力上更为突出,这反映了教师在跨学科课程的教学中已经形成了不断检查和改进自己的教学行为和效果的意识,且十分关注与同事开展专业合作的过程。

在教学情意方面,教师的跨学科教学信念(95.33)和教学态度(93.56)都较高。这表明教师对于跨学科教学有着积极的认同感和价值观,认为跨学科教学有利于培养学生的综合素养和适应未来社会的能力。同时,教师也表现出了对于跨学科教学的热情和投入,愿意尝试新颖和创新的教学方式,为自己和学生创造更多的跨学科教学机会和体验。

对教师的跨学科教学素养的不同维度进行相关分析显示,跨学科教学知识和教学能力之间的关联性最高($r=0.945, p<0.01$),其次为教学能力和教学情意之间的关联($r=0.773, p<0.01$),最后为教学知识和教学情意之间的关联($r=0.692, p<0.01$)。这些数据说明教师在跨学科教学中需要具备均衡的知识、能力和情意,且跨学科相关知识的掌握对教师跨学科教学能力的提升至关重要。

(二)基于访谈调查的评估结果

1. 教师教学反思

(1) 课程基础与课程准备程度

依托已有课题,逐步推进课程实践。受访教师指出,现有的二十四节气跨学科课程以学校先前的课题与校本课程为基础,经过了多轮研发与优化,其中所涉及的培养目标也与既往的课题呈现出一脉相承、逐渐强化的关系,例如就批判性思维的培养而言,在学校先前的儿童哲学课题中已有体现,在本次课程中同样得到了强调。此外,参与课程设计与教学的教师大多已经具备了以往课题的经验,通过观摩学习等方式熟悉二十四节气的新主题,逐步加入到课题组中,使实践的推进更为稳定有序。

教师 A:我之前在任教四年级的时候,已经参加过学校的 PYP 儿童哲学的一个课题,其中也有一些批判性思维的理论。但是我没有执教,就是看着其他教师上课……但在(二十四节气)综合课程的这个活动中,我同时参与了低年级和中高年级的课程教学。

教师 B:我在 2019 年左右参加了学校的儿童哲学课题组,从中积累研究经验。结题后加入到二十四节气跨学科课程课题组中。我在课程项目中主要跟随团队听课学习,其间还执教了部分课程。

在新课程开发的过程中，学校从原本的课程中寻找切入点，经历了不同学科从分离到统整的过程，在探索中逐渐消除学科之间的壁垒，推进学科的融合，一方面回应和巩固已有的主题，另一方面探寻跨学科教学更多的空间。访谈中提到了进行跨学科尝试的三个阶段，第一阶段是各个学科分别开展与二十四节气相关的课程；第二阶段是尝试通过学科合作开展课程，但仍然是较为浅层的合作；第三阶段是进行超学科深化研究，融入项目化学习和批判性思维等元素，这一阶段仍然在探索中。这一演进体现出二十四节气跨学科教学的探索从单一到多元，从表面到深层的转变。

教师C：我们这个课题其实最早的时候就是二十四节气的一个校本化课程，原来我们都是根据自己的学科特点来展开二十四节气的相应课程。尝试了跨学科教学以后，刚开始学科之间泾渭分明，只不过就是几个学科的教师一起来上同一节课……后来我们进行了学科重整，一直到现在我们推进到超学科深化研究，融入了项目化学习和批判性思维的一些元素，这些都是对我们前面的教学内容的一个延续。

从迷惘到熟稔，反复优化提升效果。 许多受访教师指出，最初参加二十四节气跨学科课程的教学时，仍然存在如"迷惘""陌生"等充满不确定性的心理，难以把握将相关主题的内容渗透到课程当中的具体过程，甚至感受到一定的压力。但在参与实践之后，教师通过对已有材料的反复磨合、探索，摸清学生可能的反应，同时加强与其他学科教师的合作沟通，使得课程能更加契合跨学科的融合目标，并在实践中更具成效。

教师D：刚开始的时候，总有种学科大拼盘的感觉，虽然在上同一节课，但还是感觉不同学科的教师在做各自的事情。在上了很多课，观摩了很多课后，(课题组成员)才开始逐步打破僵局，能够有协同合作和一个教师融通各学科领域的感觉。

教师A：我与课程的磨合经历了一个比较长的时间段，我虽然只试教了一次，但是在这一次试教之前,我的教案已经修改了大概两到三版了。在试教的时候,学生反馈跟我预设的情况其实相差还是蛮大的,我预设到的我觉得学生可能回答出来的问题,他们没有回答出来,但是学生上课时对一些问题的反应,其实也是我没有料想到的,也给我带来了一些课程设计上的灵感。反复打磨后形成的最后一版的教案,我上下来还是觉得比较满意的。

(2) 课程感受与师生收获

思维碰撞促生"火花",学生互动更有成效。 受访教师指出,由于二十四节气课程本身比传统课程更具自由的氛围,所设定的限制较少,所以课堂氛围更加轻松,学生对课程的反应更为积极,也更愿意调动思维回答问题。在这一过程中,学生的批判性思维也得到了明显提升,在表达和思考方面得到了较为全面的训练。这说明二十四节气跨学科教学能够激发学生的兴趣和创造力,让他们能够自主地调用各个学科的知识和方法来解决问题,同时也提高了他们对问题的深层理解。此外,相较于传统课程,二十四节气跨学科课程中设置了较多学生合作讨论的环节,帮助学生有效地学会与他人合作、交流和协调,提升其对多元观点的包容性,在这一过程中教师则扮演引导者和支持者的角色,构建以学生为中心的教学氛围,促进其自主发展。

教师D:小朋友反应都比较积极,他们对这样比较有趣的话题,比较轻松的氛围都感到很有兴趣。在可以畅所欲言的环境里,面对没有标准答案的开放性问题,学生更加愿意拓宽思路。

教师A:在这样的课程中,学生可以亲身体验节气游戏的乐趣,而且在玩游戏的过程中,他们会遇到很多的问题,需要自己去解决。这个时候教师只是一个引导者,并不直接帮他们解决问题,而是让他们自己找出答案。

面临更多不确定性,灵活应对构成新挑战。 许多受访教师指出,在二十四节气跨学科课程中,学生对课堂的回应显得更为发散和不确定,正因课程内容的广泛性，教师在课前的预设很可能无法涵盖学生回答的各种可能性，甚至出现学生的思维脱离教学主题或无法抓住教学要点等情形，教师要能巧妙地将学生重新引导到与主题相关的思路中，对其灵活应变的能力带来了一定的挑战性。这不仅要求教师有足够的专业知识和跨学科整合能力，从而有效地设计和实施跨学科课程，也意味着其需要有良好的课堂管理和引导能力，应对学生在跨学科课程中可能出现的各种问题和困惑。

教师 D：印象比较深的是对学生生成性特别强的回答的引导能力和课堂把握能力的提升。日常课堂中，对于每个环节所取得的效果，预设还是比较固定的，（但在跨学科课堂中）我们要有更大的灵活性，同时更注重过程性评价。

此外，部分受访教师也提及了二十四节气跨学科课程给自身专业发展带来的提升，例如增进了对其他学科知识点的了解以及思维的提升，也有教师指出，在课堂中的身份转换给自己带来了较为深刻的体验，通过师生合作与生生合作的方式，跨学科课程能够为传统课堂氛围注入活力。

（3）课程不足与发展空间

丰富课程材料，加强学科资源整合。 首先，有教师提及现有的二十四节气跨学科课程缺乏系统和完善的课程材料，导致教师在教学过程中难以找到适合的内容和方法。因此，受访教师指出，后续可以编写和推广专门针对二十四节气跨学科课程的教材和参考资料，以便教师能够根据不同年级和水平的学生选择合适的内容和方法进行教学。也有教师指出，对于课程需要使用的物品材料也可以采用统一采购的方式，使过程更加规范便捷。其次，现有的二十四节气跨学科课程缺乏有效的资源整合机制，导致各学科之间的联系和互动不够紧密和深入，例如有教师指出，目前课程主要是由不同学科的教师各自负责一部分内容，只提供了课后讨论的机会，针对存在疑问的其他学科的知识内容，教师难以在课前与其他学科教师进行沟通确认，这样很可能造成教学效果的不均衡或低下。因此，需要建立和完善二十四节气跨学科课程的资源整合机制，以便各学科之间能够全程保持有效的沟通和协作,形成有机的整体。

教师E:本课程缺少统一教材,希望今后能编写二十四节气的相关教材或者统一的学习任务单,供学生学习。同时也希望能根据国家教材的内容进行跨学科融合,这样能减轻教师的教学压力和负担。

教师F:最好能有一个课程包,匹配了国家标准下课程的所有的知识点,告诉你这一节课涉及的语文、数学、英文知识点……所有东西都打包好……我觉得还是要老师们坐在一起讨论。

促进共同发展,发挥学生主导作用。 受访教师指出,不同的学生群体在课程中的反应出现了分化。一方面,优秀的学生充分发挥自己的优势,积极参与课程活动,与教师和同学进行有效的交流和合作,但另一方面,知识较为薄弱的学生难以跟上课程进度和要求,缺乏主动性和互动性,从而降低自己的学习效果和信心。因此,教师在设计和实施二十四节气跨学科课程时,需要更加关注不同水平学生的特点和需求,采取适当的教学策略和方法,如分层教学、个性化指导、差异化评价等,以促进所有学生的同步成长。此外,也有教师指出,对于低年级学生来说,二十四节气跨学科课程也需要更加贴合他们的认知水平和兴趣点,采用更多的游戏化、情境化、体验化等方式,激发他们对二十四节气的好奇心和探索欲。也有教师指出,后续的课程开发过程可以进一步强调学生的主导作用,让学生参与到课程主题的选定当中,形成相关的研究结果,让节气课程不仅是学校和教师的课题,也成为学生的课题。

教师D:实施上,对优秀的同学,他们越来越棒,参与性、互动性都很强,但对于另一部分学生来说,他们会稍显边缘化,(需要考虑)怎样能够全面调动学生的积极性。

此外,现有课程的实践性仍然有提升的空间,有教师认为,节气与学生的生活息息相关,因此更应让其在学习过程中走出校门,切实地体会到相关知识点在日常生活中的体现,从而加深其学习体会与印象。

教师 G:希望能够走出校园,把学生带回到自然的或者社会的大环境中去,而不只是在课堂里面看一些视频、PPT,这种形式还是略微的教条化了一点。

2. 学生参与体会
(1) 课程形式与记忆点

多样课堂培养兴趣,课外拓展丰富体验。访谈发现,学生对于教师在二十四节气跨学科教学中采用的多样化课堂活动表示了高度的认可。他们认为这些活动不仅丰富了课堂内容,增加了学习的趣味性,还拓展了知识面,培养了创新能力和合作精神。学生在访谈过程中提及了各种形式的课堂活动,除了传统课堂中的知识讲解之外,教师在开展二十四节气跨学科教学时,还会发放资料鼓励学生自主探究,分组开展有关节气习俗的课堂表演,组织学生共同布置节气主题的场馆,开展与节气相关的小游戏、课堂辩论赛等。其中,游戏化的课堂在低年级学生中的反响更为热烈,他们都分享了在这一过程中的趣味感受。也有数名高年级学生提出,教师采用的课堂辩论方式让自己得到了较多的启发,锻炼了自己的思维。这些活动不但体现了教师对于二十四节气文化的深入理解和热爱,也激发了学生对于传统文化的兴趣和尊重。从学生的反响来看,教师在二十四节气跨学科教学中所设计的课堂活动是有效且具备吸引力的。

学生 A(二年级):斗蛋,就是两个小朋友一人拿一只蛋进行比赛。有两种游戏形式,一种是静态斗蛋,两个人的立夏蛋放在一起,你挤我我挤你。还有一种就是两个人手拿立夏蛋,一起往前冲。谁的立夏蛋没有碎,谁就赢了……当时的斗蛋游戏,我赢了,我的好朋友输了,我安慰了她,我们俩都玩得很开心。

学生 B(五年级):比如霜降那次课程开展了辩论赛,我学的时候会觉得比较开心,因为只学一个学科知识的话感觉会有一点单调,将跨学科的知识放在一起学,会让我上课时的注意力更集中一点。我喜欢以辩论的方式来学习课程,思考对方的漏洞,提出自己的论点,也更能集中注意力,有成就感。

根据访谈结果,在回忆相关的课程活动时,学生大多还提到了游园活动、家长进课堂等贴近生活的拓展活动。他们指出这些方式,是因为他们对二十四节气的知识有深刻的理解和体验,说明这些拓展活动不仅能够激发学生的兴趣和好奇心,也能够培养他们的观察力和创造力。

(2) 课程收获与成长点

理论联系生活,能力多维提升。 根据我们的访谈发现,不同年级的学生对于二十四节气的知识有着不同的关注点和理解方式。低年级学生更关注在二十四节气方面的知识收获,能列举出不少相关的知识点,例如每个节气的时间、相关物候等。他们对于这些知识点感到新奇,也能够记住一些基本的规律和特点。中高年级学生则更加关注这些知识点与生活的联系,能够通过知识点的了解,联想到生活中的一些习惯习俗,例如吃什么、穿什么、做什么等,他们对于这些习惯习俗的由来和意义有着更深入的思考和探究,也能够体会到传统文化的魅力和价值。

同样,我们发现学生在不同的课程活动中有不同的能力收获。在小组讨论中,低年级学生能够通过互相交流和协作,逐渐掌握合作的技巧和方法,提高了团队合作的能力和效率。在自主搜集课程材料的过程中,中高年级学生能够利用各种渠道和资源,获取相关的信息和知识,提升信息的获取和筛选的技能,拓展了知识面和视野。还有学生提出,他们的批判性思维能力有了显著的提升。他们表示,在辩论过程中,他们不仅需要收集和分析证据,还需要对自己和对方的观点进行评估和反思。这样的训练使他们能够更加客观、理性和全面地看待问题,同时也增强了他们的表达和沟通能力。此外,许多学生表示在活动过程中遇到了很多困难,比如观察不到预期的结果、道具制作失败或者不满意等。但他们通过查阅资料、向老师或同学请教、反复修改等方式,最终完成了作品,他们认为这些经历增强了自身面对挫折的信心和勇气,也锻炼了自身利用沟通合作的方式解决问题的能力。

学生C(五年级)：有好几种学习的方式，网上查资料、询问大人，或者通过自己的观察体验来了解一个新的节气。有很多关于节气的歌曲、影片或者纪录片，网上也有很多相关资料，上课前我也会先去看看。

学生D(二年级)：我们小组讨论的时候，有的时候可能会跑题，或者其他组员发言不太积极，导致会有小组讨论冷场的时候。我是组长，为了解决这个问题，我会参考老师教我们的方法，让我们小组的成员按顺序发言，就是我先讲，然后第二个组员讲，第三个组员讲，第四个组员再讲，如果他们没有思路的话，我也会提示他们一下。

课堂回归实际，增添生活经验。受访学生大多表示，参与二十四节气跨学科课程让自己在生活技能和养生习惯方面有了显著的提高，了解了如何让自己的生活符合节气规律，不仅拓宽了自己的视野，也增强了自己的健康意识，丰富了自己的生活经验。例如有学生将习得的节气知识与家长所传达的中医理论联系起来，深入思考了健康的饮食和作息规律，也有学生对农业劳作产生兴趣，掌握了之前了解较少的耕种知识，还有学生将节气与全球范围内的环保问题联系起来，从更广阔的视角思考二十四节气的价值。

(3) 课程评价与认可度

独特体验助力开阔视野，轻松氛围提升学习兴趣。被问及对这门课程的喜爱程度时，我们发现学生对二十四节气跨学科课程的评价较为积极，对课程的效果表达了很高的认可度。他们表示课程结合了多个学科的内容，让自己从不同的角度了解自然界的变化和人类的生活。在与其他学科作比较时，学生认为二十四节气跨学科课程能带来和其他传统课程不一样的独特体验，能了解许多书本上学不到的知识，与自身的生活联系更加紧密。学生还表示，这个课程的氛围更加轻松，上课的体验比较有趣味，老师所采用的多种教学方法，如开放式讨论、做实验、制作手工等，激发了他们的兴趣和参与度，也培养了他们的创造力和合作能力。也有学生提出，在这种相对不那么严肃的课堂中，他能够潜移默化地加强对知识的记忆，更轻松、更高效地掌握较为困难的知识点。整体来看，学生对二十四节气跨学科课程给予了高度的评价和认可,认为这是一门有意义和有价值的课程。

学生B(二年级):在二十四节气课上,我可以学到书本上没有的知识,了解节气的风俗习惯、气候的变化。

学生E(五年级):我也比较喜欢上这门课,因为它是一个开放性讨论式的课程,不像主课那么严肃,但是在学习过程中,却会潜移默化地融入主课里面的一些知识点以及思考的方式。比如说主课里面语文要学古诗词,但常常是通过死记硬背的方式,我是不情愿去学的。不情愿学的时候,记忆是不会长久的,但是如果当它和一个节气、一个感兴趣的东西联系起来了,我就会有兴趣试着去学习,而且在学的过程中不是一个人单独学,是有团队、有小组的学,跟同学之间可以讨论,交换意见,互相补充。

六、小结

首先,从教师和学生的跨学科素养发展来看,本研究发现师生的跨学科素养水平整体较高,尤其是在跨学科的学习和教学态度方面,均表现出了积极参与和主动探索的倾向。这说明了基于二十四节气主题的跨学科课程能够有效地激发教师和学生的跨学科学习兴趣和动机,促进他们的跨学科认知和能力。

其次,从教师的课程实施情况来看,本研究发现教师在开展二十四节气跨学科课程时,具备较扎实的基础和准备程度,能够根据课程目标和内容设计和实施合适的教学活动,但教师也面临着一定的专业挑战,如如何处理更开放的课堂、如何涵盖更广泛的知识点等。因此,他们指出后续的课程实施还需要更系统性的材料支持和更完善的学科合作体系,以提升他们的跨学科教学效果。

最后,从学生的课程体验情况来看,本研究发现学生大多表示在二十四节气跨学科课程中体验了多样化的教学过程,如观察、实验、讨论、展示等,不同年级的学生都拥有较高的兴趣和投入程度,在知识与思维层面都收获丰富。同时,本研究也发现部分学生在跨学科课程中存在一些困难或不足,如知识理解、合作沟通等。因此,后续应该更关注学生的同步发展,提供更多的指导和支持,不让个别学生掉队。

第二节 ‖ "二十四节气"综合实践活动课程建设思考

一、"二十四节气"综合实践活动课程建设取得的成效

自2015年起,华东师大附小将"二十四节气"作为跨学科学习主题进行校本课程建设,到如今已有八个年头了。该课程,并不是简单的主题统整完全宰制课程统整,也没有让主题又偏于周遭环境、乡土、节庆等,或者回到过去的统编本时代[1]。诚如课程学者多尔指出的,这类课程是知识、技术、经验与社会的课程设计,是动态的课程,是有待探索的多面矩阵,更是环绕着许多"重要观念"而建构的,教与学的探索[2]。学校要建立学科与学科、教学者与教学内容、学生与学习、学生与自我及学生与世界之间的五种连接,"二十四节气"就为教与学提供了这样的搜集、思考、讨论、探究的连接点。

经历了三轮迭代,从课程目标定位、课程内容设计、课程落地实施、课程评价的调整,到再修改与再实践,"二十四节气"校本课程建设取得了显著的成效,具体体现在以下三个方面。

(一) 有效促进学生核心素养提升

华东师大附小的跨学科课程分为"低年级综合活动体验课程"和"中高年级超学科深化课程",以及"节气游园会综合活动"三个模块。

---

[1] 欧用生.从综合活动课程谈台湾课程统整的趋势[J].全球教育展望,2002(4):18.
[2] 潘瑶珍.迈向深度学习:基于核心概念的综合实践活动课程单元[J].全球教育展望,2009(5):18.

首先，为了落实国家教育部《基础教育课程改革纲要（试行）》《中小学综合实践活动课程指导纲要》、上海市《小学低年级主题式综合活动课程指导纲要（修订稿）》等相关文件精神，我们从低年级小学生生活出发，采用体验、探究、游戏等方式，为学生提供丰富的课程体验和活动经历，促进"零起点""幼小衔接"和"等第制"的拓展深化，落实"立德树人"根本任务。

小学一、二年级学生的学习是建立在学习兴趣之上的，如何帮助他们体验到探究的魔力、艺术的魅力、思维的引力？如何让他们在"玩"中"学"，在"学"中"思"？如何让我们的综合课程真正地做到始于学生，忠于学生？带着这些学生发展的真实需求，我们试图通过"综合课程"这一抓手，帮助学生把不同学科的知识技能融通连接、迁移运用，将学生的学习和生活、社会、自我融合起来。因此，低年级段的综合课程内容更偏向于学生的体验与感知，在形式上以趣味性活动为重点，力图激发他们的学习兴趣以及探索欲望，在潜移默化中初步使学生形成跨学科视野的思维习惯。

其次，我们通过拓展小学中高年级跨学科综合课程的深度、广度，培养中高年级段学生的批判性思维和探究式学习能力。中高年级的课程内容则更偏向于学生的思维能力培养，引导学生探讨更深层次的问题，并思考问题的本质和背后的学科联系，培养其整合、建构跨学科知识的能力，锻炼他们的跨学科思维，甚至是超学科思维。我们力求通过校本课程实践，推动学生高阶思维能力的形成，促进其思维品质的迁移，进而提升学生的核心素养。

日常教学中，我们不难发现，基础教育阶段的学生往往都非常愿意参与小组讨论，积极表达自己的观点，但在讨论中似乎缺乏沟通技巧，容易出现不断重复、力争自身感受、不善倾听等问题。而在经过一段时期的综合性主题课程的训练之后，学生能够表现出更加善于倾听总结、尊重他人观点、保留自身体验、坚定信念选择的倾向。这很好地印证了"二十四节气"主题课程能够有效促进学生核心素养的提升。

（二）有效促进教师跨学科教学素养发展

学校将"二十四节气"作为跨学科学习主题进行校本课程建设，不仅有效促进了学生核心素养的提升，同时，也毋庸置疑地提升了教师的跨学科教学素养。

首先，综合课程打破了学科界限与学科藩篱，倡导开展跨学科教学，其所秉承的开放态度，有利于转变教师固有的教学思路，打破传统教学模式。因此，学校选取了相应的学习资料及相关案例提供给教师进行学习，如阅读《走向核心素养的深度学习》《批判性思维》等理论书籍，做摘抄、撰写实践案例等。同时，学校还通过丰富的讲座、交流等形式促使教师学习、交流理论，让大家将学习体悟、实践过程、问题反思、改进设想体现在实践案例中，边学边做，边做边学。

其次，中高年级跨学科研究聚焦于批判性思维是否能为综合课程学习提供思维方法？如果可以，是何种批判性思维方法？对于实践而言，难点在于，"二十四节气"主题的跨学科学习课程的学习内容、实践环节等方面如何落实与体现批判性思维。例如，教师在学习活动内容的设计上如何利用常规化的知识问题来推动学生进行发散性思考，如何加强学生高阶思维水平的训练，推动学生批判性思维的发展与迁移。因此，基于"二十四节气"的中高年级超学科深化课程鼓励教师课前善用思维导图，梳理问题脉络；课中优化问题引导，提升生成性评价能力；课后积极反思小结，调整改进教学。批判性思维教学以问题导向为核心，开展讨论、项目研究与互助学习，其中，教师是培养学生批判性思维的中枢。在课堂教学中，教师用问题去引导，提前设计问题设置的难易程度、何时提问等，以引导者的角色在关键性问题上给予学生指点。教师可以在追求表达的明确性、探寻证据与理由、考察解释的观点、协调不同的观点与验证思考的内容是否合乎实际等角度进行提问。完成这种问题引导式教学，需要教师扮演好"苏格拉底—教练—认知活动主持人"的三位一体角色。师生在平等对话的基础上进行广泛的交流和探讨，与学生共同经历发现问题、探究问题、批判地借鉴吸收他人观点、对照自己观点进行自我评价与更正的过程。教师用反思求进步，转变传统教学观念，发展问题意识，提升综合素养，力争成为具有批判性思维精神和能力的教师。

"二十四节气"主题跨学科学习课程在多个层面满足了跨学科教学素养的要求，有利于在此基础上促进教师的专业发展。首先，该课程体现了"整合性"的教学理念，促使教师运用多学科知识开展教学，形成立体、整全的二十四节气知识体系,增强教师进行跨学科教学的理念自觉和实践自觉,促进知识的深度整合及应用。其次,该课程注重"情境式"的教学方式,以二十四节气中的主题单元、大概念或项目为载体,坚持学生"自我激活",这要求教师充分发挥引导者的作用,摒弃以教师为中心的观念,充分激发学生的主动性和积极性,从而推动教学范式的转型。第三,该课程强调"问题解决"本位的教学思维,促使教师跳出原有的学科逻辑,改善原有教学知识窄化、创新不足等问题,在二十四节气的教学过程中提升知识迁移、自主创新等能力,从深度的思维层面培育教师的跨学科教学素养,实现专业的持续成长。

此外,教师合作是激发教师发展意愿、提升个体反思能力、促进教师专业成长的重要路径[①]。我国传统的教师合作常依赖于教研组,通过集体备课、教研活动、听评课等方式进行。其设立多以学科为基础,强化了教师的科目教学角色,使同一科目的教师形成相近的教学理念、策略及价值系统,造成不同教研组之间的隔阂。由于"二十四节气"主题跨学科学习课程涉及多学科内容,传统的单学科教研组合作模式难以满足课程开发及实施的需求,因此该课程激励教师进行跨学科协作,建立更具开放性和整合性的专业学习共同体。

在二十四节气主题跨学科学习课程的建构和运行过程中,团队人员的构成不限于某一学科,而是充分融合多学科教师的知识底蕴和教学智慧,在某些情况下,甚至不限于教师,将教育专家、家长、学生、科研人员等主体共同纳入课程建设共同体。如在对二十四节气课程进行开发时,邀请专家进行指导和论证;在具体的备课及实施环节,对该节气所涉及的学科进行梳理,抽调多个学科的教师构成小组,共同致力于课程的创建;注重课程的评价反馈和进阶提升,充分接受来自学生和家长对二十四节气课程的意见,促进课程的进一步优化等。此外,我校针对二十四节气课程建设的常用内容,利用多种途径充实课程材料,形成了较为完整和实用的课程资源库,拓宽了专业合作的形式,提升了合作成效。

综上所述,"二十四节气"跨学科课程正在逐步打造一支理论导向正确、核心

---

① 饶从满,张贵新.教师合作:教师发展的一个重要路径[J].教师教育研究,2007(1):12.

素养突出的教师队伍,有效促进了教师跨学科教学素养的提升,进而也促进了教师整体专业能力的发展。

(三)有效助推学校课程育人建设

中华优秀传统文化是建设教育强国的思想文化基础和理论基石,习近平总书记在庆祝中国共产党成立100周年大会的讲话中指出,发展当代中国马克思主义必须"坚持把马克思主义基本原理同中国具体实际相结合、同中华优秀传统文化相结合"[①]。从政策上来看,我国相继发布《完善中华优秀传统文化教育指导纲要》《关于实施中华优秀传统文化传承发展工程的意见》《中华优秀传统文化进中小学课程教材指南》等文件,表达出党和国家对中华优秀传统文化与课程建设有机融合的高度重视。

针对这一诉求,我校"二十四节气"主题跨学科学习课程在实践层面给予了回应。二十四节气是中华优秀传统文化的重要组成部分,将其引入课堂能让学生在潜移默化中接受中华优秀传统文化的熏陶,增强民族自信心和自豪感。相比于以往的节气课程,本校采用了基于主题的跨学科学习方式,使学生能够从更加完整的角度理解节气文化,将传统文化融入自身的思维框架,与生活实践相结合。

综合课程的主题过大过宽,不易驾驭,会导致配置课程空泛;主题过小又缺乏腾挪的空间,很难形成系列课程。而"二十四节气"涵盖了天文地理、历史民俗、起居养生、文化哲学等与每个学生生活息息相关的领域。这是一个大小适中的综合课程,既便于与国家课程、地方课程的相关内容对接,又有着很好的课程自主拓展空间。此外,基于主题的跨学科学习围绕某个特定主题或问题进行拓展,使得该课程在原有内容基础上,存在更多与其他传统文化进行联结的空间。例如,针对立春节气,可将与之相关的历史故事、经典诗词、古代艺术作品、传统风俗等一并融入课程体系,乃至开展相关的传统文化主题活动等。因此,该课程以二十四节气为起点,能够将更多相关的传统文化引入到课堂教学中来,从而实现二者的深度融合,促进中华优秀传统文化的传播与弘扬。

---

① 习近平.在庆祝中国共产党成立100周年大会上的讲话[N].人民日报,2021-07-02(2).

学校通过近七年的实践研究，使得"二十四节气"课程从"单一学科中渗透节气知识"延展为"跨学科的综合课程学习"，有效弥合了学校教育中的五种"连接薄弱"。因此，教师在教学过程中更加关注的是关于知识的本质以及"认知世界"的过程，强调从真实情景中提取知识问题，并引导学生做更深、更广层面的探讨，最后再应用到其他真实情景中。而这也是我们想要借鉴的研究思路。

从素质教育的角度看，素质教育强调人的全面发展，使教育回归育人本位，关注完整的人的价值，自提出以来就受到了党和国家的持续关注。随着新一轮课程改革的开展，素质教育当前的重点逐步转移至核心素养、课程综合、课程实践等多个维度。

我校的"二十四节气"主题跨学科学习课程充分考量学生的身心特征和教育发展规律，秉持以学生为中心的理念，注重激发学生的主体性，引导学生自主观察、自主探究、自主实践，在自身与外界的交互中加深对于节气课程内容的理解，体现了以人为本的教育价值。在实施当中，以二十四节气为抓手，注重多学科内容的关联整合，着眼于真实的问题及任务，使学生将节气的相关知识充分融入生活情境，从而提升他们的核心素养，促进其德智体美劳全面发展。这一实践过程顺应了新时代素质教育改革的要求，推动了"三全育人"的落实与深化。

课程是学校育人的专门载体，也是最重要的育人载体。课程育人是指在学校教育情境中，基于学生的全面发展而以各种课程形式为媒介开展育人活动的教育行为。"二十四节气"校本课程围绕课程目标联系学生生活实际，不仅仅要教学生知识，更注重学生的情感体验和道德实践，充分挖掘各学科课程中的德育要素，实现教育性教学。

此外，学校通过"二十四节气"校本课程助推跨学科学习，培养师生的跨学科思维，锻炼师生的跨学科能力，形成更加丰富、更加完备的综合课程育人体系，潜移默化地促进学生核心素养的提升和教师跨学科教学素养的发展，推动学习型校园文化的创建，真正体现课程的育人价值。

二、"二十四节气"综合实践活动课程建设存在的问题

"二十四节气"作为跨学科学习的综合实践活动课程主题,有效促进了学生核心素养的提升以及教师跨学科教学素养的发展,同时,有效助推了学校课程育人建设,但在实践过程中也暴露出一些有待改进的问题。

(一)课程内容方面

1. 主题模块不均衡

"二十四节气"作为中华优秀传统文化的一部分,不仅是时间划分的方式,更是人与自然相互联系的纽带。它通过沟通人类的过去与未来,实现了人与自然、人与他人、人与自我之间的和谐。

在小学教育中,将"二十四节气"作为跨学科综合课程的主题内容,对于培养学生的全面发展具有重要作用。然而,在我校"二十四节气"课程开发过程中,发现课程的内容较多聚焦在"我与社会"和"我与自然"这两大模块,而"我与自己"模块的课程内容相对较少,主题模块的比例不够均衡,这也是课程结构框架有待调整的地方。在"我与自己"模块,课程目标是引导学生初具认识自己和管理自己的能力,形成自主选择和独立决定的意识,养成积极向上的生活态度,有集体归属感,能自信地表达自己的需求、感受、认知和想象,这些能力和品质对于青少年的成长和发展而言是至关重要的,所以,课程内容设置在这一方面应当给予更多的重视。

2. 主题意识较薄弱

课程主题意识即在教学过程中,教师需要关注学生所提出的问题,并过滤、筛选出符合学生生活经验的有价值的问题,从而确立课程主题,以主题统整活动。基于"二十四节气"主题的跨学科学习课程从儿童生活出发,围绕主题设计活动,通过各类活动提供丰富的、综合的学习经历,为儿童后继学习夯实基础。需要强调的是,主题综合课程内容应该在学科知识教学的基础上进行设计,不是以知识学习作为直接目的,而是将学生提出的有价值的问题转化为课程主题,以问题探

究串联起整个活动过程,以知识学习作为解决问题、完成任务的路径。

然而,小学生提出的问题总有不够精准之处,例如"霜降节气在什么时候""惊蛰节气有什么物候特征"等,这些知识性的问题可以成为辅助学生达成主题学习的路径,但不能成为主题学习的核心问题。这就要求教师具备主题意识。如果教师的课程主题意识较为薄弱,则无法在筛选问题时与课程目标保持一致,进而无法站在一定高度去设计教学活动,也就无法引导学生达成目标。

(二)课程实施方面

1. 学科藩篱难打破

学科壁垒,又称学科藩篱,是指在学习过程中,不同学科之间划定了明确的分界线,各自独立发展。

学校在进行跨学科学习课程开发时,其实经历了从单一学科到多学科,再到跨学科和超学科的四个阶段。我们认真借鉴了前沿的课程理念进行设计和规划,有条不紊地安排了课程活动,并专门指派人员负责实施、管理和评价。

经过近七年的实施,我们发现综合课程从单一学科到多学科再到跨学科的过程相对容易,这意味着将多个学科领域中相互关联的知识重新整合成连贯、条理清晰的科学认知,并以小组合作、项目化和探究式学习为形式进行课程实践。而以主题为纽带的综合课程开发实践,实际上是一次深刻的课程变革,它将以教材为核心的程序化课程转变为以培养人为目标的实践性课程,必然需要课程创设者和实施者从观念到行为方式的转变。

跨学科学习并不反对各类学科课程的学习,恰恰相反,唯有充分理解了相关学科的理论知识,才能在不同学科之间建立联系,创造性地分析与解决问题。但是,想要跨越学科界限藩篱,拥有多学科的视野,并找到科学合理的教与学方式,我们还有很长的路要走。

2. 教学思路有局限

要培养全面发展的学生,需要教师具备较高的综合素养。为了满足这一要求,基于"二十四节气"的跨学科学习课程对教师的知识面提出了更高的要求。教师不再局限于本学科的知识,而是需要拓宽不同学科之间的融合面。

例如，在学习"秋雨潇潇话寒露"这一主题课程时，我们可以从音乐学科的角度引导学生听雨声、打节奏，可以从美术学科的角度提示学生观察雨中校园、绘制雨天景象，可以从语文学科的角度去研究分析寒露节气诗句的意象意境，可以从劳技学科的角度带领学生制作节气手工，甚至可以从德育学科的角度和学生共同关注雨天的安全常识……这些课程目标要求的设计可以由课程团队集思广益，但是落实到日常教学，则需要教师具备跨学科的综合素养。

此外，教师还需要打破常规教学思路，突破主学科教学经验的限制，以更加多元化的跨学科学习的方式培养学生的批判性思维和探究能力，这对综合课程教师提出了非常高的要求。

(三) 课程评价方面

1. 课程保障体系的建立不够系统科学

为了以科学的方法检查课程的目标、编订和实施是否实现了教育目的，实现的程度如何，以判定课程设计的效果，并据此做出改进课程的决策，我们需要依据一定的标准。这也就是说，系统、科学的课程评价对于课程建设而言具有重要意义，为课程建设提供了保障和支持。

从"二十四节气"综合实践活动课程的日常教学来看，教师能够对学生进行适时的过程性评价和适切的结果性评价，课堂中也不乏生生互评和学生自评的环节；从"二十四节气"综合实践活动课程建设过程来看，学校重视课程评价，在课程设计中也采用了不少可触摸、可视化、可进阶的学习评价方式，但是整体而言，也存在不少问题，比如缺乏科学严谨的评价量表，缺乏配套的教学评价，导致整个评价体系不够系统。而且，课程评价体系的完善，是需要紧扣课程目标，依据教学实际情况进行动态调整的，这都需要大量的资源投入。

有效反馈必须是基于目标的，反馈也是影响学生学习的重要因素。所以，"二十四节气"综合实践活动课程的评价体系仍有改进和完善的空间。

2. 高阶思维能力的培养无法一蹴而就

高阶思维是高阶能力的核心，主要指创新能力、问题求解能力、决策力和批判性思维能力。高阶思维能力集中体现了知识时代对人才素质提出的新要求，是适应知识时代发展的关键能力。高阶思维能力的培养有诸多策略,且无法一蹴而就。担任跨学科课程的教师需要通过科学的方式锻炼自己的思维能力,不仅在教学过程中,更在广泛而真实的生活实践中。同样,我们也需要用科学的方式训练学生的高阶思维能力,这就要求课程的设计能够注重学生素养的发展。

此外,我们同样应当重视评价在培养学生高阶思维中的重要性。评价是对一件事或者人物进行判断、分析后得出的结论。评价一般发生在认知阶段与元认知阶段。在认知阶段,学生会基于主观意识对学习内容进行评价,在元认知阶段的评价则属于批判性思维。教师要注重对学生认知与元认知阶段的训练,以促进学生认知能力的提升。

我们在"二十四节气"综合实践活动课程建设中已然关注到了培养高阶思维能力的重要性,也摸索出了一些行之有效的策略,但是如何形成科学有效的方法体系,如何将其有机融入课程的各个环节,都是值得进一步思考和探究的。

三、"二十四节气"综合实践活动课程建设改进的思路

课程建设是一个漫长的过程,要在课程实施过程中不断进行观察、反思和评价,并结合学校实际情况、教师教学情况、学生学习情况,因地制宜地持续改进。针对上述提到的"二十四节气"综合实践活动课程建设中存在的问题,我们试图提出改进思路。

(一)课程内容方面

1. 统筹课程内容,完善课程框架

基于"二十四节气"主题的跨学科学习课程的内容较多聚焦在"我与社会"和"我与自然"这两大模块,而"我与自己"模块的课程内容相对较少。因此,需要通过课程实践组成员的合作研究,开发培训课程,优化课程框架,以实现课程内容的统筹和优化。

为了优化课程框架,我们进行了校本化表述,并结合办学理念、育人目标和课程特色进行深化。在实践过程中,为了解决"我与自己"模块的课程内容相对不足

这个问题，我们与课程研究组成员合作，共同开发课程，并形成典型案例。我们建立了包含图片、PPT、音视频等内容的资源包，以此形成主题模块相对均衡、结构内容相对合理的校本课程群。通过这样的优化，我们能够更好地满足学生的学习需求，促进他们的全面发展。

同时，我们根据三轮研究实践梳理的有效策略，为全面统筹课程内容提供了良好的发展基础。这些策略包括教师的培训学习、课程评估和反馈机制的建立、教学资源的丰富和更新等。通过不断改进和完善这些策略，我们能够更好地统筹课程内容，提升教学质量，促进学生的综合能力发展。在未来的教学实践中，我们将继续努力，不断完善课程内容，提升教学质量，为学生的发展提供更好的支持，使"二十四节气"综合实践活动课程更好地与学校课程育人的目标相结合，充分发挥其育人价值。

2. 强化主题意识，实现素养落地

上文提到，"二十四节气"跨学科学习综合实践活动课程建设的过程中，教师在筛选学生的问题时要与课程目标保持一致。通过这种方式，课程主题才能够更好地引导学生的学习，激发他们的兴趣和好奇心。

同时，基于二十四节气的跨学科学习课程强调探究式、体验式、综合式学习，要求建立与生活世界的紧密关联。在这一过程中，教师需要打造开放的学习时空，引导儿童在实践中学习，不断保护和激发他们的求知欲和探索欲。

教师要通过基于二十四节气的跨学科学习课程，帮助小学生培养爱国爱家、遵守规则、勇于尝试、乐于交往、善于表达等适合未来发展的正确的价值观念、必备品格和关键能力，形成对自我、社会和自然的整体认知，养成良好的学习生活习惯。

作为基于"二十四节气"跨学科主题课程的组织者、观察者、指导者和促进者，教师需要不断开展深化研究，以提升课程育人的效能。具体来说，教师应该通过广泛而深入的学习，加深对课程目标的理解，更好地选择课程主题内容，不断优化综合活动的设计方案，并合理配置和运用各种资源。这样，教师才能够更好地发挥自身的作用，引导学生全面发展，最终实现素养的落地。

（二）课程实施方面

1. 跨越学科壁垒，寻找适切方式

要使"二十四节气"综合实践活动课程发挥高效能，除了实现品格塑造、智力开发、情感体验、兴趣激发，以及动手动脑的全人教育，我们还需要创造新的课堂形态。例如，我们需要思考如何构建真正连接理论和实践的跨学科和超学科课程，并建立相适应的教育环境和学生成长空间。在跨学科和超学科的实践中，我们需要重视学科之间的融合和互动。通过合理的课程设计，我们可以让学生在解决问题和完成任务的过程中，同时运用多个学科的知识和技能。这种综合学习的方式将帮助学生培养跨学科思维的能力、综合运用知识的能力以及解决实际问题的能力。

此外，我们还需要关注教育环境和学生成长空间的建设。为了支持综合课程的实施，需要提供与之相适应的教育资源和设施。这包括教室的布置和装备、图书馆的资源、实验室的设备等。同时，我们也需要创造一个鼓励学生发展和探索的学习环境，使他们能够自主学习、合作学习和创新学习。这些建设既需要学校的资源投入，也需要师生齐心协力，共同创造。例如学校每年的节气游园会，就是对跨学科课程的实践和探索。从节气主题的确立到游园会方案的策划，再到每个年级、每个班级的子方案设计与落实，全校师生共同设计游园活动内容，共同参与游园场馆的环境布置，共同体验跨学科课程带来的乐趣。

2. 突破经验限制，深入"学会提问"

提问是一种具有重要、积极作用的方法，能够帮助我们更有效地思考、学习和与他人交流。作为跨学科学习的引导者，教师要突破经验限制，不仅要学会提问、善于提问，更要引导学生提出深入的、有价值的问题。基于"二十四节气"的跨学科学习课程中，教师需要拥有跨学科的知识和能力。例如，在学习霜降节气时，教师需要提前了解有关霜降的节气知识，并对"什么是美"的概念有一定的认知和鉴赏能力。为了更好地实现学科融合，教师之间的协作也非常重要。教师可以在组内共同研究，将各自的学科知识和专长结合起来，设计出更具综合性的课程内容。

培养学生批判性思维的关键在于教师要学会提问。教师可以针对各种节气

主题，明确以问题作为引领开展教学设计，抓住核心问题，以思维导图的形式梳理逻辑，在课前组织问题预设、课中进行集中讨论。教师可以设计环环相扣、层层递进的问题链，引导学生自主寻求对其主张真相的多种思考方法。当然，提高教师的思维深度和缜密度并不是一蹴而就的，教师需要在实践中总结经验、积极反思，并循序渐进地提升自己的"问题意识"。

同时，教师应注重在教学实践中培养学生的问题意识，进而培养学生的批判性思维习惯。生活中面临的大部分问题可以分成基于事实的问题、基于偏好的问题和基于判断的问题。教师通过引导学生学会提问，培养他们的综合素养和批判性思维能力，为他们的全面发展奠定坚实基础。

(三) 课程评价方面

1. 紧扣课程目标，建立评价体系

校本课程建设中，评价环节是非常重要的助推器，对于课程发展和完善具有重要意义。因此，课程评价的模式、过程、方式以及结果的使用等，都对校本课程的建设质量以及对教学的促进作用有重要的影响，评价的方法要与评价的目标相匹配。

首先，我们可以参考并基于一些成熟的评价模式来建立一套校本课程评价模型，兼顾过程评价和成果评价，其中过程评价包含对教学过程的分析和评估，成果评价则包括对课程实施效果的评价等。其次，还可以邀请专家对校本课程建设进行指导，并借鉴科学有效的评价模型，例如，参照美国学者斯塔弗尔比姆 1967 年提出的 CIPP 模型，在课程评价体系中融入背景评价和输入评价，对课程资源、课程目标、学情、课程内容等进行更加科学的反馈。

此外，华东师大附小将"二十四节气"作为跨学科学习内容进行校本课程建设已有八个年头了，课程建设团队可以充分利用近七年来积累的资源，对不同学科背景、不同教龄的教师和不同年龄段的学生进行问卷调查和访谈，以获取评价反馈。通过对评价结果中各项质性数据和量化数据的解读、分析，我们能对"二十四节气"校本课程建设进行进一步的完善和改进。

2. 回归日常教学，发扬"思维文化"

教师在经历了一段研究性的教学实践后，回归到日常教学中需要将培养的批判性思维和探究式学习方式保持并发扬。这种思维文化的培养不应只局限于特定的实践活动，更应将其迁移到日常的学习和教学工作中。通过将现实生活中遇到的问题作为素材，我们可以更好地认识自我、认识自然和认识世界。在教研讨论和集体评课等场合，我们也可以将思维作为一个重要的文化指标加入考量范围。

在日常学习和教学工作中，我们应努力发挥批判性思维的优势。批判性思维不仅仅是盯着对方观点的错误，而是帮助我们每个人友善地表达自己的态度并付诸行动，为自己或集体效力。例如，在教研讨论时，我们应更多地倾听组员的不同意见，进行分析比较，畅所欲言。这样可以促进思维的碰撞和交流，从而提高我们的思维深度和广度。通过评估教学中的思维过程和结果，我们可以更好地了解学生的思维发展情况，并针对性地给予指导和支持。这样的评估不仅能够促进学生批判性思维能力的发展，也能够提高教师对学生思维发展的认知和引导能力。

总之，我们应在学习和工作中发挥批判性思维的优势，并尝试与同伴进行对话，总结和反思学习和生活中的得失，将"思维文化"保持并发扬下去，为自己和集体的发展贡献力量。

综上所述，在当下的教育情境中，基于"二十四节气"的跨学科学习课程是一种有待探索的动态生成课程，有利于克服分科教学的视野狭隘——它有利于教师跳出学科的局限，在和同伴共同开发课程的过程中，提升"课程创生"能力；基于"二十四节气"的跨学科学习课程有利于培养学生创造性思维的生成——它能帮助学生创造模块与连接，将知识和生活结合起来，以促进其更深入理解所学的概念并迁移运用，在内容上突破以学科知识阐述为主的传统模式，建立不同学科领域知识与技能之间的融通与连接。

基于"二十四节气"主题的跨学科学习课程从儿童视角出发，围绕主题设计课程活动，通过跨学科学习活动提供给学生丰富的、综合的学习经历，结合案例、课例,将研究过程中形成的方法、策略等进行梳理凝练,在不断验证中生成具有普适性的研究成果,期待能辐射、推进到基础教育的实践领域。

未来,我们将进一步推动基于"二十四节气"的跨学科学习课程发展。这一课程不仅能够夯实学生的基础知识,还能够培养他们的创新思维、合作精神和实践能力。因此,我们应当继续总结实践经验,不断深化课程,为学生提供更加丰富、综合的学习体验,助力他们全面成长。

后　记

"让创新教学来源于实践,还原于教学实践,促进教与学的变革。让新科技与传统文化相结合,融入课堂,使未来照进现实、让传统走向现代。"这是华东师大附小进行综合实践活动课程实践的理念。本课程研究是在以核心素养为标志的深化基础教育课改的背景下,将素养有效转化,打破传统学科边界、促进学科沟通融合,落实核心素养推动课程的变革。

我们试图通过综合课程弥合学校教育中的五种"连接薄弱",即学科与学科之间、教学者与教学内容之间、学生与学习之间、学生与自我之间以及学生与世界之间的"连接薄弱"。我们以综合课程引导学生体验人与自然的关系,建立个体生命与宇宙自然的内在连接,为学生提供跨学科学习空间,让其学习认知从分科教学的顺序性知识,迁移到社会和自然的真实问题情境中,帮助其进行知识链接与自主建构。

通过多年的"做中研",我们发现综合课程从"单学科—多学科—跨学科",仅做形式上的跨越相对容易,但是真正要将多门学科中相互关联的知识重新整合成连贯的、条理清晰的综合课程,实践起来是艰难的。跨越多学科的课程打破了学科与学科之间的壁垒,具有多学科视野,需要找到科学合理的教与学的方式。以"二十四节气"为主题的综合课程,需要多位不同学科教师合力完成备课,这可以改善教学者与教学内容之间连接的薄弱,使课程内容变得丰富而多彩,使学生的课堂活动形式变得多样而精彩。我们的尝试是艰难甚至痛苦的,因为要使综合课程发挥高效能,转化为品格塑造、智力开发、情感体验、兴趣激发,以及动手动脑的全人教育,还需要生成新的课堂形态,后续还需不断前行。

2019年,项目主持人严玮懿校长在"学习方式变革PBL有效实践"长三角校长国际论坛上进行成果研讨;同年,她与时任新加坡教育部长的王乙康团队进行成果交流;2019年3月起,学校与金山区朱泾第二小学、黄浦区瞿溪路小学进行了成果应用推广。2019年3月,成果专著《F·X成长教室——基于问题情境的小学主题式综合课程实践研究》已由华东师范大学出版社出版。2021年9月16日,学校又与黄浦区瞿溪路小学签订《F·X成长教室——基于问题情境的小学主题式综合课程实践研究》研究成果推广协议,进行为时两年的推广应用课题"基于学校特色的综合实践活动课程的设计与实践"研究。2022年9月,《F·X成长教室——基于问题情境的小学主题式综合课程实践研究》研究成果又荣获了上海市基础教育优秀教学成果二等奖。2022年8月起,至12月,积淀涵养了五年的跨学科综合课程案例《F·X成长教室——基于问题情境的小学主题式综合课程实践研究》,经过初审、复试、网络投票、会审答辩、专家小组评议、组委会讨论等环节,又获得中国首届"基础教育卓越原创案例奖"。2021—2022年间,上海电视台、上海教育电视台在《课外有课》《新闻同学》《一校之长》等栏目中多次报道相关课程研究实践成果。

2021年,学校又立项了市级课题"基于二十四节气的小学主题式综合课程深化研究",将深化重点落在综合课程的低、中高年级课程框架完善以及课程的主题深化和策略提炼上。在近三年的深化实践中,我们的综合课程从小学生真实生活出发,采用体验、探究、游戏、实验、手作等方式,为学生提供了丰富的课程体验和活动经历。而中高年级综合课程框架则是以中心问题引导学生进行推理讨论,将批判性思维、探究式学习为贯穿方式,融合多学科要素,渐进式地实现学生辨别和分析、论证和评价等高阶思维技能的提高,推动学生缜密思考,以形式多样的评价考核学生思维品质,推动学生批判性思维的发展与迁移,以及相关认知与行为的养成。

多年的研究转瞬即过,很多设想还在实践,比如如何构建"跨学科—超学科"的真实连接与实践? 如何构建一到五年级贯通有序、呈螺旋上升、真实促进学生高阶思维发展的跨学科课程? ……我们都是基层一线教师,理论涵养不够厚实,

后 记

幸得多方专家指导提点,特别感谢华东师大的冯大鸣教授、刘胜男教授。他们不辞辛苦经常来校指导,帮助我们修改完善成果,让我们知道伏身行动研究的意义,因为大家的精诚合作、及时勉励、无私贡献,让我们有源源不断的信心和力量去完成课题实践任务。同时,更感谢每个全身心参加课题研究的附小教师,以及参加成果书稿撰写的伙伴们:周阳、严黎俊、江远沁、詹佳颖、李子卿、沈书晴、丁雅婷、周苏琳。

跨学科综合课程强调探索的过程,而探索意味着学生要面对更多的问题和困惑、挫折和失败,意味着他们要花费很多时间和精力,有形的成果甚至可能一无所获。而这恰恰是个人学习、发展和创造所应经历的过程。只有经历过这样的学习过程,才是生命的真实还原。只有在这样的过程中,知识才能真正地内化为生生不息的精神力量和生活智慧。同时,有意思的综合课程也有利于教师跳出学科的局限,领略其他学科的魅力。在共同开发课程的过程中,师生合作意识增强了,教师的课程创生能力也得到提升。

踔厉奋发新征程,笃行不怠担使命。"精研实干,追求卓越"永远是华东师大附小人的使命!

本书作者

2023.10